El románico
en
España

Isidro G. Bango Torviso

El románico
en
España

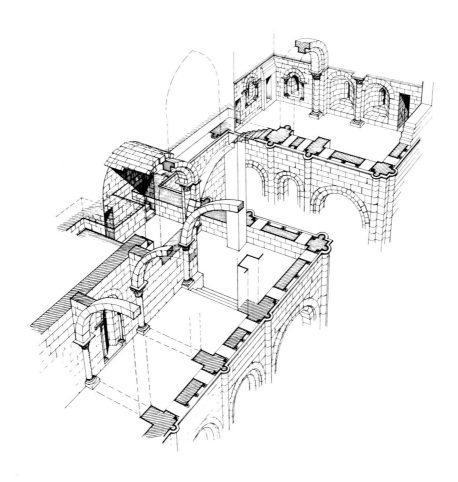

Espasa Calpe
Madrid·1992

La mayoría de las fotografías que ilustran esta obra han sido realizadas por el autor.
Han colaborado también: Archivo España-Calpe, AISA, INDEX, T. Pintos y Oronoz

Diseño, cubierta y maqueta:
Ángel Sanz Martín

Impreso en España
Printed in Spain

Depósito legal: M-39.226-1991
ISBN 84-239-5295-9

Talleres gráficos de la Editorial Espasa-Calpe, S. A.
Carretera de Irún, km. 12,200. 28049 Madrid

Para mis hijas Illana y Clara

LA PLURALIDAD ROMÁNICA

El establecimiento de un poder hegemónico fuerte en la Hispania romana gobernada por los reyes godos de Toledo dio lugar a lo que alguna historiadora reciente ha denominado la primera nación europea después de la desaparición del Imperio romano de Occidente. La Tardía Antigüedad en avanzado estado de desintegración se detuvo en el territorio peninsular, produciendo, en comparación con el resto de la geografía europea, un remanso cultural en el que perviven recursos artísticos antiguos. Esta cultura hispana "subantigua" terminará enquistándose en sí misma y aislándose del devenir artístico europeo. Cuando, a partir de la segunda mitad del siglo VIII, la Europa cristiana occidental sienta el resurgir de la restauración carolingia, los núcleos de resistencia cristiana de España seguirán apegados a la cultura tradicional que se había forjado durante la monarquía goda. Todavía pasarán dos siglos más para que los hispanos se integren en los movimientos culturales europeos.

Será con el románico cuando los reinos peninsulares empiecen a emplear las mismas formas plásticas que los europeos coetáneos. El proceso de integración no fue homogéneo y sincrónico en la totalidad de la geografía peninsular. Desde finales del siglo X, los condados de la Marca Hispánica empiezan a construir edificios que se parecen funcionalmente a los poscarolingios de la misma época. Ya a principios de la undécima centuria, las construcciones no sólo presentan aspectos funcionales similares, sino que el léxico formal que define los espacios responde a lo que llamamos el primer románico. Muy pronto, casi simultáneamente, el estilo se extiende por las tierras limítrofes de Aragón. Sin embargo, el resto de los reinos peninsulares no conocerá, salvo raras y problemáticas construcciones, soluciones arquitectónicas románicas hasta el último tercio del siglo XI.

La palabra románico sirve para calificar las creaciones de un supuesto estilo artístico que se desarrolla desde finales del siglo X a los primeros años del XIII. Cuando en la centuria pasada el arqueólogo normando Gerville utilizaba el término románico lo hacía para definir toda la arquitectura construida entre la caída del Imperio romano y el comienzo del gótico. Al despuntar la presente centuria la historiografía artística restringía la cronología hasta situar su comienzo poco antes del milenio, a la vez que empezaba a hablar de manera imprecisa de dos románicos que simplemente se limitaba a ordenar numéricamente.

El historiador catalán Puig i Cadafalch será el creador y definidor de lo que se conoce por primer románico, terminología que consiguió ser aceptada por la generalidad de los especialistas. Como la cronología había sido fijada en sus justos términos, se podía deducir que aquellas creaciones que no correspondían al primer románico eran del segundo románico o, simplemente, románicas, sin ningún tipo de matices o calificaciones.

Pronto los investigadores se dieron cuenta de que el segundo englobaba formas con matices acusadamente diferenciados. Era necesario dividir este período; sin embargo, la solución no era tan fácil como el hallazgo de la nomenclatura de primer románico. Como se detectaban interferencias importantes con algunas soluciones del estilo que sucedería en el tiempo, las del primer gótico o protogótico, empezó a emplearse la idea y el término de un arte de transición. Sin embargo, el nombre no era correcto, por que se tendía a simplificar su significado diciendo que se trataba de un momento evolutivo del románico hacia el gótico. Es cierto: en estricto sentido, no se puede admitir que la teoría del gótico surge por la evolución del estilo románico. De una manera excesivamente simplificadora los especialistas solemos resolver la denominación de las obras de arte de esta etapa utilizando una doble terminología: *tardorrománico* y *protogótico*. Se emplea uno u otro nombre en función de las formas que creemos que definen mejor el conjunto, enfatizando lo románico o lo gótico. De este breve *excursus* podemos deducir que la expresión románica no se refiere a un concepto unitario; es más, como vamos a ver a continuación, existen tres románicos —primer románico, románico pleno y tardorrománico—, y éstos tan dispares que, al menos, el primero comparado con los otros dos resulta en muchos aspectos radicalmente distinto.

La cronología del primer románico comprende desde finales del siglo X hasta el fin del segundo tercio de la undécima centuria. Tal como lo ha definido muy bien Puig, se trata de una "escuela arquitectónica que ocupaba parcialmente la Europa latina y germánica". Surgirá en tierras de Italia y Borgoña y se expandirá rápidamente por Cataluña y Aragón, alcanzando, hacia el Norte, la Normandía, y penetrando en ciertos detalles de la arquitectura renana de los otones. No existe una pintura o una miniatura del primer románico; este tipo de creaciones sigue anclado en la manera de hacer poscarolingia. Se puede decir que tampoco se produce una escultura monumental, aunque hay varios casos problemáticos cuyo estilo y cronología son discutidos, los de este tipo referidos al ámbito de los condados catalanes los veremos monográficamente en su apartado geográfico correspondiente.

Durante el último tercio del siglo XI, un grupo de edificios que se construyen en Francia y España aparecen caracterizados por unas formas que responden a un nuevo concepto de arquitectura. Se puede decir que, tras una serie de experiencias, ha cristalizado el estilo románico. Se suele denominar románico pleno. Ahora sí será un estilo que se generalizará a la totalidad de las artes y a la totalidad de la geografía de la Europa cristiana del momento, de Lisboa a Tierra Santa, del sur de Italia a Escandinavia. ¿Cómo se produce una tan compacta unidad y homogeneización de las formas en un mapa perfectamente consolidado con fronteras que definen los territorios, no ya de grandes estados, sino todo un mosaico de minúsculos señoríos feudales? Aunque sería necesario una respuesta compleja a esta pregunta, sí se pueden indicar tres factores que fueron determinantes: la difusión y colonización de determinados movimientos monásticos, la unidad de los cultos cristianos bajo la generalizada adopción de la liturgia romana y los caminos como constantes vías de comunicación.

El fin del románico pleno varía según la geografía; en territorio hispano debe situarse por la década de los años sesenta. Empieza entonces a producirse la introducción de elementos modificadores del estilo. Los cambios en el arte figurativo responden a una compleja combinación de la pervivencia de las formas inerciales y ya arcaizantes del románico pleno, la inspiración directa en obras de la Antigüedad y en el influjo de unos valores estéticos bizantinos emanados de las creaciones de los Connenos. Se crean así, en las obras de calidad, unas formas de delicada hermosura, caracterizadas por un cierto naturalismo idealizado al que no son ajenas las primeras manifestaciones del gótico. A esta nueva fase la conocemos como tardorrománico; su límite final será el triunfo definitivo del gótico en el primer cuarto del siglo XIII.

El románico español no afectó a la totalidad de la Península por encontrarse gran parte de su territorio bajo el dominio hispanomusulmán. El estilo se fue difundiendo por los reinos cristianos en aquellas zonas consolidadas, las recién conquistadas, en un principio, mantenían los grandes edificios públicos existentes, luego lentamente se iba procediendo a una total renovación de la arquitectura monumental. Sobre la lentitud de esta adecuación a los estilos cristianos en los territorios recien conquistados, la ciudad de Toledo nos permite hacernos una buena idea. Tomada la ciudad por Alfonso VI en 1085, hasta prácticamente un siglo después no se inician las obras de grandes edificios de culto cristiano. Dejando a un lado las experiencias, también tardías, de construcciones que reproducían en ladrillo soluciones románicas, será ya en el siglo XIII, en pleno gótico, cuando se levante la gran catedral. Pero si éste es un ejemplo que nos ilustra sobre la realidad castellano-leonesa, lo mismo podríamos decir de la corona catalanoaragonesa. La conquista de Lérida se produce en 1149, y hasta principios del siglo XIII no dan comienzo las obras de la catedral. Un mapa de la geografía románica de la Península delata claramente un vasto territorio ocupado sólo por un estilo románico de inercia que corresponde con la geografía ocupada por los cristianos y en curso de consolidación durante los siglos XII y XIII.

Durante el primer siglo del románico, la difusión del estilo se puede considerar como el triunfo progresivo de unos ideales de modernización o europeización frente a una cultura importante en su origen, pero que, encerrada en sí misma, se había quedado estereotipada y obsoleta. Una renovación de este tipo sólo se puede emprender desde la cúpula del poder los reyes o los condes soberanos serán los protagonistas iniciales que, frente a una dura oposición interna que defendía los ideales de sus raíces culturales o sus propios intereses, promovieron no cambios ni modificaciones, sino la sustitución de todo el orden religioso tradicional por unos usos y formas que resultaban, al menos, raros, si no exóticos y foráneos.

LOS HOMBRES

Los hombres que hacen posible el estilo románico presentan, frente a los del arte moderno, un protagonismo muy diferente. Cuando en la actualidad analizamos una creación artística, queremos ver en ella la personalidad del autor que la ha materializado. El pintor, el escultor o el arquitecto muestran en su obra su personal interpretación de la misma, aunque, en algunas ocasiones, exista una cierta mediatización del cliente que ha realizado el encargo.

En el mundo del románico el promotor condiciona hasta tal punto la obra que sufraga, que no deja ni el más mínimo detalle a la libre voluntad del artista. Actitudes de los personajes, formas de sus atavíos e incluso los más insignificantes detalles cromáticos son estipulados al escultor o al pintor. ¿Qué le queda por hacer al artista? Pondrá lo mejor de su oficio para que lo realizado adquiera formas correctas. Nunca un artífice románico será protagonista de los mensajes que podamos interpretar en sus obras, estamos muy lejos del artista comprometido del último siglo.

La pobreza informativa de la documentación existente de los siglos XI y XII hace que sea muy difícil poder entrar en detalles sobre la relación de promotores y artesanos; sin embargo, existen algunos indicios que nos permiten conjeturar algunas hipótesis fiables sobre el tema. La célebre arca de marfil conteniendo las reliquias de San Millán de la Cogolla, obra del siglo XI, puede considerarse como el más paradigmático de los ejemplos conservados sobre la relación de los hombres y la creación artística. Aquí, a la vez que se reproduce un amplio ciclo iconográfico sobre el protagonista fundamental de la obra, el bienaventurado Millán —Emiliano—, figuran todas las personas que han hecho posible que sea realidad el arca.

Se representa en esta obra al abad Blas, junto a él un rótulo nos informa de su cargo y de su papel en la realización del relicario, es el promotor ("Blasius abba hujus operis *effector*"). Blasio, como máxima autoridad del centro donde se encuentran las reliquias, decide realizar una suntuosa obra que las contenga y magnifique; para ello debe conseguir la financiación económica. Acude a reyes y notables del territorio para obtener los medios. Una lectura de la documentación nos permitiría conocer las reiteradas donaciones para este empeño, pero no; hace falta: las imágenes de los principales contribuyentes figuran inmortalizadas en la misma obra. Primero los monarcas, don Sancho el de Peñalén y su esposa Placencia, junto a la figura del monarca un letrero no deja lugar a la duda "Sanctius rex *suppetiens*", "el rey Sancho que ayuda (a la financiación)". Por la información documental del monasterio sabemos que las donaciones de otros personajes aquí representados ("Apparitio scholastico, Ranimirus rex, Gundisalvus comes, Sanctia comitisa") son numerosas. Hay una figura femenina que debió de ocupar un lugar muy destacado en la financiación, pues el letrero que la identifica es mucho más explícito: la noble Aralla que aporta su ayuda ("Aralla nobilis femina juvamen afferens").

Existe un personaje muy importante, representado de manera idéntica al propio abad Blas, cuyo letrero denomina Munio "escritor muy elegante" ("Munius scriba politor"). ¿Cuál es su papel? Se trata del responsable del escritorio del monasterio, encargado de realizar el programa iconográfico, señalando las fuentes literarias, imágenes miniadas que sirvan de referencia o modelo y los más mínimos detalles de las composiciones. Sería también el autor de los letreros que identifican las diferentes escenas, generalmente citas directas de las fuentes literarias que sirvieron de inspiración.

El último grupo de personajes que se inmortaliza en el arca es el de los que han hecho posible con su oficio la plasmación material, los artistas. Vemos aquí a Engelran con sus instrumentos de trabajo, y en plena actividad. También fueron representados Rodolfo, hijo del maestro, y Simeón, su discípulo. Como veremos más adelante, los orfebres sólo se preocupan de realizar con su mejor manera de hacer los temas que se les encargan; en muchas ocasiones no son conscientes del verdadero significado de sus imágenes. Resulta curioso que también se llegará a reproducir al comerciante que ha proporcionado el marfil para la obra, Vigila.

Resumiendo el significado de estas imágenes, vemos que en la producción de una obra románica importante tienen especial protagonismo: el promotor, el mecenas que sufraga los gastos, el mentor intelectual —en algún caso se le podría denominar iconógrafo—, y el artesano que la ejecuta.

PROMOTORES Y MECENAS

Como decíamos en la introducción, la implantación del románico supuso lo que llamaríamos, en lenguaje actual, europeísmo y "modernidad" frente a valores nacionalistas y tradicionales. Corriendo un pequeño riesgo de relativismo histórico, me atrevería a simplificarlo en la constante sociológica resumida en el binomio "progreso-conservadurismo".

Si tenemos en cuenta que los cambios afectarían a la arquitectura monumental y a las artes nobiliares, éstos sólo incumbirían en un principio a la clase poderosa. Obispos, comunidades monásticas y gran parte de la nobleza defendieron la supervivencia de las viejas órdenes del monacato y de la liturgia de origen hispano. Sólo los monarcas y una minoría de la aristocracia emprendieron la sustitución de

estas manifestaciones sagradas tan tradicionales, favoreciendo la adopción de la regla benedictina, especialmente bajo la fórmula del reformismo cluniacense, las comunidades de canónigos de San Agustín, y la liturgia romana. Con la implantación de los nuevos usos eclesiásticos fue necesaria una total renovación de los edificios y objetos de culto y devoción —códices, pinturas, orfebrería, etc.—, produciéndose un claro enfrentamiento espiritual y artístico frente a aquellas comunidades que permanecían recalcitrantemente fieles con la tradición en la que se habían formado.

Desde mediados de la décima centuria los condes catalanes, involucrados directamente en el gobierno de los principales monasterios por tener familiares como abades y por su apoyo económico, propiciaron una estrecha relación con el mundo borgoñón e italiano. Esta circunstancia llevó consigo la rápida introducción de las experiencias monásticas y religiosas en general que se difundían por la Europa poscarolingia.

Son varios los miembros de estas familias condales que impulsaron la renovación cultural de los territorios de la Marca, pero entre ellos cupa un lugar de honor Oliba Cabreta. El conde Oliba (970-1046) era hijo de Oliba Cabreta, miembro de una de las familias nobiliarias que forjaron la Cataluña del milenio. Su vocación religiosa se le declara a los treinta años, profesando en el monasterio de Santa María de Ripoll; aquí será nombrado abad en 1008 y, a la vez, lo será tambien de San Miguel de Cuixá. Diez años después se le designará obispo de Vic. Su labor episcopal se centra en la defensa del patrimonio eclesial —es conocida la severidad de sus decretos contra los que invadían los territorios de la Iglesia—; mientras que, como abad, su máxima preocupación radica en la corrección de las malas costumbres en los claustros y en la preparación de los dirigentes religiosos. Oliba fundamenta su aproximación al mundo europeo del Imperio otónida a través de Roma y del monacato franco. Sus viajes a Roma, al menos dos (1011 y 1016), le sirvieron para aumentar la presencia de aspectos litúrgicos romanos en la Iglesia catalana, que ya se habían empezado a introducir durante la segunda mitad de la centuria anterior. Los usos monacales del benedictinismo reformado, que ya se habían hecho sentir en Cuixá por influjo de Cluny, se reafirman ahora en los contactos que Oliba mantiene con los monjes franceses, tal como se aprecia en su correspondencia con Gauzlim , abad de Fleury, y con los abades del Puy, Narbona, Agde, Albi, Aupt, Beziers, etc. Pero, entre los monasterios galos, el que más influyó en la obra de Oliba fue, sin duda, Cluny, de quien adoptó muchas de sus normas y usos.

La actividad de Oliba abarca desde 1008 a 1046; corresponde a un período de reconstrucción de viejos templos: en alguna ocasión, replanteados totalmente de nuevo, como Cardona; en otra, simple ampliación o adecuación a nuevas necesidades espaciales, como Montserrat o Montbuy. A su directa y personal intervención se deben obras como Ripoll, Cuixá, Vic y, quizá, San Martín de Canigó; pero en esta época de su protagonismo histórico también se realizan otros edificios que responden a los mismos principios que los citados, y en los que Oliba, en su calidad de abad rivipullense y obispo vicense, está presente en sus consagraciones, o interviene en algún acto relacionado con su construcción; son edificios de tanta trascendencia artística como San Pedro de Roda, San Vicente de Cardona, la catedral de Gerona, etc. La mayoría de estos edificios están en construcción entre 1030 y 1040, justamente el decenio que señaló Puig i Cadafalch como "edad de oro" de la arquitectura catalana.

En el reino castellano-leonés tardó en surgir la arquitectura del románico; sin embargo, tendrá en Fernando I (1037-1065), hijo de Sancho Mayor de Navarra, y su familia, unos importantes impulsores y protectores de los artistas que precipitan la renovación de la plástica castellano-leonesa del siglo XI. Primero serán abad Fernando y su esposa Sancha, los que encargarán obras de gran calidad que acusan las formas de un arte que ha empezado la ruptura con la tradición hispánica, y se va adaptando a las formas que triunfan en la Europa poscarolingia. El "Diurnal" de estos monarcas, conservado en la Biblioteca Universitaria de Santiago de Compostela, presenta un retrato de la pareja regia teniendo en su centro la figura del iluminador, que habla por sí solo de la modernidad de la composición con respecto a la más inmediata tradición. Puede considerarse que se trata de la ilustración monumental del espíritu renovador de los reyes. Si su composición responde a los prototipos carolingios, sus formas han sido realizadas siguiendo igual modelo pero por un pintor formado en la plástica hispana. Podríamos

incluir una importante relación de bellos objetos de orfebrería que señalan igual ruptura con la tradición: todos ellos corresponden a ofrendas del matrimonio. Sus autores o eran indiscutiblemente extranjeros o habían asimilado ya, como Fructuoso, la forma de hacer foránea. De esta manera se puede decir que bajo su patrocinio se favoreció la llegada de artistas que

Diurnal de Fernando I
(Santiago de Compostela, Biblioteca Universitaria).

15

introducían las novedades de su arte y técnica, a la vez que fomentaban una renovación de las formas encargando sus obras a aquellos creadores locales que se adaptaban a las nuevas tendencias estilísticas.

Si observamos las circunstancias personales que mueven a Fernando I a realizar sus importantes ofrendas de objetos maravillosos, al igual que las gruesas sumas que invierte en la realización de grandes construcciones, siempre encontramos la misma respuesta: la piedad del monarca. Lógicamente, si tenemos en cuenta que la mayoría absoluta del arte conservado es religioso, se podría pensar que esta nota de piedad conviene al fin al que se destina. Sin embargo, no debe olvidarse que durante la Alta Edad Media los edificios más monumentales eran los religiosos, y con los objetos sucedía lo mismo. Aunque es un texto algo tardío, por lo que conocemos parece que sirve para el período románico. Don Juan Manuel nos pone en la pista de por qué los poderosos invierten en las grandes construcciones religiosas:

> "Tesoro quier decir haber que tienen los señores guardados en haber monedado et en oro et en plata: esto es demás de las rendas que ha para dar et para emprender. Et estos tesoros deben guardar siempre los señores que los ayunten de haber bien ganado et sin pecado; ca siquiera defendido es, segund dicen en la Pasion, cuando dijeron los judíos por los treinta dineros de oro que Judas Escariote vendiera a Jesucristo, cuando los tornó á los judíos, dijeron ellos que no convenía de los poner en el tesoro, porque era precio de sangre, et compraron dellos un campo de un ollero para cementerio de romeros et de homes estrannos. Et así los dineros han de caloñas o de algunos fechos de fuerzas ó de alguna manera que non sean derechamente ganados, no deben de los facer tesoro; más débenlos poner en facer eglesias et monasterios."

Como nos dice el viejo maestro Huizinga, el hombre del medievo es un gran pecador que, pese a sus desmanes, se quiere granjear la vida eterna teniendo a las comunidades de monjes rezando por su alma, y, para esto, cuanto más estrictas en el cumplimiento de una regla dura y de difícil observancia, mejor. Para comprar sus rezos las sumas de los nobles son cuantiosas, se financian las grandes fábricas de sus iglesias y las dependencias claustrales. Los objetos de oro y plata constituyen el más fabuloso tesoro que el hombre pueda soñar. Cuando Fernando I concede la extraordinaria cantidad de mil piezas de oro al monasterio de Cluny, su ofrenda se realiza "para remedio de sus pecados". El afecto de Fernando por los cluniacenses lo heredará su hijo Alfonso VI, quien, con la concesión en 1077 de dos mil dinares de oro, financiará las primeras obras del gran santuario que se convertirá en Cluny III.

Durante todo el románico esta piedad, mejor o peor entendida, será la que mueva a los poderosos a financiar las grandes obras del estilo. Los epígrafes monumentales nos recordarán su "generosidad"; sirven a la vez para que se perpetúen en recuerdo eterno y para que se produzca la "pía" competencia de quien no ha realizado su óbolo correspondiente. Para ello vale todo, desde la modesta cama del que muere sin otra cosa que su lecho de muerte, hasta las sumas más considerables de oro que un poderoso quiera legar. En este sentido resulta ingenua, aunque aleccionadora sobre lo que estas donaciones significaban, aquello que los canónigos de San Pedro de Soria escribieron en una lauda del claustro, cuya traducción dice así: "Murió Raimundo en el día de la bienaventurada Cecilia. El cual nos dejó cierto puesto en el mercado de carne en beneficio de sus aniversarios. Año 1205".

Hablando de los hombres que bajo su patrocinio se ha desarrollado el románico hispano, no podemos olvidar a Diego Gelmírez, el prelado de Compostela durante casi medio siglo. Heredó una catedral que se había comenzado rompiendo con la tradición e introducía por primera vez en el Occidente peninsular las formas del románico pleno, procediendo a la culminación del proyecto catedralicio con la total renovación cultural del núcleo compostelano. En estas palabras de uno de sus colaboradores y biógrafo podemos percibir alguno de los importantes cambios que llevó a cabo: " Trayendo por sus honorarios a un maestro de elocuencia y de lógica, nos puso bajo su férula para que dejásemos los rudimentos de la infancia... cuando él subió —Gelmírez— a la dignidad del episcopado, no sólo faltaba casa decente y conveniente para un Prelado, sino que ni aun clérigos que no fuesen rudos y sin sujeción alguna a la disciplina eclesiástica pudo encontrar en ella... Fijó el número de canónigos, que debía ser de 72, los cuales no debían entrar en el coro del glorioso Santiago, sino revestidos de sobrepellices y con capas corales; cuando antes los había que andaban con la barba sin rasurar, con capas descosidas y variegadas, con espuelas en el calzado y otras cosas parecidas a estilo de soldados" (textos de la *Historia Compostelana,* traducidos por Filgueira Valverde).

Había viajado por Europa, siempre estaba preocupándose de que en su catedral hubiese de todo aquello que brillaba por su belleza y valor. Filgueira Valverde ha hablado de la pasión del arzobispo compostelano por el oro. Una vez más la "Compostelana" nos llama la atención de objetos de culto que son auténticas y preciadas joyas artísticas: un cáliz de oro, un aguamanil de cristal tallado y, sobre todo, el magnífico conjunto del altar del Apóstol. Conocemos descripciones muy exactas del frontal de oro y plata que tenía en su centro "el trono del Señor en el que están los veinticuatro ancianos en el mismo orden en que San Juan, hermano de Santiago, los vio en su Apocalipsis", y también "el ciborio que cubre este venerado altar está admirablemente decorado por dentro y por fuera con pinturas y dibujos y con diversas imágenes".

Su actividad constructora llevó a sus biógrafos a denominarle obispo y sabio arquitecto (*"Ipse quoque Episcopus, utpote sapiens Architectus"*). Se puede hacer una enumeración sumaria de las construcciones emprendidas bajo su patrocinio llegando casi a sesenta: Terminación y consagración de la catedral, palacio episcopal, unas dependencias canónicas Chablando de lo que tienen los templos ultrapirenaicos, Gelmírez se había expresado así sobre la canónica compostelana: "Ni siquiera tiene su claustro, ni una buena oficina"), hospital, acueducto, nueve iglesias en Santiago, veinte fuera de la ciudad, obras en los tres monasterios que había comprado, cinco residencias y cinco castillos.

LOS ARTISTAS

El conocimiento de los hombres que obran las creaciones del románico resulta muy problemático: las fuentes sólo nos transmiten un número muy reducido de noticias y, en la mayoría de las ocasiones, de muy difícil interpretación. Muchas veces un nombre propio seguido de cualquier tiempo del verbo latino *facere,*

(hacer) ha sido interpretado como referencia al autor material cuando en realidad puede tratarse del promotor de la obra.

Se ha dicho que el artista románico suele permanecer en el anonimato por considerar que no debe figurar su nombre en obras destinadas a ensalzar la gloria de Dios. La simple lectura de la lista que ofrezco a continuación, en absoluto exhaustiva, desvanece toda credibilidad que se pudiese dar a esta afirmación:

— De la construcción de la catedral compostelana se encargaron en las primeras etapas los maestros Bernardo el Viejo y Roberto.

— El maestro Don Miguel construyó la iglesia de San Frutos de Duraton (Segovia), en 1100. El maestro Cipriano es el autor de la iglesia de Andaluz (Soria), en 1114.

— En 1129 se contrata al maestro Raimundo de Monforte para edificar la catedral de Lugo.

— Un maestro denominado Juan es el constructor de la iglesia lucense de San Pelagio de Seixon, en 1140.

— En San Isidoro de León un epígrafe funerario recuerda a Pedro Deustamben que había construido las bóvedas del templo.

— Jimeno hizo y esculpió el pórtico de Nogal de Huertas en Palencia, en el tercio final del siglo XII.

— Tres constructores, Benito, Miguel y Martín, hicieron el templo de San Millán (Burgos), en 1165.

— En 1168, Fernando II concede una renta al maestro Mateo para que trabaje en la catedral de Santiago de Compostela.

— El portal de Soto de Bureba (Burgos) fue construido por Pedro de Ega y Juan Miguélez, en 1175.

— Desde 1175 trabaja en la catedral de Seo de Urgell un maestro extranjero llamado Raimundo Lambardo.

— En 1186, un maestro procedente de Piasca edificó el portal de Rebolledo de la Torre (Burgos).

— En la década de los noventa del XII, se encarga del proyecto de la catedral ilerdense el maestro Pedro de Coma.

— A partir de 1199 se conoce el nombre de Garsión como responsable de la construcción de la catedral de Santo Domingo de la Calzada.

— Un maestro denominado don Gualterio figura en 1218 como el resposable de la obra de Santa María de Valdediós.

En esta lista de constructores encontramos referidos diversos nombres de canteros o escultores que se encargaron de levantar grandes catedrales o modestos edificios parroquiales. Sin embargo, existe cierta ambigüedad en la explicitación de su especialidad concreta. Se les suele denominar *magister* (maestro), pero no sabemos si proyectaba y dirigía la obra, trabajaba como simple cantero o era escultor de piezas figuradas.

En algún caso el epígrafe nos informa sobre la actividad realizada por el maestro. En la iglesia palentina de San Salvador de Nogal de Huertas el maestro Jimeno se siente orgulloso de su obra y nos explica que él no sólo construyó el pórtico en sus formas arquitectónicas, sino que también fue el autor de las esculturas. En otros casos la verdadera actividad de los artistas de la obra no aparece tan claramente definida. Pedro de Coma, maestro de la catedral de Lérida desde 1190 hasta el segundo decenio del XIII aproximadamente, no debió de participar en la realización de la escultura monumental, pues en ese período se aprecia la presencia de varios talleres de escultura diferentes, mientras que las principales líneas arquitectónicas parecen permanecer constantes en esa misma cronología. Es muy difícil poder afirmar rotundamente lo mismo en el caso del conocido maestro Mateo, pero hay muchos indicios que así parecen indicarlo. A lo largo de más de treinta años que Mateo figura al frente de las obras compostelanas, las esculturas conservadas responden no ya a la presumible evolución estilística, sino que la continuidad de la producción escultórica presenta verdaderas rupturas, que indican manos de factura diferente. Lo más lógico sería considerar a Mateo como el director de la obra catedralicia que va dirigiendo sucesivos talleres de escultores a los que sus trazas deben dar cierta coherencia.

Dentro de la precariedad informativa que existe sobre estos constructores, se ha intentado rastrear en su posible origen o procedencia para poder justificar su arte. Así se dice que Roberto y Bernardo, directores de las primeras obras compostelanas, tenían nombres foráneos porque necesariamente extranjeros tenían que ser los primeros artistas que introdujeran unas formas ajenas a nuestra propia tradición. Por el contrario, al referirse al constructor de la catedral lucense, el maestro Raimundo, se nos dice que era oriundo de Monforte, lo que nos puede sugerir que ya entonces el estilo había sido asimilado por artistas locales. El portal de la iglesia burgalesa de Rebolledo de la Torre fue edificado por un cantero que procedía de Piasca (Santander) en 1186, donde ya podemos rastrear su forma de trabajar quince años antes.

En algunas ocasiones este tipo de referencia geográfica ha sido excesivamente forzado. No creo admisible que se pueda considerar al maestro Pedro de Coma, encargado del proyecto de la nueva sede catedralicia de Lérida, como un italiano procedente de la zona de Como —se ha sugerido esta hipótesis en varias ocasiones—, cuando en realidad existe en la inmediatez geográfica leridana el topónimo Coma.

¿Cómo es la relación contractual entre el promotor y el constructor? Esta síntesis que Llaguno, siguiendo al historiador lucense Pallares Gayoso, recoge en los términos siguientes, nos permite hacernos una idea del más antiguo contrato de un maestro de obras románico en España:

"Había entonces en Galicia un arquitecto, llamado maestro Raymundo, natural de Monforte de Lemos; y el obispo D. Pedro Peregrino, el deán, los canónigos y cuatro ciudadanos nobles hicieron asiento con él para ejecutar la obra, año 1129. Estipularon darle anualmente el salario de doscientos sueldos de la moneda que entonces corría, y si hubiese mudanza en ella seis marcos de plata, treinta y seis varas de lienzo, diez y siete carros de leña, zapatos y borceguíes los que necesitase ó hubiese menester, y cada mes dos sueldos para carne, un cuartel de sal y una libra de cera.

Aceptó el maestro Raymundo estas condiciones, y por su parte se obligó a asistir a la obra todos los días de su vida, y que si muriese antes de la conclusión la acabaría un hijo suyo."

De estos breves datos podemos obtener algunas enseñanzas que pueden ser constatadas con noticias documentales de finales de la Edad Media. El cabildo se compromete no sólo a pagarle un estipendio anual en moneda, incluso se cuida que el valor de la misma mantuviese lo que llamaríamos hoy su valor adquisitivo, sino que corría con su manutención, vestido y leña para su cocina y abrigo. Aunque sean referencias muy tardías, sabemos que en las catedrales existía una casa que se destinaba a vivienda del maestro. A veces, cuando éste moría prematuramente, se producían problemas para mantener o desalojar a la viuda a la llegada de un nuevo responsable de la dirección de las obras.

Claustro de la catedral
de Gerona. Capitel.

Debemos entender que estos constructores se incluían en el círculo doméstico del promotor, quien se cuidaba, como de cualquier otro menestral de su "domesticidad", de su total mantenimiento. En las catedrales, las obras más importantes de la época, esta "domesticidad" se entendía dentro de la comunidad canónica; es decir, los sustentos del maestro se satisfacían del mismo fondo y manera que los gastos de los diferentes canónigos. En algún caso el maestro de las obras aparecía totalmente integrado en la vida canónica, tal como podemos deducir del compromiso contraído entre el citado Pedro de Coma y el obispo de Lérida, cuando el primero, después de entregarse en cuerpo y alma al servicio de la construcción de la catedral, recibe del segundo "un puesto en la comunidad canónica y que se le provea para su vestido y sustento una determinada cantidad como a un canónigo más". En el año 1175, un maestro llamado Raymundo Lambardo, posiblemente italiano, se comprometía con el obispo y el clero de Seo de Urgell a ocuparse del abovedamiento de la catedral a cambio de recibir el sustento de por vida.

La larga duración del proceso constructivo exigía del director de la obra la fijación a la misma durante muchos años. Como vemos en el

Claustro de la catedral de Gerona. Capitel.

ficando. Aunque sea una noticia tardía, ya del siglo XIV, véase lo que se dice de una de estas casas en la catedral de Burgos: "la obra de la Iglesia de Burgos que há unas casas cerca de la dicha églesia en que tienen todas las cosas que son menester para la dicha obra; e los libros de las cuentas é todas las otras ferramientas con que labran los maestros en la dicha obra."

El número de estos canteros variaba según la situación económica de cada época. Algunos datos nos permiten conocer ciertas cifras que pueden ser orientadoras: El "Calixtino" nos informa que la catedral compostelana era construida en uno de los momentos de máximo empeño por cincuenta "lapicidas". En muchas ocasiones los obreros que trabajaban en la construcción de una catedral eran liberados de tributación por los monarcas; de esta manera los reyes contribuían en facilitar una cierta economía. Por este tipo de referencias sabemos que en el siglo XII trabajaban en la catedral de Salamanca de veinticinco a treinta obreros.

Como hemos indicado antes, al tratar de la especialización en el oficio, los canteros que había en la obra serían de dos tipos caracterizados por su especialización y fijación en el trabajo. Los artistas dedicados a una labra de calidad, encargados de relieves y piezas arquitectónicas esculturadas, podrían trabajar durante una determinada campaña y dejar el material suficiente para que los canteros fijos lo asentasen según avanzaba la construcción. Esta manera de obrar crea serios problemas a los historiadores que se ocupan de averiguar cuál ha sido el proceso de la marcha de las obras, pues al ser los materiales esculturados los que permiten descubrir una secuencia estilística, se fijan en ellos sin darse cuenta en qué momento pudieron ser colocados de verdad en el sitio en que se encuentran. Un taller de escultores ha podido dejar en la casa de la obra cincuenta capiteles de varias clases —para columnas de pilares, ventanas o puertas—, metros de impostas, etc.; todo este material no podrá ser asumido por la marcha de la obra hasta un determinado momento. Cuando realmente se utilizan estas piezas ha podido ocurrir que, por un parón del trabajo, a veces muy prolongado,o una modificación del proyecto, o ambas cosas a la vez, su ubicación en el edificio no sea en la continuidad lógica que se tenía previsto, creándose así un contrasentido estilístico en el proceso de construcción.

caso de Lugo y de Seo de Urgell, parece que la dedicación es de por vida. El célebre maestro Mateo recibía una pensión anual de Fernando II en 1168 para que se ocupase de la dirección de las obras de la catedral compostelana. Veinte años después los dinteles del gran pórtico occidental confirman, en una suntuosa inscripción, que sigue siendo el responsable, y así debió de ser hasta el final de su vida.

El cuidado que ponen los cabildos en que su maestro de obras esté presente diariamente en el trabajo, norma que se explicitaba en el contrato, no tiene otra misión que el estricto control de los trabajadores y del proceso de construcción por parte del principal responsable. En algunas ocasiones se producía el hecho que el maestro era también escultor, con lo cual, con su presencia, se le obligaba a labrar las mejores piezas. En los grandes centros de construcción existía lo que se denominaba la "casa de la obra": era la lonja de trabajo donde, durante siglos, equipos de obreros se sucedían en la labra y preparación de los materiales que iban a ser colocados en la fábrica que se estaba edi-

¿Qué mensajes o recuerdos nos han dejado los constructores en sus edificios? Distinguiremos tres tipos bien diferenciados: señales y marcas funcionales, imágenes convencionales meramente ornamentales y formas protocolarias y monumentales.

La fantasía decimonónica vio en las marcas que tenían los sillares de los edificios medievales las señales misteriosas de los masones, entendidos éstos como grupos más o menos sectarios, pero siempre como integrantes de una sociedad secreta poseedora de unos conocimientos cabalísticos que se expresaban con signos sólo conocidos por los iniciados. Aunque todavía no comprendamos en su totalidad las claves de este lenguaje de las marcas, sin embargo si sabemos que solamente tuvieron la significación de su vulgar funcionalidad.

Las marcas no aparecen hasta las construcciones del románico pleno, siendo a partir de entonces muy numerosas. Suelen ser signos de fácil factura por la simplicidad de sus trazos. Generalmente letras como I, A, P, R, S, O. En muchas ocasiones incluso estos caracteres se reducen en algunos de sus trazos. A menudo se alejan de la grafía de las letras y adoptan tipos como ángulos, aspas, espirales, etc. Con estas señales se indicaban las piezas que habían sido labradas por un determinado cantero, una especie de indicativo de producción a destajo. Existen datos documentados muy tardíos, de época bajomedieval, que demuestran que en algunas canteras la producción de los diferentes operarios se marcaba, así facilitando de este modo el recuento para ser abonado.

Otras veces las marcas tenían indicaciones convencionales que permitían la colocación de los sillares en la fábrica del edificio. Esto solo se entiende bien si tenemos en cuenta una cierta discontinuidad entre la labra del material y su colocación. Recuérdese a este respecto lo que acabamos de decir sobre la especialización del trabajo y su elaboración en la lonja o patio de la obra. Podemos ver en muchos edificios como los sillares que han sido pensados para ser colocados como tizones —transversalmente en el muro— tienen la misma señal, mientras que carecen de ella, o es diferente, los destinados a una colocación a soga —sillares que sigue su cara larga la continuidad de la hilada—. Cuando la complejidad de una parte de la construcción exigía preparar la articulación de los elementos de una manera precisa y exacta

lejos del lugar de colocación, se marcaban los diferentes elementos para después disponerlos en el mismo sentido y orden. En la parte románica de la tribuna de la catedral de Tuy podemos ver arcos cuyas distintas piezas tienen señales que han permitido reconstruir a aquella altura lo que fue hecho y montado abajo. Por ejemplo, las dovelas tienen signos progresivos que indican el lugar exacto que deben ocupar en el aparejamiento de la rosca del arco; las piezas son en apariencia exactamente iguales, pero cuando se tallaron y probaron fueron labradas con absoluta precisión para su articulación una con otra.

Imágenes de artistas representados en diferentes partes del edificio han sido siempre habituales. De las numerosas cabezas que decoran los canecillos, algunas han sido interpretadas como retratos de los constructores. En algunos casos figuran personajes portadores de instrumentos de su oficio, lo que no deja lugar a dudas de su ocupación. Desde el punto de vista iconográfico son figuraciones convencionales; no se pretende individualizar o concretar lo que podríamos llamar un retrato del artista para la inmortalidad. Se puede ir más lejos y representar escenas que denominaríamos de género, es decir, los artesanos en plena actividad de su oficio. En las iglesias palentinas de San Martín de Frómista o de Valdecal, podemos ver un capitel en el que dos obreros transportan una cuba de agua para fraguar la argamasa. El mismo tema lo seguimos viendo en la colegiata de Santillana del Mar. Se trata de un iconograma estereotipado que se repite a partir del mismo modelo. En el claustro de la catedral de Gerona tenemos un buen repertorio de estas escenas de obreros de la construcción. Volvemos a encontrarnos otra vez con los aguadores, aunque hay ciertos matices diferenciales en la concretización de los detalles, y también vemos a los escultores labrando en el banco o sobre el terreno mismo.

Ninguna de estas representaciones son exclusivas del románico; ni siquiera han sido sus creadores. Todas estas imágenes fueron realizadas por el arte tardorromano y repetidas continuamente en las miniaturas y esculturas medievales. Los temas de Gerona los podemos ver en un aljarfe mudéjar, o en un claustro gótico, o, más a menudo, en una miniatura. La fuente iconográfica remota común es la misma, el arte romano; las vías de continuidad, diferentes. Figuran en los programas iconográficos de

Claustro de San Cugat del Vallés. Capitel.

los templos como una representación más de la vida diaria que tiene su lugar en la intención de reproducir el orden de lo creado dentro de los designios de la voluntad divina.

Desde los primeros momentos de la difusión del estilo pleno suelen aparecer en los epígrafes monumentales la referencia de los maestros constructores, aunque siempre en un segundo término con respecto a los que han sufragado la obra. A veces estas citas de los constructores son demasiado ambiguas. Como decía antes, resulta difícil poder precisar si se trata de un constructor o de quien ha financiado la obra. Por ejemplo, en la iglesia de Santa María de Lebanza parece a simple vista que se trata de un operario, pero si nos fijamos bien nos damos cuenta de que es el financiero: ISTO ARCO FECI RODRICUS GUSTIUT VIR VALDE BONUS MILITE ORATE PROILLO ("Hizo este arco Rodrigo Gustioz, hombre de Valbuena, soldado, orad

por él"). Si no se hubiese expresado su condición de soldado se podría confundir con uno de esos tantos maestros a los que atribuimos la construcción.

A partir del tardorrománico las cosas cambian sustancialmente, el artesano empieza a ser consciente de su importancia en la realización de obras trascendentales para la sociedad en la que vive. El protagonismo de los maestros de obra corre parejo, o mejor, es consecuencia de la gran transformación que la sociedad está experimentando durante la segunda mitad del siglo XII.

Al principio, y en algunos sectores populares, el nombre del maestro figura tímidamente al lado del comitente todopoderoso que con sus medios ha hecho posible la obra. Así vemos como Jimeno, que realizó y esculpió una portada en el templo palentino de Nogal de Huertas hacia final del siglo XII, pide que se rece por él:

IN NOMINE DOMINI NOSTRI IHESU XPI / OB ONORE SANCTI SALVA / TORIS IELVIRA SANSES HOC FECIT / XEMENUS FECIT ET SCULPSIT / ISTAM PORTICUM ORATE PRO EO.

Cuya traducción sería: En el nombre de Nuestro Señor Jesucristo, Elvira Sanses hizo en honor de San Salvador. Jimeno hizo y esculpió esta portada. Orad por él.

Obsérvese como en esta inscripción se diferencia el que costea la obra del que la realiza materialmente.

La progresión hacia un mayor protagonismo se confirma con Arnaldo Cadel, que, finalizando la duodécima centuria, dirige el taller que está edificando el claustro de San Cugat del Vallés. En un ángulo de las pandas, una inscripción recuerda a la posteridad su nombre y su figura: HEC EST ARNALLISCULPTORIS FORMA CATELLI QUI CLAUSTRUM TALE CONSTRUXIT PERPETUALE ("Esta es la imagen del escultor Arnaldo Cadel que construyó este claustro eterno"). El letrero está junto a un capitel en el que se representa, por desgracia decapitado por la

Catedral de Santiago de Compostela. Dinteles del Pórtico de la Gloria.

23

incuria del paso del tiempo, al escultor trabajando en la labra de un capitel. Resulta difícil pensar en la idea de un teórico retrato, pero el epígrafe es muy explícito en la referencia de que no se trata, como en otras ocasiones anteriores hemos visto, de una imagen convencional que se refiere simplemente a la actividad de los constructores en abstracto, sino de la imagen, "forma", del escultor Arnaldo Catell. Que existe ademas una mayor intencion realista e individualizadora del personaje y su actividad, como empieza a ser normal ya en la época, lo demuestra el capitel que está esculpiendo, similar a los que se han realizado en la obra del claustro.

Será con el maestro Mateo, el responsable de la obra de la catedral de Santiago de Compostela, el que marque definitivamente la postura del artista que se siente orgulloso de su trabajo, por encima del propio comitente. En cierto modo su actuación corresponde a una personalidad fuera de lo común, genial; llega más lejos que ninguno de sus colegas por que está seguro de su arte. Se había ocupado de la obra compostelana por encargo del propio monarca. Su prestigio y fama le llevan a desempeñar un puesto destacado en la sociedad de Santiago, donde se había procurado un importante patrimonio. Cuando se concluyen las obras de la gran portada de la catedral, redactó en los dos grandes dinteles un letrero monumental destinado a perpetuar su nombre en el transcurrir de los tiempos:

ANNO AB INCARNACIONE DOMINI MCLXXXVIII ERA ICCXXVI DIE KALENDAS / APRILIS SUPER LIMINARIA PRINCIPALIUM PORTALIUM / ECCLESIE BEATI IACOBI SUNT COLOCATA PER MAGISTRUM MATHEUM / QUI A FUNDAMENTIS IPSORUM PORTALIUM GESSIT MAGISTERIUM

Cuya traducción dice así: " En el año de la Encarnación del Señor de 1188, es decir, era 1226, el 1 de abril, han sido colocados los dinteles de las puertas principales de la Iglesia de Santiago por el maestro Mateo, que se encargó de la dirección de la obra desde los cimientos."

La osadía de Mateo es increíble: el lugar más significativo de toda la iglesia del Apóstol, los dinteles bajo los cuales han de pasar cuantos entren solemnemente en el templo, ha sido ocupado por un letrero monumental que sólo referencia su actividad y persona; allí no figuran referencias al monarca, ni siquiera al arzobispo;

sólo el artista. Si el maestro románico había iniciado el período ocupando excepcionalmente un modesto lugar despues de la cita de los poderosos, cuando el estilo está a punto de fenecer se ha convertido, aunque debemos reconocer que por entonces solo muy excepcionalmente, en el protagonista absoluto y único.

Si hacemos caso a la tradición que ve en el personaje que aparece arrodillado detrás de la columna central de la portada la representación del mismo Mateo, nos encontraremos con una prueba más de su orgullo de genio creador. Solo, de espaldas a toda la corte celestial que ha representado en la gran portada, se hinca de rodillas y reza mirando hacia el altar mayor. Se diferencia de Cadel y tantos otros artistas en que no lleva atributo que lo identifique por su oficio; dejando volar nuestra imaginación, podríamos sugerir que pensaba en su prestigio social y se representaba como un comitente en vez de un artista. En esto, como en tantas otras cosas de sus creaciones, se aprecia la "modernidad genial" de su arte y su personalidad.

De los pintores todavía conocemos menos cosas; apenas hay mínimos indicios, ni siquiera podemos relacionar media docena de nombres. Los que ilustraron los códices hispanos del siglo X fueron muy explícitos en sus obras sobre su personalidad y algunos aspectos de orgullo sobre su actividad creadora. Al iniciarse la renovación románica parece como si todo siguiese igual. Hemos visto más arriba como Fructuoso se representó al lado de los monarcas que le encargaron la confección de la obra —"Diurnal de Fernando I y Sancha"—; es decir, en el alba del románico el pintor-iluminador sigue ocupando un puesto protagonista en el trabajo que ejecuta. Sin embargo, esto no es del todo cierto: un "beato" escrito por Facundo para los mismos reyes, en 1047, carece de la referencia de los artistas que lo pintaron. A partir de entonces los nombres de los miniaturistas empiezan a ser raros, hasta desaparecer en el siglo XII: un tal Martino debió ilustrar el *Beato* de la catedral de Burgo de Osma en 1063; el *Beato* del monasterio de Santo Domingo de Silos, que había sido acabado por Domingo y Munio en 1091, sería iluminado por el prior Pedro en 1109 *(ab integro illuminabit)*. No sólo dejan de figurar en los códices, incluso a veces hay verdaderos problemas para poder saber cuál es el lugar donde se componen.

En la España románica existieron importantes centros de producción de códices ilustrados, pero debemos conocerlos casi siempre de manera indirecta. Lugares citados como *scriptoria* donde se compusieron importantes obras fueron la catedral de Santiago de Compostela, la catedral de Oviedo, la colegiata de San Isidoro de León, o los monasterios de San Pedro de Cardeña, Santa María de Ripoll, San Juan de la Peña, San Millán de la Cogolla, y sin embargo de ninguno de ellos tenemos una noticia totalmente explícita que les relacione con las obras que se les atribuye.

Muchas de las afirmaciones que hacemos sobre la pintura románica hispana se fundamentan en la obra conservada, y ésta no es nada significativa. Si desde el punto de vista de la arquitectura y de la escultura podemos hablar de obras bien conservadas de primera categoría, de la pintura mural es muy poco lo que tenemos y, generalmente, no corresponde a centros importantes. Si la arquitectura y escultura monumental de Compostela fue la vanguardia de su época, nada conocemos de su pintura. Si tenemos en cuenta como aproximación, aunque sean lejanas e indirectas, algunas de las miniaturas de los célebres tumbos, la calidad de los murales compostelanos debió de ser excepcional. Sobre la importancia de las carencias nos da una buena idea Cataluña, donde todavía existe una considerable cantidad de pinturas al fresco y muy pocas obras de miniatura.

Este anonimato de los pintores ha sido suplantado por los estudiosos denominándolos por el lugar de las obras; así en la lista de los pintores románicos españoles figuran los siguientes nombres, entre otros: maestro de Tahull, maestro de Osormort, maestro de Sijena, maestro de San Isidoro de León, maestro de Ruesta, maestro de San Juan de la Peña, maestro de Pedret. Y de esta manera se podría continuar en un largo sinfín de referencias geográficas. Las características de la dedicación de los canteros y la de los pintores es muy diferente: si los tallistas iban buscando los lugares donde mejor les pagasen, permaneciendo poco tiempo en las lonjas, los pintores realizaban más rápidamente su labor y se desplazaban a otros sitios en busca de trabajo. Esta idea de artistas itinerantes, unida a un análisis superficial de las pinturas, ha hecho que muchas veces se quiera ver en varios conjuntos pictóricos la actuación de un mismo taller o maestro, cuando en realidad las formas comunes que encontramos en esos lugares se deban más al estereotipado len-

Catedral de Santiago de Compostela. Supuesta figura de Mateo en el Pórtico de la Gloria.

guaje convencional que se emplea en la pintura románica que a una única autoría.

Que no se conozcan nombres de pintores no tiene otra explicación que la mala suerte de lo conservado. Casi con toda seguridad la mayor parte de las obras pintadas debió tener su "firma" correspondiente; sin embargo, el nombre del artista no iba a estar en todas las composiciones realizadas en la decoración de un conjunto, desde el mismo momento que esté fragmentado parcialmente puede producirse la pérdida del nombre del pintor. Y así ha debido ser. En la iglesia segoviana de San Justo un pintor decoró su ábside y nos dejó su firma, pero su precaria conservación ha hecho que la hayamos perdido practicamente: ...DA PINTOR FE (cit). Tan sólo tenemos las dos letras finales del nombre de su autor. Una noticia del siglo XVI nos informa de la existencia de otro pintor castellano: Gudesteo, pintor al servicio del arquitecto "frater Xemeno" que trabajaba en el monasterio de San Pedro de Arlanza en 1138.

Como los miniaturistas altomedievales nos han transmitido en sus creaciones algunos aspectos demasiado "familiares" de su vida personal, llegando a escribir junto a su texto o imagen expresiones referidas a sus estados de ánimo, algunos especialistas han querido ver en las curiosas palabras reproducidas en las pinturas de San Justo de Segovia un mensaje legado por el pintor, que nos comunicaba así que no podía seguir trabajando:

NON POTEO FACERE PINTURAS

Tal vez esta expresión no corresponda a ninguna circunstancia mas o menos "novelada" de la biografía del artista, sino que se trata de una especie de *grafitti* ajeno al mismo pintor.

De los orfebres no tenemos más noticias. Durante el siglo XI vemos como llegan una serie de artesanos extrajeros, más exactamente germanos, que contribuyen a la renovación de las técnicas y los iconogramas. Éstos son los autores del arca de San Millán de la Cogolla, Engelran y su hijo Rodolfo, a los que ya hemos aludido, o el Almanius - Alemán, que hizo con oro y esmaltes el retablo que, en 1056, los reyes García y Estefanía donaron en la consagración de Santa María de Nájera. Al mismo artista o a otro de igual origen o formación se deben las obras que en la corte leonesa se hicieron por encargo de Fernando I o Sancha.

Del siglo XII nada conocemos de los artistas que trabajan el marfil o funden los metales. Un taller como el que realiza en Silos una producción de esmaltes de una calidad extraordinaria carece de la más mínima documentación histórica que lo avale.

LOS EDIFICIOS

El color de la arquitectura.— Cuando contemplamos en la actualidad un edificio románico, no estamos ante la imagen que de él tenían los hombres que lo construyeron. La fragilidad de las capas pictóricas que lo decoraban y una sistemática restauración que persigue dejar al descubierto la piedra han desnaturalizado de tal manera el antiguo edificio que su estado original resulta irreconocible.

Criterios de restauración basados en principios estéticos renacentistas, aplicados desde el siglo XIX, han venido despojando a los edificios de las capas de pintura que cubrían sus muros buscando la belleza del color natural de los materiales de construcción. De esta manera surgen los muros de sillares, sillarejos, mampuestos, ladrillos, etc. Y ya no sólo son los paramentos los que se desnudan de los efectos cromáticos pintados, sino que la propia escultura monumental aplicada como ornamentación es picada y raspada hasta dejar pulida su superficie en el color de su materia lítica.

La aplicación de estos criterios de restauración ha producido un desaforado afán por parte de los responsables de los monumentos románicos para limpiarlos totalmente de revocos pictóricos. En este sentido, se ha creado un falso criterio historicista de la sociedad con respecto a la valoración de las obras románicas. Así nos encontramos con que un muro pintado de blanco u ocre debe ser picado para darle su «imagen verdadera», es decir, dejar al descubierto la calidad de la materia constructiva.

La arquitectura románica, como la antigua, no se entendía si no se completaba con su correspondiente decoración pictórica. Los muros recibían una capa de pintura mural, generalmente al fresco, con representaciones más o menos complejas. Lo normal era acudir a ciclos iconográficos, pero, si no había medios de encontrar o sufragar un taller capaz de reproducir imágenes, se limitaba a una decoración ornamental básica. La pintura mural no sólo afectaba a los interiores, sino también a las fachadas del exterior, aunque en este caso la decoración externa se solía limitar a colores que enmarcaban las principales líneas arquitectónicas. Todavía en este siglo se apreciaban restos de decoraciones figuradas en las fachadas de algunos edificios. El marqués de Lozoya nos describe la de San Martín de Segovia, que aún era visible hace unos pocos años.

Dependiendo de la capacidad económica se podía aplicar al edificio una mayor o menor decoración escultórica. La escultura monumental era preferida a la pintura, pues lo representado duraría más. La escultura se empleaba para los capiteles, líneas de impostas y todo tipo de relieves; al estar también pintados, se conseguía una perfecta armonización cromática entre estos temas esculpidos y la pintura de los muros de su entorno. Muchas veces, cuando intentamos una lectura iconográfica de una portada, no podemos realizarla al faltarnos la decoración pictórica que había en el tímpano y conservarse sólo los capiteles.

El color de los edificios condiciona totalmente la comprensión de los volúmenes y el sentido de la espacialidad de sus ámbitos. Cuando hoy día observamos el interior de un templo

San Payo de Abeleda
(Orense). Capitel.

San Pedro de Arlanza
(Burgos). Fragmento de
capitel.

cromática uniformadora. La luz que penetraba por sus saeteras —en los edificios más importantes podría haber ventanas con vidrieras de colores— se proyectaba sobre unos muros que, al estar pintados con tonos fuertes y chillones, no la reflejaban, sino que la absorbían. De esta manera el interior de estos templos aparecía siempre con una luz filtrada que producía preponderancias cromáticas según incidiese en unas figuras u otras. En las iglesias de los cistercienses o de los premostratenses las paredes aparecían pintadas de blanco o de un color terroso claro, nunca con la sillería al descubierto. La única decoración que se permitía sobre estos albeos paramentos era el pincelado de las juntas de los sillares. Como las saeteras o ventanas no podían tener vidrios de color, la luz que penetraba por ellas era a plena intensidad. Esta luz no era absorbida por los muros; sus colores blancos actuaban como espejos que reflejaban y ampliaban difusamente su intensidad.

La decoración pictórica conservada de algún pequeño recinto nos permite hacernos una idea del efecto original; sin embargo, siempre hay pequeñas faltas que impiden la comprensión de la totalidad del conjunto. El panteón regio de San Isidoro de León mantiene sus maravillosos murales en bóvedas y muros, pero ya no existe el colorido de todas las columnas. Resulta muy difícil saber cuál era el efecto que producía la policromía de capiteles y relieves, pues se ha perdido prácticamente en la totalidad. En la iglesia segoviana de San Justo podemos ver como una puerta mantiene importantes vestigios de su decoración. El color se aplicaba a las figuras del tímpano y a los más mínimos detalles de los temas ornamentales.

En la iglesia orensana de San Payo de Abeleda todavía se conservan sobre algunos capiteles vestigios de una decoración policromada que los siglos posteriores han sabido ir manteniendo incluso con repintes. Un fragmento de un capitel encontrado en las ruinas de San Pedro de Arlanza muestra los colores chillones de su decoración original.

En muchas ocasiones se pintaba con colores planos el conjunto de los paramentos, mientras que todos los elementos de la escultura monumental eran tratados con una mayor riqueza cromática. En estos casos lo que se buscaba, con una gran economía de medios, era resaltar las principales líneas arquitectónicas produciendo una efectista plasticidad del conjunto.

catedralicio o de una iglesia cisterciense o premostratense, no apreciamos apenas diferencia, los muros desnudos enmarcan con una luz muy similar la espacialidad de su interior. En el siglo XII se producía una sustancial diferencia lumínica y cromática. Cualquier iglesia de clero regular o monjes cluniacenses presentaba sus muros ricamente ornamentados con esculturas y, a su vez, éstas y los muros pintados con una gama

MATERIALES Y TÉCNICAS DE CONSTRUCCIÓN

El edificio románico monumental pretende ser una construcción fuerte, de muros rotundos y compactos que soportan una estructura abovedada. Una serie de líneas arquitectónicas horizontales y el uso de bóvedas y arcos de perfil semicircular contribuyen a crear la sensación de horizontalidad frente a la tan difundida idea de verticalidad del gótico. Sin embargo, se han cargado las tintas sobre una definición de la arquitectura románica como excesivamente apegada al suelo y falta de esbeltez. Basta contemplar esta imagen que reproducimos del interior de la catedral de Santiago de Compostela para apreciar el sentido ascensional de sus muros; no se puede decir aquí que nos encontramos ante una arquitectura achaparrada o de pesadas masas paramentales. Incluso en construcciones más sencillas suele predominar la verticalidad sobre la horizontalidad. Si esto no se aprecia facilmente es porque el edificio no se encuentra en su estado original. Los suelos del interior y exterior han crecido mucho en función de los enterramientos; lo normal es que el nivel de suelo primitivo se encuentre de treinta a cuarenta centímetros por debajo del plinto de las columnas del interior.

El muro consta de dos paramentos de piedra o ladrillo que contienen en su interior un grueso núcleo de mortero. El grosor total de núcleo y paramentos varía según las partes del edificio; suele oscilar entre los setenta y cien centímetros.

Para los paramentos se utiliza la piedra, aunque pueden producirse importantes variantes según las circunstancias geológicas locales. La dificultad de conseguir piedra puede obligar a limitar su uso. El ladrillo es un buen sustituto; a veces se emplea para la totalidad de la fábrica, en otras ocasiones se recurre en las obras de ladrillo a la piedra como soporte ornamental para columnas e impostas. Si la obra no responde a un gran proyecto, no se duda en utilizar la piedra local, aunque ésta no sea la más idónea; así lo podemos ver en zonas ricas en pizarras. Sea cual fuere el material empleado, el producto final adquiría un aspecto bastante uniforme merced a la decoración pictórica mural. Véase en este dibujo del ábside de la iglesia madrileña de San Martín de Valdilecha cómo el ladrillo no es perceptible bajo los frescos. ¿Quién puede afirmar que éste no es un presbiterio románico como los realizados en piedra?

29

Catedral de Santiago de
Compostela. Aspecto de la
nave central.

¿Cómo se concibe un muro románico? Una primera respuesta es fácil: articulado. Sin embargo, al entrar en precisiones veremos que esta articulación se consigue de manera muy diferente según el momento románico en que se produce. De manera simplificada hablaríamos del muro del primer románico y el del románico pleno, diferenciados en la aplicación o no de la escultura monumental.

Salvo algunas experiencias de la arquitectura hispana, el el muro prerrománico era liso y continuo, mostrando en sus grandes superficies un pesado aspecto masivo. Los constructores del primer románico, inspirándose en las abundantes referencias del patrimonio romano conservado entonces, buscaron romper la continuidad de los paramentos mediante el empleo de líneas en resalte y superficies rehundidas bajo el plano de los muros. De esta forma se creaba un interesante juego lumínico de contraste entre las zonas de luces y sombras.

La forma más completa de organizar los paramentos exteriores de un edificio del primer románico sería la siguiente de arriba hacia abajo: friso de esquinillas, cadeneta de arquillos semicirculares que se prolongan alternadamente con bandas que descienden por el muro hasta el podio del mismo. En algunos casos se recurre a un orden de nichos profundos que producen unas acusadas sombras. Obsérvese en el catálogo las imágenes del ábside de Santa Cecilia de Montserrat para ver una decoración simplificada y muy antigua de este tipo, mientras que la fórmula más elaborada sería la de la cabecera de la iglesia de Santa María de Ripoll, también reproducida en el mismo catálogo.

En el interior la articulación se subraya con el empleo de arcos doblados para todos los vanos y los soportes. Las cañones de las bóvedas se apoyan en arcos fajones apeados a su vez en pilares que multiplican sus esquinas para que cada una reciba el peso de los arcos que configuran los espacios que delimitan. Así los pilares adquieren una forma cruciforme con los correspondientes codillos a cada lado de los cuatro brazos. Véase, en un ejemplo de una calidad excepcional, esta imagen del interior de la nave central de San Vicente de Cardona, cómo el muro liso y continuo del prerrománico ha desaparecido por una ininterrumpida sucesión de esquinas en resalte. Durante el tardorrománico la búsqueda de una más estética

plasticidad suele sustituir la dura y abrupta sequedad de las escuadras de los codillos por columnas, incluso, intentando una mayor sensación de esbeltez, se colocan dobles columnas en los frentes de los pilares en los que iba una más gruesa. En el apartado que hemos dedicado a la catedral de Lérida pueden verse pilares que llegan a tener, en un exceso delirante de fantasía decorativista, hasta dieciséis columnas, que emergen esbeltas y continuas desde el suelo hacia la bóveda.

El románico pleno realza su articulación muraria con una profusa aplicación de decoración escultórica. Cornisas, ventanas, puertas y soportes aparecen ricamente ornamentados con todo tipo de figuraciones esculpidas.

Las cornisas se realizan con canecillos, cobijas y metopas, todos ellos esculpidos en los edificios más cuidados; pero que, al menos, siempre se decoran los canecillos con temas historiados o vegetales. Las puertas y ventanas se enmarcan con columnas y arquivoltas, llegando en muchos casos al empleo de tímpanos esculpidos o pintados.

Los soportes siguen siendo cruciformes, pero con el empleo de columnas. El orden columnario de estos soportes y el de los vanos permite que los ábacos de sus capiteles se prolonguen por los muros creando una profusa decoración de líneas de impostas que rompen horizontalmente los paramentos.

Todo edificio románico con pretensiones monumentales se proyectó para ser cubierto totalmente de bóvedas; sin embargo, diversas circunstancias, entre las que las económicas suelen ser decisivas, obligaron a los constructores, a lo largo del proceso a terminar la obra con una simple estructura de madera. Salvo muy contadas excepciones, el ábside siempre se aboveda, mientras que las naves son mayoría las que no terminaron por recibir bóveda alguna. Las bóvedas del románico suelen ser las de cañón y aristas. Las primeras sobre arcos fajones son las más utilizadas, mientras que las otras se reducen a lugares secundarios o zonas que tengan que soportar un gran peso. La conocida bóveda de horno se emplea constantemente para los hemiciclos de los ábsides. Por encima del trasdós de los abovedamientos venía una armadura de madera que servía de soporte del tejado. Éste se realizaba con todos los medios conocidos, desde los modestos vegetales a las más usuales tejas o pizarras, ter-

San Vicente de Cardona.
Detalle de la nave central.

EL TEMPLO, SUS VARIANTES Y SUS FORMAS

Los templos románicos suelen tener su núcleo principal en torno al altar, es el lugar del santuario, el ábside. En el latín de los teólogos de la época se denomina *caput,* cabeza. Cuando comparan el templo con el cuerpo de Cristo indican aquí el lugar que correspondería a la cabeza. Generalmente la forma de estos ábsides románicos es semicircular, aunque no faltan los de testero recto, siendo más raros los poligonales.

Si estos templos correspondían a una comunidad que tenía un mayor número de posibles oficiantes —monasterios, catedrales o colegiatas—, necesitaba crear una amplia cabecera que permitiese articular pequeños ábsides o santuarios. En la Europa poscarolingia de las proximidades del milenio, los monjes benedictinos usaron una fórmula que permitía disponer un número mayor de estos absidiolos: una larga nave de crucero servía para articular en batería estos ábsides. Esta forma planimétrica se empezó a utilizar en los condados catalanes, durante la segunda mitad del siglo X, todavía con un léxico constructivo y ornamental hispano, en San Miguel de Cuixá. Poco después, con una factura ya románica, la ampliación que Oliba llevó a cabo en la iglesia de Santa María de Ripoll tenía siete ábsides abiertos al crucero. Generalmente, durante el románico pleno, se preferirá recurrir a las girolas para ampliar el número de absidiolos, aunque la forma más generalizada era la de tres ábsides escalonados. A partir de la segunda mitad del siglo XII, catedrales y alguna colegiata adoptarán otra vez la solución de cinco ábsides; el crecido número de sus canónigos obliga a tener muchos altares (catedrales de Orense, Sigüenza, Lérida, Tarragona, etc.). Los templos de los cistercienses también utilizaron esta planta, pero introduciendo la variante de ábsides de testeros rectos en un muro continuo o escalonado.

La forma de girola con absidiolos radiales no aparecerá hasta el románico pleno. La catedral de Santiago será su primera manifestación. Durante este mismo período se reproducirá en algunos pocos ejemplos, siempre en edificios de grandes pretensiones. En el primer románico catalán hubo algunas experiencias que no

minando, en las obras de gran calidad, con la "teja" de piedra de clara tradición romana. De esta modalidad tenemos notables ejemplos en la catedral de Santiago de Compostela con su curiosa forma escalonada, o la acanalada que podemos ver en la girola de la iglesia del monasterio orensano de Santa María de Osera.

No conocemos casi nada de los suelos originales, pues la práctica de enterramientos en el interior de los templos ha hecho que desapareciesen en las continuas inhumaciones. Algunos indicios nos informan sobre el empleo de losas, materiales cerámicos o pétreos organizados en composiciones geométricas y, en casos muy excepcionales, verdaderos mosaicos. En la iglesia de Ripoll tenemos materiales y datos documentales que nos demuestran la pervivencia de viejas composiciones romanas empleadas como mosaicos pavimentales en época románica.

fueron deambulatorios tal como se definió más tarde. En Cuixá se realizó una curiosa girola rectangular al tener que contornear un presbiterio de testero recto; se trata de una creación espontánea y accidental. En San Pedro de Rodas el deambulatorio no tuvo el sentido funcional del que estamos hablando: fue pensado para un determinado uso litúrgico de carácter procesional.

Un grupo de iglesias de los cistercienses adoptó en el tardorrománico hispano la forma de cabecera de corona de ábsides tangenciales, buscando así poder elevar aún más el número de absidiolos que se pueden articular en torno al pasillo deambulatorio. La solución no fue afortunada, creó graves problemas de iluminación.

Los templos más sencillos disponían, a continuación del arco triunfal, una sola nave de forma rectangular. En la nave no existían microespacios salvo los que servían para marcar los lugares de hombres o mujeres. En las grandes iglesias abaciales, catedrales o colegiales se habilitaba en la nave central un espacio importante para coro.

Lo habitual es que estos templos mayores sean de tres naves; las cinco de Santa María de Ripoll es una absoluta excepcionalidad. La catedral de Santiago codifica la forma de la tribuna sobre las naves laterales, poco antes se debió de construir la pequeña e irregular de San Pedro de Rodas. Sirvieron para aumentar la capacidad de los templos en las grandes solemnidades, aunque su efecto decorativo articulando los muros que limitan el espacio de la nave central debe ser tenido en cuenta, al igual que su función constructiva, como reforzamiento de la estructura abovedada de dicha nave. Fue algo propio del románico pleno, las que no se terminaron de construir entonces se transformaron tal como podemos ver en la catedral de Tuy. En este piso superior se podían disponer altares para capillas secundarias.

Formas menos usuales de iglesias eran las cruciformes, casi siempre monásticas; las centrales —poligonales o circulares—, destinadas a servicios funerarios o de uso por órdenes militares, o de cabecera triconque, que suele darse en edificios monásticos y funerarios, limitándose su existencia al primer románico o su inercia.

En los templos suelen aparecer tres estructuras que no son generalizadas para todos, pero que no dejan de ser formas peculiares de los mismos: criptas, torres y pórticos. En algunos edificios del primer románico por influencia del mundo franco aparecen criptas vaciando una parte importante del bajo de las cabeceras; suelen ser espacios de tres naves con cubierta de bóvedas de arista. La importancia del culto a las reliquias que se importan del mundo carolingio influyó para reproducir también el tipo de espacio arquitectónico que se empleaba en los lugares de origen. Criptas como las de San Vicente de Cardona y de la vieja catedral románica de Vic pueden representar este tipo, entre otras varias. También existieron formas más excepcionales y raras, como las de la variante de rotonda con pilar central que vemos en Cuixá o San Pedro de Rodas. Según avanzaba el siglo XI, la cripta destinada a un culto de las reliquias perdió importancia, las que se construían entonces era para conseguir una adecuación del terreno y poder construir la iglesia sobre una mayor superficie llana. En Aragón y Navarra tenemos muchos ejemplos de esta forma. En el siglo XII existen muy pocos casos de la creación de criptas, pero siempre son por razones de desnivel del terreno (San Lorenzo de Carboeiro y parte occidental de la catedral de Santiago de Compostela).

La torre se puede ubicar en diferentes partes del templo: en los laterales, en la fachada y sobre el crucero. Sólo en muy pocas ocasiones, y en edificios de gran importancia, se piensa en una fachada con dos torres siguiendo la fórmula tipológica que se creó en los galileos de los monasterios cluniacenses.

Los pórticos a manera de galerías cubren la puerta principal de la mayoría de los templos, tanto rurales como urbanos; sólo en determinados lugares pasan de ser en madera a convertirse en hermosas obras de piedra. Sirven para proteger la entrada y evitar la influencia directa de la intemperie exterior, aunque después tenga multitud de usos. Entre éstos solo tardíamente se dedicaron a lugar de juntas de vecinos, no siendo el menor el de dedicarse a espacio privilegiado de enterramiento, o el de lugar para realizar las penitencias públicas.

En cuanto a las construcciones monásticas, serán los benedictinos los que introduzcan las formas del claustro de cuatro pandas con dependencias en su entorno, por lo menos en lo que hemos conservado. En las catedrales también se levantaron claustros con estructuras similares.

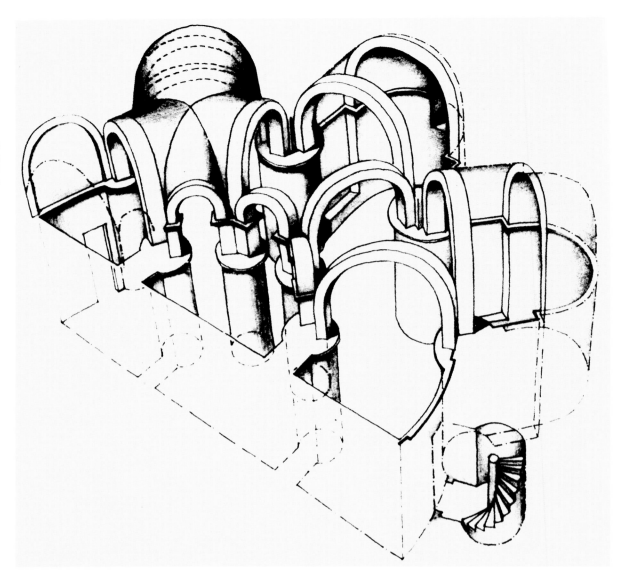

Catedral de Tuy
(Pontevedra). Perspectiva
de la tribuna, según
I. Bango.

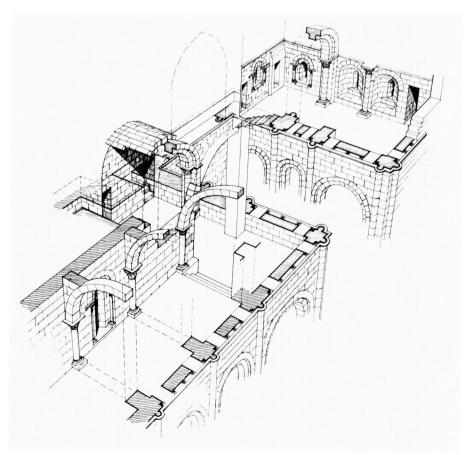

San Lorenzo de Carboeiro
(Pontevedra). Perspectiva
de la cripta, según
I. Bango.

San Isidoro de León. Torre.

ARQUITECTURA CIVIL

Es éste un capítulo bastante desconocido del románico; las construcciones de este tipo de carácter monumental fueron un número infinitamente menor. La vivienda de la época altomedieval, incluso la de los grandes señores, generalmente se hacía con materiales pobres. Mientras que no existía un pueblo que no construyese su iglesia, en la mayoría de ellos no se edificó hasta la Baja Edad Media una casa que tuviese pretensiones de monumentalizarse en piedra, aunque no fuese más que la portada. La inmensa mayoría de los edificios de

arquitectura doméstica se harían en materiales fácilmente deteriorables, como madera, cañas, paja, adobes...

En muchas ocasiones lo que llamamos casas románicas se reducen a una puerta de piedra en arco semicircular, las más suntuosas con algunas aplicaciones de escultura en las jambas encapiteladas. Detrás nos encontramos con una estructura moderna. Las viviendas de los oprimidos se consumieron en su miseria, mientras que los palacios de los poderosos dieron paso al confort de las continuas modernidades. Esas portadas en arco, a las que acabo de aludir, son formas totalmente inerciales que suelen ser obra de plena Baja Edad Media. A este tipo corresponden la mayoría de las célebres

35

Casa románica de Segovia.

canongías de Segovia. El conocido palacio románico de Gelmírez en Santiago es ya desde el punto de vista de la arquitectura una fábrica gótica. En Orense el "Corral del Obispo" consistía en una construcción que, como su propio nombre indica, se organizaba en torno a un patio o corral. Las dependencias se abrían hacia este ambiente interno mediante vanos de arcos semicirculares con adorno de columnas. Como las viviendas segovianas, pese a su apariencia antigua, es obra tardía.

Lo mismo podemos decir de la cronología de la mayoría de las construcciones civiles catalanas. Se suelen caracterizar por tener una sala noble en el primer piso que recibe luz por medio de varios esbeltos ventanales columnados, de formas decorativas estilizadas y ya góticas. La casa de la Pahería de Lérida nos ilustra

sobre estas construcciones catalanas. Creo que una de las mejores muestras de fachada de casa románica la tenemos en el conocido palacio de Estella, que estudiamos en su apartado geográfico correspondiente.

Murallas de protección de las ciudades y los castillos han sufrido tremendas mutilaciones y modificaciones. Las fortalezas militares tuvieron que transformarse de acuerdo con la evolución de las tácticas y de las armas, a la vez que las murallas de los núcleos habitados desaparecían en medio de la voracidad de los especuladores de terreno, con las diferentes expansiones urbanas. Aquí hemos recogido imágenes del castillo de Loarre, donde vemos formas del primer románico, y las murallas de Ávila, creación magistral de la arquitectura militar del románico pleno.

LAS IMÁGENES

Las imágenes que se reproducen por los muros de los edificios románicos responden a dos clases de motivaciones: ornato y enseñanza. En este concepto ambivalente el románico no es original con respecto a las más antiguas tradiciones de la Iglesia. Un hombre del siglo XII, como San Bernardo, siguiendo los principios expuestos por Leoncio de Neápolis y por San Gregorio, decía que en las iglesias las imágenes servían para adoctrinar a los que no sabían leer. Realmente, el templo, con su decoración escultórica y pintada, se ha convertido en una verdadera biblia ilustrada destinada a ser "leída". Pero no sólo eran representados los principios constantes e inmutables de la teología cristiana, sino que, como inmejorable medio de comunicación, se empleaba para la inmediata catequesis y como correctora de vicios y malas costumbres.

En los muros de estas iglesias podemos ver referencias al principio trinitario de la divinidad que preocupó especialmente desde el último tercio del siglo XI hasta el primer cuarto de la centuria siguiente, junto a numerosas figuras que pretenden llamar la atención sobre la moralidad. Cuando contemplamos uno de los tímpanos de la catedral compostelana descubrimos que, junto a las tentaciones de Cristo, se encuentra una oronda mujer que tiene en su regazo un cráneo. ¿Qué significa esta tan turbadora figura de mujer? La respuesta nos la da un hombre de la época, y no un personaje cualquiera, sino un clérigo buen conocedor del mundo de las mentalidades que programó la iconografía de Santiago: "Y no ha de relegarse al olvido que junto a la tentación del Señor está una mujer sosteniendo entre sus manos la cabeza putrefacta de su amante, cortada por su propio marido, quien la obliga dos veces por día a besarla. ¡Oh cuán grande y admirable castigo de la mujer adúltera para contarla a todos." Obsérvese la afirmación final, "...contarlo a todos". Sí, estamos ante una imagen aleccionadora; y donde mejor se puede aprender y divulgar es en los muros de la iglesia. Si los programas más o menos complejos son propios de los grandes edificios donde existe un clero capaz de crear en imágenes interesantes "sermones" brillantes, plenos de conocimientos teológicos y exegéticos, todo se simplifica más cuanto más modesto es el templo. Las "teofanías" se reducen a lo más elemental y las figurillas de sus canecillos aluden a los vicios más torpes que mueven a los hombres: la avaricia, la lujuria, la impiedad...Todos ellos son efecto de la caída en el pecado de Adán y Eva, los primeros padres de la humanidad. Sin la más mínima intención erótica se representan mujeres y hombres en actitudes procaces que no tienen otra misión que constatar para su corrección la existencia del vicio. En este afán moralizador no faltan las referencias a las viejas fábulas que prestan las clásicas ilustraciones de sus historias a los iconógrafos para que las reproduzcan en los capiteles y canecillos; sus imágenes se pueden ver en iglesias de los primeros momentos,

como en San Martín de Frómista, o en edificios del tardorrománico como Santo Domingo de la Calzada.

Volviendo a San Bernardo, en su célebre *Apología a Guillermo*, nos llama la atención sobre uno de los elementos decorativo-ilustrador más querido del románico, la representación de los animales, reales o fabulosos. Para el estricto monje cisterciense no debían tener sentido entre los monjes y sí como ilustración de los "ignorantes":

"¿ A qué provecho estas rústicas monas, estos leones furiosos, estos monstruosos centauros, estos semihombres, estos tigres moteados... En fin, se ve aquí por todas partes una tan grande y tan prodigiosa diversidad de toda suerte de animales, que los mármoles, más bien que los libros, podrían servir de lectura; y se pasarían aquí todo el día con más gusto en admirar cada obra en particular que en meditar la ley del Señor."

Los laicos, como los monjes, podían ver en estos animales, antes que ninguna otra cosa, la mano creadora de Dios. Luego los animales de su entorno inmediato, los que le dan miedo o le proporcionan diversión, seguridad o alimento. Su fantasía le lleva a confundir los seres fabulosos del mito —basiliscos, arpías, centauros, grifos, etc.— con animales lejanos que nunca ha llegado a contemplar o, al menos, son muy exóticos para el hombre medio — elefantes, camellos, rinocerontes, panteras...—,

de los que se puede obtener todo tipo de fantásticos efectos enfrentándose con ellos o alimentándose de alguna de sus partes. Los hombres ilustrados los conocían perfectamente porque los repertorios de animales, bestiarios, se encontraban en todas las bibliotecas monásticas, pero de igual modo eran conocidos por las gentes sencillas que los veían en los templos y eran tema de conversación en sus discusiones y consejas.

Para transmitirnos estos mensajes sobre los edificios alcanzaron un gran desarrollo la escultura monumental y la pintura mural.

Por lo que conservamos podemos afirmar que no existe escultura monumental durante el primer románico; lo que conocemos responde a una pervivencia de los valores escultóricos prerrománicos o, cuando se intenta ser innovador, se crean unas formas totalmente sometidas a los prototipos miniaturísticos eborarios o metálicos que son ajenas a un sentimiento de estética monumental. Se producen experiencias, como las de los famosos dinteles del Rosellón, los capiteles de la cripta de Leyre, de Mondoñedo y León, o los relieves de Retuerta, que buscan por impulsos, que bien pudieran corresponder a iniciativas locales espoleadas por un lenguaje iconográfico foráneo y extraño para ellas, crear unas figuras que comienzan a adoptar una corporeidad sobreelevada sobre los planos del fondo, denunciando con esta actitud, como ha escrito Salvini, un esfuerzo seguro para salir de las formas dialec tales del lenguaje prerrománico.

En la escultura de Compostela, León, Frómista y Jaca se da un paso decisivo para la concreción definitiva del estilo escultórico, se adoptan actitudes y formas procedentes de modelos romanos. Como ha indicado Bertaux, la aparición del movimiento, el tratamiento del desnudo y aun las formas de los ropajes de algunas de estas esculturas se pueden encontrar en los sarcófagos paleocristianos; éstos, que eran venerados porque contenían los restos de los mártires, se convertían en los más idóneos puntos de referencia estética. Este fenómeno de cualificación del lenguaje historiado de la escultura por una vuelta, una vez más, a los modelos más o menos clásicos, es generalizado en España, Francia e Italia.

La portada románica adquiere un fuerte aspecto clarooscurista merced al acusado escalonamiento del muro; los vanos se abocinan en múltiples arquivoltas que apean en jambas transformadas en columnas y codillos.

El motivo principal del programa iconográfico suele ocuparlo el tímpano, aunque la decoración historiada rompa con el marco y trascienda por toda la fachada con una simple tendencia acumulativa; por lo menos, así parece desprenderse de la visión de portadas como las compostelanas o la de Leyre, muy diferentes de las de San Isidoro de León, en las que se aprecia un orden lógico organizador. El desorden que hemos referido no es un aspecto que percibamos hoy, que el cambio de piezas de lugar es más que evidente, sino que los hombres coetáneos a las obras así parecen entenderlo cuando, intentando describir las fachadas de la catedral compostelana, escriben: "Allí mismo, pues, hay talladas, por todo alrededor, muchas imágenes de santos, de bestias, de hombres, de ángeles, de mujeres, de flores y de otras criaturas, cuya esencia y calidad no podemos describir a causa de su gran cantidad."

Donde antes y más acusadamente sentimos los cambios estéticos y plásticos del tardorrománico será en la escultura monumental. Ante todo, es el naturalismo, o mejor, la búsqueda del aspecto natural, lo que va a definir la escultura que pretenden hacer algunos maestros. Hasta estos momentos existían iconogramas que no eran más que meros símbolos, puramente convencionales, conformados por rasgos esenciales y simplificados. Se desarrolla un deseo de investigar la figura humana y representarla de la manera más natural posible;

Las Vegas de Pedraza. Capitel del pórtico.

Sotosalbos. Capitel del pórtico.

pero esto no debe equivocarnos, es un naturalismo que no lleva a identificar la imagen con lo representado —en un sentido de individualizarlo concreta y exactamente—, sino que conduce a un naturalismo idealizado. Lo importante, cuando se representa a unos personajes, es que éstos adopten una actitud que les insufle vida y aparezcan ante el espectador animados, como sorprendidos en plena acción vital. En resumen, las figuras pierden su carácter de iconos, incluso su abstracción convencional que habían adquirido en el románico pleno, para aproximarse a la realidad humana. Pero este realismo que se consigue, también queda estereotipado y fijado en un lenguaje plástico que podríamos denominar de manera expresiva "amaneramiento naturalista".

La necesidad de investigar plásticamente al hombre y aproximar las imágenes a una dimensión humana es una consecuencia del proceso político, social y, por ende, religioso de la época.

La pintura mural emplea la técnica del fresco, pero no de una manera muy correcta, pues éste era dificultoso y problemático y sólo se empleó en su exacta forma durante la Antigüedad y el Renacimiento. Los pintores románicos usaban una técnica abreviada y de resultados pobres con respecto a su durabilidad. Sobre la pared se aplicaba una mano de cal, y sobre ésta se pintaba con los colores disueltos en agua. El sistema permitía los arrepentimientos; con volver a pintar de blanco bastaba; sin embargo, este procedimiento producía facilmente descascarillamientos. Encima de esta primera capa, con un punzón, se trazaban las líneas generales; el contorno de las figuras se realizaba con trazos negros u ocres. Después se rellenaban de color los distintos campos cromáticos entre las líneas; era una policromía de base, que más adelante se realzaba con temple u otros productos grasos en general.

El estilo de la pintura románica es fundamentalmente lineal, de formas esquemáticas, alejadas de toda realidad naturalista, antes símbolo que imagen real. Es un lenguaje de claves convenidas, universal y uniformador. Cuando Paul Deschamps, al enumerar los elementos pictóricos que definen los rostros de los murales de San Savin, parece estar describiendo cualquiera de las caras de los personajes de Tahull, Bagües o San Isidoro de León: "Dos manchas de ocre rojo sobre las mejillas, luces indicadas por trazos blancos en la frente, en las cejas, bajo los ojos, sobre el caballete de la nariz y en el labio superior, una mancha en el centro del mentón." Los fondos planos y monocromos contribuyen a resaltar el valor emblemático de las figuras, y éstas se convierten en auténticos iconos individualizados. Por otro lado, la composición pictórica se adapta perfectamente al marco arquitectónico; formas y tamaño de las figuras dependen del condicionamiento de los elementos de arquitectura; y si ésta no existe, pues el paramento es amplio y despejado, el propio pintor la crea para que la composición ideográfica tenga su adecuado encuadre.

Con su policromía, la pintura creaba una luz y un ambiente propicios para el recogimiento. Los tonos planos y monocromos de los fondos proporcionaban una sensación de aislamiento del exterior mundano, incitando a los fieles, en su interior, a meditar y, sobre todo, a sentirse dominados por aquellas figuras que, como iconos sagrados, se recortaban sobre los fondos de colores sólidos. La teofanía, que presidía siempre el ábside, resplandecería mayestática, solemne, a veces inquisidora, bajo las luces tintineantes de las candelas. Los fieles contritos podían leer en las paredes el devenir de la humanidad desde el pecado y caída de nuestros primeros padres hasta la redención de Cristo. (Véase la descripción de un ciclo iconográfico de un templo, en el apartado referente al iglesia aragonesa de Bagües.)

La producción de tallas en madera fue abundante, aunque su creación es, en la mayoría de las ocasiones, tan popular, que resulta prácticamente imposible trazar un discurrir estilístico y aun iconográfico. Es bastante normal que cualquiera de estas tallas pueda tener un aspecto icónico del siglo XII, y, sin embargo, estar realizada dos siglos después. La imagen de bulto redondo tiene su origen en la veneración de las reliquias. En un principio no son más que meras tecas, cajas o contenedores de reliquias, que, pronto, por devoción popular, van a quedar grabadas en las mentes de las gentes con más fuerza que la reliquia que contienen. No conservamos ninguna de época prerrománica, pero es lógico pensar que debieron existir imágenes como la de Santa Fe de Conques (referencias tardías y a veces falsas nos hablan de estatuas de este tipo en los siglos anteriores al románico, lo que puede ser indicio de su existencia real).

La primera imagen de culto conservada de la plástica hispana sería el célebre crucifijo de Fernando I y Sancha.

Los principales temas de la imaginería románica son el Crucificado y la Virgen como trono de la divinidad. Son imágenes realizadas en un lenguaje puramente convencional, con una actitud majestuosa que los aleja de cualquier tipo de sentimiento humano.

El Crucificado no sufre ni muestra ningún efecto en su anatomía que denuncie que está clavado en la cruz; es más, para que adopte un gesto más solemne se coloca bajo sus pies un supedáneo. En cuanto a la escultura de María y el Niño, su rigidez y, sobre todo, su falta de comunicación, confieren a la imagen la frialdad y distancia que conviene a la teofanía en el pleno románico. La majestad de Batlló, en el Museo de Arte de Cataluña, y el Crucificado del convento palentino de Santa Clara, en el Museo de los Claustros de Nueva York, son dos prototipos verdaderamente paradigmáticos. El primero, vestido, refleja una dependencia de modelos italianos, especialmente de la primitiva imagen del *Santo Volto* de Luca. El ejemplo palentino nos muestra a un Cristo coronado y vestido con un sencillo *colobium*. Ambos dejaron sentir su influencia en decenas de modelos que se conservan en nuestros museos. La Virgen de Ger —Museo de Arte de Cataluña— es una bella ilustración de Virgen, trono viviente en el que se asienta la divinidad.

El tardorrománico se acusa en la imaginería con una mayor preocupación naturalista en el tratamiento anatómico de Cristo en la cruz, e inclusive se va manifestando el carácter dramático del sacrificio padecido. En el Cristo de Salardú vemos como cierra los ojos y su escultor presta una especial atención a la definición del cuerpo. Lo narrativo y dramatizable se hace patente ya en los complejos descendimientos, como los de Erill la Vall y el de San Juan de las Abadesas, aunque su cronología se salga de la propiamente románica.

BIBLIOGRAFÍA

La bibliografía del románico español cuenta ya con muchos centenares de títulos. En una obra de estas características no prentendo ser exhaustivo, ni siquiera pienso que la breve nómina de autores y obras que reproduzco a continuación se pueda considerar una equilibrada y paradigmática selección. Resulta muy difícil poder aplicar los mismos criterios de selección en las distintas materias del románico y en las diferentes áreas geográficas. Sí considero que con la bibliografía referenciada se puede tener acceso a una más amplia información que permita a los no especialistas iniciarse en la materia.

En este apartado sólo abordaremos títulos de carácter general, después de cada capítulo dedicado a las distintas zonas geográficas habrá un pequeño complemento bibliográfico específico.

Obras generales

En los postreros de la centuria pasada todavía se debatía entre los especialistas españoles sobre la conveniencia de denominar el arte de los siglos XI y XII románico o bizantino.

Será la Editorial España Calpe la que edite el primer libro que de manera general trate del arte románico en sus varias manifestaciones de arquitectura, escultura y pintura. Su autor fue el profesor de Munich, L. August Mayer, *El estilo románico en España,* Madrid, 1931.

Tres años después M. Gómez Moreno presentará un libro capital para el análisis de las obras más importantes en la definición del estilo: *El arte románico español. Esquema de un libro,* Madrid, 1934.

El año siguiente, un discípulo de don Manuel, Emilio Camps Cazorla, divulgará las tesis del maestro en un pequeño libro titulado *El arte románico en España,* Madrid, 1935.

Marcel Durliat es el autor de una breve síntesis muy bien ilustrada, *L'art roman en espagne,* París, 1962 (existe traducción castellana).

La obra de Joaquín Yarza Luaces, *Arte y Arquitectura en España 500/1250,* Madrid, 1979 (existen ediciones sucesivas), dedica cuatro capítulos al románico que se pueden considar la mejor síntesis del románico español.

I. G. Bango Torviso, *Alta Edad Media. De la traducción hispanogoda al románico,* Madrid, 1989.

Arquitectura y escultura monumental

Comenzando el siglo se escribirá por Emile Bertaux una buena visión general sobre la arquitectura, que dará a conocer al mundo nuestro románico y permitirá a algunos estudiosos hispanos tener una interpretación «moderna»: «L'architecture romane: Espagne et Portugal», en *Histoire de l'Art,* de André Michel, 1905 (vol II, parte primera).

Vicente Lampérez y Romea es el autor de una monumental sistematización general de la arquitectura románica hispana, incluyendo un estudio monográfico de numerosos monumentos: *Historia de la Arquitectura cristiana española*, 3 vols., 2.ª edic., Madrid, 1930 (la primera edición corresponde a 1908, aunque ésta presenta graves problemas de catalogación).

El americano A. K. Porter concederá en sus estudios del románico europeo un papel importantísimo a las obras españolas, analizando éstas en un texto monográfico en *Spanish Romanesque Sculpture*, 2 vols., Nueva York, 1928 (Edic. castellana de 1929). El hispanista francés G. Gaillard se planteó el estudio del comienzo de la escultura monumental en varios edificios clave: *Les débuts de la sculpture romane espagnole: León, Jaca y Compostelle*, París, 1938. W. M. Whitehill se ocupó de las primeras fases de la arquitectura románica, *Spanish Romanesque Architecture of the Eleventh Century*, Oxford, 1940.

José Gudiol Ricart y J. A. Gaya Nuño, *Arquitectura y escultura románicas*, madrid, 1948. Libro que recoge diferentes trabajos del autor sobre distintos aspectos del románico y su relación con lo francés es el de Francisco García Romo, *La escultura del siglo XI*, Barcelona, 1973.

Pintura

J. Gudiol y W. S. Cook, *Pintura e inmaginería románicas*, Madrid, 1948 (nueva edición en 1980).

J. Wettstein, *La fresque romane. Italie, France et Espagne*, París, 1985; *La fresque romane. La route de Saint-Jacques de Tours à Léon*, París, 1978. J. Sureda, *La Pintura románica en España*, Madrid, 1985.

Para la miniatura todavía se deben utilizar las obras de carácter general de J. Domínguez Bordona, *La miniatura española* 2 vols., Barcelona, 1930. Es de gran interés, aunque muy breve, el trabajo de J. Yarza Luaces, *Iconografía de la miniatura castellano-leonesa de los siglos XI y XII*. Este mismo autor ha realizado una completa panorámica de la miniatura románica española y su historiografía en «La Miniatura Románica en España. Estado de la Cuestión», en *Anuario del Departamento de Historia y Teoría del Arte. Universidad Autónoma de Madrid*, II, 1990, págs. 9-25.

Esmalte, marfil y metal

Para el esmalte español, dejando a un lado las múltiples obras de carácter general referidas a todo el ámbito europeo, la obra de síntesis que lo aborda dentro de un marco histórico más amplio es la de M. L. Martín Ansón, *Esmaltes en España*, Madrid, 1984.

Los estudios de marfil de tipo general como los de Goldschmidt o Ferrandis dedican un importante capítulo a los marfiles románicos hispanos. Existen varios artículos dedicados a piezas concretas entre los que sobresalen los escritores por Gómez Moreno, Camps Cazorla, park, etc. Para su visión general más reciente véase el trabajo de Margarita M. Estella, *La escultura del marfil en España*, Madrid, 1984.

Un interesante estudio de las principales piezas de orfebrería que definen el estilo de las primeras manifestaciones del románico pleno es el de S. Moralejo, «Les arts somptuaires hispaniques aux environs 1100» en *Cahiers de Saint Michel de Cuxá*, 1982, págs. 285-304.

CATALUÑA

Cataluña posee uno de los patrimonios más importantes del románico europeo. Su desarrollo económico y social durante la segunda mitad del siglo XIX y primer tercio del XX favoreció un precoz estudio y conservación del mismo. Si estas circunstancias fueron decisivas para conservar conjuntos pictóricos y obras muebles, en el campo de la arquitectura sufrió algunas intervenciones excesivamente historicistas que nos ofrecen aspectos falseados de su realidad original.

De los tres grandes períodos románicos sólo el primero y el último alcanzaron cotas excepcionales de calidad. Los períodos de esplendor y el de carencia se corresponden exactamente con las circunstancias históricas que propiciaron la existencia de las dos Cataluñas, la Vieja y la Nueva.

La Cataluña Vieja, limitada por la frontera tradicional del Llobregat, Cardener y Segre Medio, aparecía dividida en condados que constituían el marco feudal que regía los destinos de los catalanes. Durante los siglos XI y XII, el conde de Barcelona se situará a la cabeza de la jerarquía feudal del país, adoptando la titulación de *princeps*. El conjunto de los condados formaban la tierra catalana que, sometidos sus poseedores —los condes— a la supremacía feudal del conde de Barcelona, recibía la denominación de "principado".

En el discurrir de los siglos XI y XII se produjo un notable crecimiento demográfico, fruto de las circunstancias favorables que habían propiciado el desarrollo de la producción y su expansión. Desde los años finales del XI y durante toda la primera mitad del XII, como evidente efecto de este período expansivo, se produce la total roturación de las tierras de la Cataluña Vieja. Coincidiendo con este desarrollo tiene lugar un decisivo cambio de los asuntos eclesiásticos. Las diferentes canónicas, que en Cataluña seguían desde el siglo IX el modelo de Aquisgrán, fueron siendo sustituidas o renovadas por los movimientos reformadores de la liturgia y de los usos monásticos. La implantación de la liturgia romana, con el sometimiento de los principales monasterios de la época a la autoridad directa del pontífice romano, y la implantación de costumbres monacales cluniacenses, condujo a la coincidencia con la Europa poscarolingia en la forma de los templos, los espacios claustrales y las imágenes que ilustraban su enseñanza del dogma y sus normas litúrgicas. El protagonismo impulsor de esta renovación debemos centrarlo para las comunidades monásticas en la irradiación reformista cluniacense, mientras que las canónicas se relacionan con los movimientos agustinianos y, muy especialmente, con los de San Rufo de Aviñón.

En este marco geográfico y cronológico surge el primer románico. Al principio los edificios siguen siendo realizados con técnicas y formas ornamentales apegadas a la tradición local; sin embargo, algunos espacios resultan absolutamente novedosos. La iglesia de San Miguel de

Claustro de San Cugat del Vallés. Capitel.

45

Cuixá, consagrada por siete obispos en el año 974, respondía a una forma cruciforme, perfectamente definida por un gran crucero al que se abrían siete altares. Es éste el primer templo que ha sido realizado tomando como modelo la iglesia de Cluny II; sin embargo, sus formas siguen correspondiendo a tradiciones locales. El exotismo de esta tipología se debe al abad Guari, monje cluniacense compañero de Mayeul, constructor de Cluny II, que gobernaría Cuixá entre los años 964 y 998. Este abad, que había conocido el origen del proyecto de la segunda iglesia cluniacense, quiso construir un templo que reprodujese la forma de la abadía borgoñona; al recurrir a mano de obra local, el resultado fue un edificio híbrido de tipología foránea y léxico constructivo tradicional.

Con el cambio de milenio y, fundamentalmente, durante la época del abad-obispo Oliba (970-1046), se producirá la integración definitiva de la arquitectura de los condados catalanes en los inicios de lo que se considerará el primer estilo europeo: el románico. Ya no serán sólo fórmulas espaciales, mejor o peor interpretadas, sino que sus materiales y la concepción ornamental de sus muros corresponden ya a soluciones generalizadas del estilo.

En las páginas siguientes veremos una serie de edificios que nos ilustrarán sobre alguno de los hitos fundamentales del primer románico catalán. La modestia planimétrica de *Santa Cecilia de Montserrat*, con sus irregulares naves, presenta una de las más antiguas articulaciones paramentales que definen el estilo. En *Santa María de Ripoll* podemos contemplar la aproximación a los templos de las comunidades monásticas benedictinas preocupadas por las grandes cabeceras, naves organizadas con un cierto sentido estético de la alternancia de soportes, y la gran fachada torreada. Con *San Pedro de Rodas* nos encontramos uno de los grandes enigmas del período. Siendo su construcción coetánea en la mayor parte de sus fases con la etapa de desarrollo del estilo apenas se pueden relacionar con él algunos aspectos funcionales de sus espacios. Los ámbitos destinados al culto de las reliquias presentan estrechos contactos con la arquitectura carolingia, mientras que su cabecera es obra de un momento en que se experimenta la solución en girola, ya sea como fórmula que permita aumentar el número de absidiolos, ya como necesidad de un ámbito que facilite la práctica de una determinada liturgia estacional. El edificio paradigmático del estilo, no ya del románico catalán sino de la generalidad de la arquitectura del primer románico, será *San Vicente de Cardona.* Los volúmenes equilibrados y proporcionados, enmarcados por unos muros de un elegante efectismo articulatorio, convierten esta obra en un clásico.

Superada la mitad de la undécima centuria, el constructor medio domina de tal manera los recursos del nuevo estilo, que los productos realizados presentan una factura de una notable calidad. Edificios como *San Saturnino de Tavernoles, San Jaime de Frontanyá,* en construcción en 1066; *San Martín de Sescorts,* consagrado en 1068, o *San Ponç de Corbera,* son un claro testimonio de esta manera experimentada de edificar por parte de artesanos buenos conocedores de su oficio. Este arte nos ha legado una larga nómina de edificios de formas inerciales de difícil precisión cronológica, que se prolongará durante todo el siglo siguiente y aun perdurará mucho más tiempo.

Sobre las artes figurativas coetáneas a la arquitectura del primer románico poco es lo que conocemos. La pintura mural debió continuar apegada a formas tradicionales, mientras que la ilustración de libros adopta ya resueltamente repertorios iconográficos carolingios. Las series de imágenes que se reproducen en las biblias de Ripoll y *Rodas* se apartan de la iconografía hispana conocida y siguen modelos de lejano origen paleocristiano.

Las grandes obras iniciadas en el siglo XI no necesitaron ser sustituidas o renovadas al principio del XII, cuando triunfaban las creaciones del románico pleno. Seguramente por esto carecemos en los condados catalanes de obras importantes de este tipo. De las grandes portadas historiadas del románico pleno sólo conocemos en Cataluña obras tardías y ciertamente secundarias; la fachada occidental de *Santa María de Covet,* con un retraso de más de treinta años, nos da una versión popularizada de lo que fueron las experiencias vanguardistas de los talleres tolosanos en la creación del género. Lo mismo podríamos decir de los claustros con importante decoración esculpida, desconocidos antes de la mitad de siglo, y que, por estos años, tendría en las obras del claustro de *San Pedro de Galligans* una de sus primeras manifestaciones.

La pintura románica se inicia en Cataluña, como en las zonas más vanguardistas de la

Europa románica, durante el último tercio del siglo XI. La renovación pictórica nos viene dada por un clara influencia plástica de la pintura bizantina que aquí, como en Francia o Alemania, se debe a fórmulas interpuestas del mundo italiano. Los bizantinismos de la pintura catalana han sido reproducidos por pintores italianos o por artesanos catalanes formados en el ámbito italiano. Conjuntos pictóricos como el de *San Quirce de Pedret* han sido realizados bajo unos planteamientos plásticos que responden a una manera de hacer bien conocida por la pintura italiana coetánea. La gran *Maiestas* que se reproduce en la bóveda de *San Clemente de Tahull* es obra de un genial artis-

ta local que, utilizando aspectos iconográficos de indudable origen bizantino, sabe interpretarlos con un lenguaje "geometrizante" que enfatiza aún más la distante majestad de la divinidad. Con la conquista de Tarragona (h. 1129) se comienza a ampliar el marco geográfico, el que corresponderá a la Cataluña Nueva. La toma de Tortosa (1148), Lérida (1149) y la sierra de Prades y Siurana (1152-1153) son los hitos que dieron fin a la reconquista del solar catalán. El nuevo territorio supuso para el gobierno condal un importante incremento de los recursos fiscales. Ramón Berenguer IV (1131-1162), casado con Petronila, hija del aragonés Ramiro II, se convirtió en príncipe de

Aragón, siendo su hijo, Alfonso II (1162-1196), rey de la corona aragonesa. Con este monarca y su inmediato sucesor coinciden ciertas tendencias estilísticas que definen el tardorrománico. Dos grandes catedrales, la de Tarragona y Lérida, serán las dos últimas grandes construcciones del románico catalán.

La conquista del nuevo territorio con su consiguiente repoblación exigió la construcción de importantes edificios de culto, principalmente en las grandes ciudades sedes catedralicias. Al principio bastaba con la utilización de las viejas mezquitas consagradas al culto cristiano, pero finalizando el siglo se proyecta la construcción de grandes catedrales. La *catedral de Tarragona*, pese a ser la sede de una archidiócesis, se inicia con un proyecto arquitectónico modesto que, a partir del último decenio del XII, se convierte en un gran empeño donde diferentes talleres de escultores realizan obras relacionadas con el arte provenzal e italiano. Será en la *catedral de Lérida* donde se erije uno de los edificios que mejor representa los valores de la arquitectura tardorrománica. Su tipo-

logía, un gran transepto con cinco ábsides, sigue viejas fórmulas, pero la plasticidad de su estructura de soporte así como la riqueza de su escultura monumental se adecua perfectamente con el sentido de preciosismo ornamental que caracteriza el arte del entorno de 1200.

Los edificios de comunidades importantes, realizados en la centuria anterior, se enriquecerán, durante la segunda mitad del XII y principios del XIII, con claustros profusamente decorados en los que se desarrollan importantes ciclos iconográficos. En la catedral de Gerona diferentes talleres codificaron formas plásticas e iconográficas que popularizarán su impronta en una amplia serie de edificios de prolongada secuencia cronológica. En ésta merece una especial mención el claustro del monasterio de San Cugat del Vallés. Otra de las realizaciones que permitía adecuar las fábricas antiguas a los gustos estéticos del momento era la de esculpir portadas monumentales. El más importante de estos proyectos se realizará en la iglesia del monasterio de Santa María de Ripoll, donde una gran portada, como en los

Catedral de Lérida.
Capitel.

antiguos arcos triunfales romanos, transmite un complejo mensaje político-religioso.

La expansión de los cistercienses, con las fundaciones de los monasterios para monjes de Poblet y Santes Creus, mediados de siglo, y monjas de Santa María de Vallbona, hacia 1175, así como otras órdenes, los premostratenses en Belpuig de las Avellanas (1166) y los cartujos en Escala Dei (1163), propiciaron la creación de grandes canterías que elevarán las fábricas de sus iglesias. La arquitectura de los cistercienses en sus primeras etapas se mostró excesivamente conservadora, aunque su monumental tamaño la convierte en obras excepcionales. La iglesia de Poblet representa el mayor de los empeños durante la segunda mitad del siglo XII. Su

Iglesia del monasterio de Poblet. Detalle de la girola.

49

nave central con cubierta de cañón apuntado y muros superficialmente articulados pertenece a un sentido conservador de la arquitectura; incluso su cabecera con una girola de ábsides tangenciales resulta una fórmula bastante chapucera que crea un espacio mal iluminado.

EL ROMÁNICO CATALÁN Y SU HISTORIOGRAFÍA

La riqueza del patrimonio románico catalán tiene su correspondiente en la riquisima serie de títulos que se han ocupado de su estudio y sistematización. Como en todos los apartados que vamos a dedicar a la historiografía regional del estilo, dejaremos a parte los títulos de carácter general, que serán recogidos en su capítulo correspondiente. Si en todos los apartados bibliográficos sólo recogemos unas pocas monografías dejando a veces forzosamente obras importantes, en los temas de Cataluña sólo podremos reflejar una mínima parte de los trabajos más significativos. Una abundante información crítica de la bibliografía del románico catalán puede verse en *Arte Catalán. "Estado de la Cuestión"*, Barcelona, 1984, págs.73-194.

El fundamento de cualquier estudio de la arquitectura románica catalana se centra en la labor investigadora del gran teórico universal J. PUIG I CADAFALCH que redactó numerosísimos trabajos más o menos monográficos sobre la catalogación y teoría de la arquitectura románica para su extensa bibliografía consúltese *Miscelania Puig i Cadafalch*, vol. I, Barcelona, 1947). Será a principios de este siglo cuando aparezca la monumental obra *L'arquitectura romànica a Catalunya*, 3 t. en 4 vols., Barcelona, 1909-1918, que escribió en colaboración con A. FALGUERA y J. DE GODAY.

Todas las obras generales sobre la arquitectura románica que se escriban desde entonces, y son varias, parten basicamente de esta obra de Puig. De todos los títulos que podemos destacar creo que merecen especial mención los siguientes: W. M. WHITEHILL, *L'art romànic a Catalunya. Segle XI*, Barcelona, 1973 (se trata de una traducción catalana de los capítulos de románico de Cataluña incluidos por el investigador americano en su obra sobre la arquitectura románica hispana); E. JUNIENT, *Catalogne romane*, 2 vols., La Pierre-qui-vire, 1960-1961 (existen varias ediciones y traducción castellana en Montserrat se editó una edición catalana en 1975-1976; se caracteriza por la intro-

ducción de un buen aparato históricodocumental a la visión general ofrecida por Puig); E. CARBONELL, *L'art romanic a Catalunya (segle XII)*, 2 vols., Barcelona, 1974-1975. "Enciclopedia Catalana" ha iniciado una colección bajo la dirección de JORDI VIGUÉ titulada *Catalunya Romànica*, que pretende estudiar las manifestaciones del románico catalán con el empleo de todo tipo de métodos de investigación (en curso de publicación).

Para el estudio de la escultura volvemos a encontrarnos en el inicio de los grandes repertorios con otra obra de J. PUIG I CADALFACH, *L'escultura romànica a Catalunya*, 3 vols., Barcelona, 1949-1952. Sobre los importantes relieves roselloneses que se consideran las primeras manifestaciones de la escultura románica se han escrito muchísimos estudios, siendo todavía muy útil el libro de M. DURLIAT, *Rosellón*, Madrid, 1988. Desde el punto de vista de la iconografía son de gran interés los trabajos de Peter KLEIN: "Les portails de Saint-Genis-des-Fontaines et de Saint André-de-Sorede. I: Le linteau de Saint-Genis", en *Les Cahiers de Saint-Michel de Cuxa*, 1989, págs. 121-144; "Les portails de Saint-Genis-des-Fontaines et de Saint-Andre-de-Sorede. II: Le linteau et la fenetre de Saint-Andre-de-Sorede", en *Les Cahiers de Saint-Michel de Cuxa*, 1990, págs. 159-172.

Sobre la portada del románico pleno resulta aleccionador el estudio que JOAQUÍN YARZA dedicó a Covet: "Aproximació estilística i iconogràfica a la portada de Santa María de Covet", en *Quaders d'estudis medievals*, 1982, págs. 535-556. Ya en la segunda parte del siglo XII nos encontramos con tres grandes temas escultóricos: la portada occidental de Santa María de Ripoll, la actividad del "maestro de Cabestany" y la producción de las grandes canterías en los claustros de Gerona, San Cugat del Vallés, y las catedrales de Lérida y Tarragona.

X. BARRAL planteaba el estado de la cuestión sobre la escultura rivipullense en su trabajo titulado "La sculpture à Ripoll au XIIª siécle", en *Bulletin Monumental*, 1973, págs. 311-359. Aunque lo más interesante de esta magnífica portada reside en la interpretación de su lectura iconológica, siendo de destacar en este sentido los estudios de Y. CHRISTE, "La colonne d'Arcadius, ste. Pudencienne, l'arca d'Einhard et le portail de Ripoll", en *Cahiers Archéologiques*, 1971, págs. 31-42; y también el de F. RICO, *Signos e indicios en la portada de Ripoll*, Barcelona, 1976. La más reciente visión de la portada corresponde a J. YARZA el estudio realizado en *Catalunya Romànica. Ripollés*, t. X, Barcelona, 1987, págs. 241-252.

La llamativa obra del "maestro de Cabestany", después de haberse situado en puntos muy extremos de la geografía, fue catalogada por primera vez por M. DURLIAT, "L'oeuvre du maître de Cabestany", en *Actes Congrés Reg. des Federations historiques du Languedoc,* Carcasone, 1952, páginas 185-193, sucediéndose desde entonces los artículos que depuran el catálogo de su obra, pero que, por ahora, sigue siendo uno de los temas más abiertos de la escultura tardorrománica.

Para el conocimiento del tardorrománico catalán tienen gran importancia las actas de dos coloquios recientes, que en la actualidad están en curso de publicación: *Catalunya 1200* y *La Seu de Lérida.* Trabajos como los de F. ESPAÑOL ("El Mestre del frontal de Santa Tecla i l'escultura romànica tardana a la Catalunya Nova", en *Quaderns d'estudis medievals,* 1988, págs. 81-103), y J. CAMPS I SORIA (*El claustre de la catedral de Tarragona:Escultura de l'ala meridional,* Barcelona, 1988).

Para el estudio de la imaginería existen abundantes trabajos que podemos agrupar por tipo iconográficos: M. TRENS, *Majestats catalanes,* Barcelona, 1967. R. BASTARDES, *Les talles romàniques del Sant Crist a Catalunya,* Barcelona, 1978. El mismo autor se ha encargado de catalogar uno de los conjuntos más característicos de la imaginería catalana, el de los "descendimientos": Els Devallaments romànics a Catalunya, Barcelona, 1977.

Los primeros estudios sobre la pintura románica catalana aparecen publicados a fines del siglo XIX; desde entonces la bibliografía se ha desarrollado con una gran celeridad. Se crean o amplían museos para recoger los conjuntos pictóricos que son arrancados de sus lugares de origen, es necesario catalogar estas obras o explicar cuáles son los procedimientos para ser extraídos de los muros y depositarlos en nuevos soportes. Fruto de todas estas experiencias catalogadoras y técnicas, surgen las obras de conjunto que corresponden a los trabajos de carácter general de los citados Pijoan, Cook y Gudiol Ricart. Limitándonos a títulos más recientes podríamos indicar los diferentes trabajos de JOAN SUREDA, preocupado por agrupar obras y clasificarlas por secuencias estilísticas; su libro *La pintura románica en Cataluña,* Madrid, 1981, es el más completo de los catálogos-síntesis de pintura catalana de los que ha publicado. Otro de los especialistas en pintura románica, E. CARBONELL, publicó un completo repertorio sobre ornamentación (*L'ornamentació en la pintura romànica catalana,* Barcelona, 1981).

Santa María de Agramunt. Detalle de la portada occidental.

En comparación con la pintura, la miniatura catalana resulta insignificante en cantidad y calidad. Serán las célebres biblias catalanas del siglo XI el máximo empeño de iluminación conocido en Cataluña. Para su estudio véanse los trabajos de P. KLEIN, "Date et scriptorium de la Bible de Roda. Etat des recherches", en *Cahiers de Saint Michel de Cuxa,* 1972, págs. 91-102; y "Der Apokalyse-Ziklus der Roda-Bibel und seine Stellung in der ikonographischen Tradition", en *Archivo Español de Arqueología,* 1972-1974, págs. 267-333.

Como complemento de referencia bibliográfica obligada deben consultarse las monografías sobre románico publicadas por "Artestudi". También resultan de un gran interés los veinticuatro numeros de la revista *Quaderns d'estudis medievals.* La Institución "Amics de l'art romànic" publica una revista anual titulada *Lambard,* que hasta el presente han editado cuatro tomos.

San Ginés les Fonts
(Rosellón). Dintel y
detalles.

ORÍGENES DE LA ESCULTURA
MONUMENTAL

Varias iglesias de la actual Cataluña francesa conservan en sus fachadas relieves que representan una experiencia decisiva, o al menos un hito importante, en la consolidación definitiva del estilo escultórico románico. Estos relieves responden también a unos primeros ensayos que especulan en la concepción de un programa iconográfico esculpido, que busca una nueva organización de la fachada de un templo. Para algunos autores nos encontramos aquí en los albores de lo que será la característica portada historiada del románico pleno, aunque no faltan quienes duden sobre su verdadera ubicación y funcionalidad original.

Las diferentes piezas de mármol de este grupo aparecen encastradas y reaprovechadas en las fachadas de las abaciales de San Ginés les Fonts, San Andrés de Sureda y Arles-sur-Tech. Los tres son eslabones que marcan la secuencia evolutiva de un arte de tradición prerrománica.

San Ginés les Fonts

El letrero que corre por encima de las figuras nos transmite una completa información de quién encargó la obra y el momento en que fue labrado: " El año veinticuatro del reinado del rey Roberto, Guillermo, abad por la gracia de Dios, ordenó que se hiciese esta obra en honor de San Ginés que llaman de Fuentes" (ANNO VIDESIMO QUARTO RENNA(N)TE ROTBERO REGE WILLELMUS GRA(TIA) DEI ABA / ISTA OPERA FIERI IUSSIT IN

ONORE S (AN)C(T)I GENESII QUE VOCANT FON-
TANAS). El rey mencionado es Roberto el
Piadoso, cuyo veinticuatro año de reinado
corresponde al período comprendido entre
octubre de 1019 y el mismo mes de 1020.

Se representa a Cristo en el interior de una
mandorla transportada por ángeles, mientras
que, a ambos lados, bajo arcadas, aparecen las
imágenes de seis apóstoles. El del centro del
grupo de la izquierda, por su evidente calvicie,
debe representar a San Pablo, mientras que
Pedro debe de ser el primero de la derecha. El
tema iconográfico reproducido aquí es el de la
Ascensión.

El escultor ha empleado una técnica a bisel,
aunque algo suavizado en los contornos de las
figuras. Para el gran historiador francés H. Fo-
cillón nos encontraríamos, en estas figuras de
apóstoles encajadas en el interior de los arcos,
con una de las primeras manifestaciones de la
escultura monumental románica, apreciándo-
se el sometimiento de la imagen al marco
arquitectónico: "Aquí está la figura que permanece pasiva y se somete. El hombre arcada
de San Ginés anuncia la potencia de un arte
fundado sobre el conformismo arquitectónico."

San Andrés de Sureda
(Rosellón). Dintel y detalle.

San Andrés de Sureda
(Rosellón). Detalle de una
ventana de la fachada
occidental.

Sí, es cierto que la anatomía de estas figuras parece adaptarse al perfil arquitectónico que le sirve de marco, pero desde el punto de vista de su realidad plástica es muy diferente que se trate de una arquitectura figurada o real. Estas figuras bajo arcadas no anuncian un concepto escultórico nuevo, sino que corresponden a una lejana tradición tardorromana que en nuestro país tiene su continuidad durante el prerrománico, sin que tenga por qué recurrirse a modelos miniados o eborarios interpuestos.

Los modillones que enmarcan el dintel corresponden a una remodelación de la portada efectuada en el siglo XII.

SAN ANDRÉS DE SUREDA

El dintel de Sureda es una interpretación libre del anterior, con una factura bastante deficiente. La carencia de recursos plásticos de este artista se hace patente no sólo en la definición de anatomías y detalles de indumentaria, sino en la simple concepción del marco arquitectónico, que, en este caso, no es la figura la que se deforma en función de la arquitectura, sino que es el arco el que debe romper su equilibrio para albergar la figura angélica. Dos apóstoles han sido sustituidos por un serafín y un querubín, mientras que los dos de los extremos aparecen sentados.

Arriba de la fachada, la ventana conserva unas cenefas esculpidas enmarcándola. La que corresponde al alféizar representa a querubines, ángeles trompeteros, el león alado de san Marcos y el buey de San Lucas. Las molduras de los montantes terminaban con las imágenes de los símbolos de San Juan y San Mateo. Si, como dice Peter Klein, la situación actual del dintel y los relieves de la ventana se corresponde con su ubicación original, nos encontraríamos con un programa iconográfico coherente y complejo. En el dintel se representaría la Ascensión asociándola directamente a la segunda *parusía*, pues los ángeles trompeteros y los símbolos evangélicos así lo indican.

Arles-sur-Tech

Tenemos noticias que la reconstrucción de la iglesia de Arles-sur-Tech sufrió una importante renovación que recibiría una solemne consagración el año 1046. Si observamos los relieves conservados en esta fachada, veremos que el cuarto de siglo de diferencia entre este edificio y les Fonts se acusa perfectamente en la evolución de las formas y su estilo. El modelo sigue siendo el mismo, la superficie labrada con idéntico sentido plano, pero la definición lineal que terminaba por conferir un sentido expresionista a los seres representados se ha perdido.

La pieza principal corresponde a una cruz que inscribe en su centro una *maiestas* en una mandorla, mientras que un círculo conteniendo un símbolo de los evangelistas se coloca en cada uno de los brazos de la cruz. Los círculos se enlazan con la mandorla mediante una pequeña rosa. Bajo la cruz, mediante un trazo inciso, se representa el alfa y la omega. Este letrero no deja lugar a dudas sobre la significación escatológica de la teofanía: "Yo soy alfa y omega. El primero y el último. El principio y el fin."

55

SANTA CECILIA DE MONTSERRAT

Esta cabecera del pequeño templo de Santa Cecilia de Montserrat nos ilustra sobre las formas tipológicas de los edificios y los recursos materiales del primer románico. La caracterización de este paramento se convertirá en una constante estilística de la arquitectura catalana del siglo XI, que aún perdurará mucho más tiempo de manera inercial.

En el 945, Jorge, obispo de Vic, confirmaba en este lugar la fundación de una comunidad religiosa. Dieciséis años más tarde tenía lugar la consagración de una iglesia dedicada a Santa Cecilia, la Virgen y San Pedro.

No conservamos nada del templo de la décima centuria el actual es obra en su totalidad del siglo XI, aunque algunos especialistas mantienen que las naves son anteriores. Tres naves de formas irregulares y desigual tamaño parecen responder a los esfuerzos experimentales de unos constructores que no dominan la técnica de los abovedamientos. Si interiormente la restauración llevada a cabo deja mucho que desear, como podemos observar, esta forma exterior de los ábsides mantiene muy bien su aspecto original.

Los tres ábsides equilibrados en sus volúmenes organizan muy cuidadosamente su paramento con el empleo de un menudo sillarejo que tiende a regularizarse y, sobre todo, realizando una articulación del mismo mediante la utilización de arquillos y bandas en resalte.

BIBLIA DE SAN PEDRO DE RODAS

Conservada en la Biblioteca Nacional de París, se ignora su lugar de producción, aunque durante mucho tiempo se consideró que había sido iluminada en el monasterio de Santa María de Ripoll, a la vez que la también muy conocida *Biblia de Ripoll* con la que mantiene estrechas relaciones plásticas e iconográficas.

Ambas biblias responden a la tradición artística carolingia. No podemos hablar de unos recursos pictóricos románicos porque tampoco existen en la Europa coetánea.

San Jaime de Frontanyá
(Barcelona). Aspecto SE.

SAN JAIME DE FRONTANYÁ

Este edificio es una prueba de cómo la teoría de la arquitectura del primer románico ha sido asimilada por la generalidad de los canteros catalanes. Son formas que, para su cronología, resultan algo conservadoras; sin embargo, sus volúmenes aparecen tan nítidamente definidos, escalonados y articulados, que nos transmiten la imagen equilibrada de los edificios que han sido proyectados y materializados con una gran corrección canónica dentro del estilo. La torre octogonal del cimborrio se yergue en el centro del crucero que, a su vez, articula los tres ábsides.

Se estableció aquí, a fines del XI, una comunidad de canónigos de San Agustín. La ofrenda de Arnaldo Mir de Tost y su esposa en 1068, en la que se explicita que el templo se estaba construyendo *(edificatur)*, podría sevir de referencia para los primeros momentos de la obra de este templo. La manda testamentaria de Folc de Seniofredo, señor del castillo vecino de Lluça, legando una onza de oro en 1074, sería otra data que confirmaría la cronología de una primera campaña constructiva.

SAN NICOLÁS DE GERONA

Pocos son los datos históricos que conocemos de este templo que se encontraba en el interior del cementerio del monasterio de San Pedro de Galligans. En época tardía funcionaba como iglesia parroquial. Las primeras referencias documentales conocidas corresponden al XII, siglo en el que ya debía estar construido.

Es un edificio de modestas proporciones y sencilla estructura planimétrica. Una simple nave que, salvo el material de construcción, ha perdido su caracterización estilística, y un gracioso ábside trebolado.

Apreciamos en el conjunto de la cabecera una cierta falta de proporción armónica entre la estructura de soporte, constituida por los ábsides, y el cimborrio que carga sobre ellos. Esta circunstancia se debe a que el proyecto fue realizado en dos épocas bien diferentes. Obsérvese como el muro de los ábsides es de sillarejo menudo, articulándose el paramento con una cornisa de arquillos y estrechas bandas, mientras que el cimborrio es de sillares perfectamente cortados y su cornisa de arquillos es similar, pero distinta de la de los ábsides. Mientras que la parte baja corresponde a un templo característico del primer románico, el cimborrio, que como forma e idea podía haber sido previsto en el proyecto original, ha sido realizado un siglo después como demuestran el material, la cornisa y la elevada altura. El crecimiento del suelo acentúa aún más la desproporción.

SAN PEDRO DE RODAS

En un agreste y rocoso paisaje se levanta el monasterio de San Pedro de Rodas, dominando un mar que se extiende desde la lejanía del horizonte hasta la inmediata base de la montaña en la que se yergue. Ya en los documentos de la décima centuria se llamaba la atención sobre su extraordinaria ubicación: "Monasterio de San Pedro que dicen Rodas, que está situado en el condado de Peralada, sobre el mar y bajo el castillo de Verdera *(domum sancti Petri coenobii quod dicitur Rodas, qui est situs in comitatu Petralaten-se*

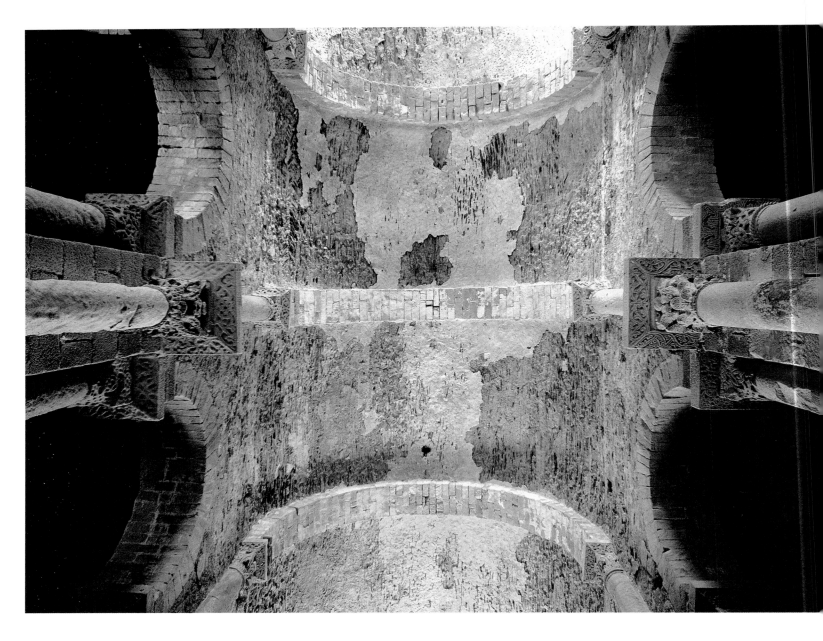

San Pedro de Rodas (Gerona). Detalle de la bóveda de la nave central.

supra mare, subtus castrum quod dicunt Verdaria)."

Su iglesia, arruinada en gran parte, conserva las huellas de un largo y tortuoso proceso de transformación y ampliación que, arrancando de fórmulas arquitectónicas poscarolingias, terminará con la aplicación de elementos del tardorrománico. Sorprenden en este conjunto monumental ciertas carencias de elementos ornamentales propias de la arquitectura del siglo XI.

Nos encontramos con un edificio que ofrece una serie de características espaciales y téc-nico-constructivas que representan una verdadera ruptura con la tradición arquitectónica local e incluso con la renovación del primer románico, con la que debe coincidir en algunos momentos de su construcción. Diferentes etapas constructivas replanteándose y transformando ámbitos previos, realizadas con técnicas y recursos materiales inerciales, hacen muy difícil precisar una correcta interpretación de su secuencia cronológica.

Tenemos un buen conocimiento de aspectos referidos a la comunidad monástica durante la décima centuria y aun en la primera mitad de la undécima, no así de finales de esta última y de la duodécima; sin embargo los datos documentales no nos permiten tener ningún tipo de certeza sobre la datación de las obras realizadas.

Ciertos indicios arqueológicos podrían hacernos pensar que el origen más remoto se remontaría a la España goda, aunque no existe noticia histórica antes de finales del siglo VIII. Un privilegio de Carlos el Simple, de 899, adscribía San Pedro de Rodas a la sede de Gerona. En los años siguientes, los primeros de la novena centuria, una serie de documentos contienen testimonios muy claros de que en San Pedro se había establecido una comunidad monástica. Desde el 926, el magnate Tassi y su familia se iban a encargar de la protección del cenobio. A partir de entonces, se inicia un largo proceso de esplendor que convierten el monasterio en un centro importante bien relacionado con el inmediato mundo ultrapirenaico y con la Roma de los pontífices. Tassi había conseguido ponerlo bajo la dependencia de la Santa Sede en el 951. Cuatro años después moría, enterrándose en Rodas, donde hasta el siglo XVIII se conservaba un epígrafe funerario refiriendo que había sido el constructor del monasterio. Su propio hijo Hildesindo se había convertido en abad (947-991), puesto que compatibilizó con el de obispo de Elna, lo que contribuyó a prestigiar el monasterio de Rodas.

La opulencia del monasterio y la falta de nobles protectores atrajeron durante el primer cuarto del siglo XI la codicia de muchos, entre ellos el conde Hugo de Ampurias. Una carta del año 1022, enviada por el abad Pedro al papa Benedicto VIII, nos informa que había tenido entonces lugar la consagración de la nueva iglesia *("a consecratione ejusdem loci novae aedificatae Ecclessiae")*. La ceremonia había sido oficiada por Oliba, obispo de Vic; Vifredo, obispo de la sede primada; Esteban, obispo de Agde, y Esteban de Apt. Dieron su consentimiento y contribuyeron con su presencia a la solemnidad del acto, los condes Hugo, Vifredo, Guillermo, y la condesa Eermesindis así como muchas otras personas ilustres.

Relacionar estos datos con las diferentes etapas del templo conservado resulta muy difícil; buena prueba de ello es que las numerosas interpretaciones que los expecialistas nos han ofrecido no han sido totalmente aceptadas. Se pueden deducir al menos tres momentos constructivos: un templo modesto que correspon-

San Pedro de Rodas (Gerona). Capitel de la nave.

San Pedro de Rodas (Gerona). Columna de la nave central.

63

San Pedro de Rodas (Gerona). Capilla de la torre septentrional.

San Pedro de Rodas (Gerona). Detalle de la girola
en el piso de la tribuna.

dería a la "cella" que se cita en los documentos más antiguos; el esplendor económico emprendido con el patrocinio de Tassi propiciará la construcción de importantes edificios, por lo que quedó constancia en el monasterio que había sido su constructor; la consagración de 1022 señala explícitamente que se había edificado una nueva iglesia. Nada conservamos de lo que podríamos llamar Rodas I, es decir, el del siglo VIII. Posiblemente tengamos restos de un templo que bien pudiera corresponder a la época de Tassi y su hijo Heldesindo, caracterizado por una ruptura con las formas templarias de tradición hispana, y presentando estructuras creadas por la iglesia reformadora poscarolingia. Muy relacionada con el léxico constructivo de la fase anterior, resultando dificilísimo precisar diferencias claras, se produce una remodelación de la cabecera que debe corresponder al momento de la consagración de 1022. Sin ningún tipo de referencia documental aún debemos añadir dos períodos más. La realización de abovedamientos sobre una estructura de soporte articulada correspondería ya a la segunda mitad del siglo XI, cerrándose la fachada occidental hacia 1100. En ésta, durante la segunda mitad del XII, se realizaría una monumental portada.

Las condiciones del terreno obligaron a construir la iglesia y las dependencias monásticas creando diferentes niveles aterrazados y escalonados. El templo se ubicaba en la parte más septentrional del conjunto, disponiéndose el claustro al sur, a una altura superior de casi tres metros. Véase en la foto de la fachada occidental el acusado desnivel del terreno.

Bajo la cabecera se conserva una parte de las criptas que debieron corresponder a la iglesia de la época de Heldesindo. En la disposición actual parece tener una forma anular en torno a una bóveda de embudo soportada por un fuste cilíndrico, completándose hacia el este con una pequeña absidiola para albergar un altar. Tanto la curiosa forma de la bóveda de mampuesto, su soporte granítico y el entorno tienen una clara relación con la cripta de la rotonda funeraria de San Miguel de Fulda, obra carolingia de principios del siglo IX. El desnivel del terreno exigía una plataforma artificial que sirviese de soporte al presbiterio del templo; para ello se recurrió a esta cripta, que seguía un modelo carolingio seguramente en función de un culto de carácter funerario-martirial importado de núcleos monásticos

San Pedro de Rodas
(Gerona). Aspectos
de la cripta.

reformadores. Noticias del siglo XVIII nos informan de la celebración en estas dependencias de antiguos cultos martiriales referidos al primer obispo de Narbona y Nuestra Señora la Madre de Dios de la Cueva. Existen en la Cataluña de la época otros espacios subterráneos en relación con el culto de la Virgen-Madre que no son ajenos a una concepción del espacio en rotonda y con un cierto significado funerario.

Cuando Tasi somete el monasterio a la autoridad de Roma, coincide con una actitud similar de otros monasterios catalanes que inician un proceso de renovación religiosa que terminará con los usos litúrgicos y monásticos hispanos, integrándose lentamente en el movimiento renovador cluniacense y en la liturgia romana. Esta cripta es un claro testimonio de la ruptura con la topografía de los templos de liturgia hispana y su adecuación a los usos del monacato poscarolingio.

Nada sabemos del templo coetáneo a esta cripta. En un período impreciso, pero que, como veremos, podría corresponder con el que concluye en la consagración de 1022, se realizaría la cabecera de una nueva iglesia. Tres ábsides abiertos a un crucero. El ábside central se fundamentaba desde la cripta del anterior templo; para ello rompía el espacio de la rotonda arrancando tangencialmente al soporte de la bóveda de embudo. Arriba, en torno al presbiterio, se dispuso una girola que no tiene capillas radiales. Este tipo de cabecera se viene utilizando siguiendo la fórmula experimentada en la tradición de las criptas anulares carolingias, en diversos edificios de la segunda mitad del X y primer cuarto del XI. Su función debía estar relacionada con una liturgia estacional alrededor del santuario. En un segundo momento se realizó un piso sobre la girola; las antiguas ventanas del presbiterio, tapadas por la ampliación

en altura de la girola, se agrandaron ahora para servir de vanos a este piso que funcionaría como tribuna cubierta con cuarto de cañón.

Pensando en abovedar se realizaron en el crucero grandes pilares de sillares que no llegaron a concluirse incluso es posible que se previesen pilares cruciformes para las naves. En un momento determinado se procedió a un cambio de proyecto, articulándose, para la nave central y los intercolumnios que la separaban de las colaterales, órdenes columnarios que apeaban los arcos formeros y los fajones de la bóveda de cañón de la nave mayor.

Cuando se contempla la nave central, pese a cierta tosquedad e imprecisiones del núcleo del pilar cruciforme, la visión del viejo recurso romano de la superposición de órdenes de columnas confiere al espacio tal calidad, que de inmediato percibimos un sentido escenográfico a la antigua. Buscando un mayor efectismo al recurso columnario, los constructores hicie-

ron ciertas correcciones acortando progresivamente distancias para que las columnas fuesen observadas en su totalidad.

A fin de fechar esta campaña constructiva, los investigadores han recurrido al análisis de las formas de los capiteles. Un simple repaso de éstos nos permite darnos cuenta de que son reaprovechados y no corresponden a una misma época. No es que varíen sólo en las formas concretas de los motivos ornamentales, sino que existen diferencias de tamaño y de la forma compositiva de la cesta. Si hubiesen sido realizados por un taller único para esta obra concreta, coincidirían en una cierta homogeneidad de factura y, sobre todo, de tamaño y esquema compositivo. Tampoco se puede argüir que se trata de campañas sucesivas a lo largo de la construcción, pues su dispersión por el templo no se debe a una secuencia lógica.

Algunos de los temas vegetales parecen corresponder a las formas características de la

San Pedro de Rodas (Gerona). Detalle de la portada occidental.

San Pedro de Rodas (Gerona). Relieve de la portada occidental (Barcelona, Museo Marés).

San Pedro de Rodas (Gerona). Detalle del claustro.

escultura rosellonesa de principios del XI, de los que ya hemos visto algunos ejemplos en este libro. También se ha hablado de cierta influencia andalusí en los tipos corintios. Abundan los de entrelazos de clara raigambre prerrománica que, aunque se han intentado sistematizar, su factura y forma, resultan de casi imposible fijación cronológica.

Se procedió a cubrir el templo de Rodas con bóvedas aparejadas sobre fajones y una estructura de soporte articulada con columnas, todas ellas reaprovechadas. La solución es una ingeniosa interpretación de las fórmulas del románico pleno utilizando material de acarreo. El

cierre del templo por la fachada occidental a principios del XII, realizado por otros canteros, debía marcar el final de esta fase de la construcción. La organización de la fachada presentaba tres ventanas, que iluminaban su respectiva nave, y la puerta central. Ésta, como veremos más adelante, recibió una forma escultórica monumental finalizando la centuria.

Sobre los brazos del crucero se edificaron torres. La mejor conservada, la septentrional, nos permite ver como en un primer piso se dispone una pequeña capilla con un ábside semicircular que, tal como se puede observar por el exterior, es un calco exacto de la del brazo del crucero, englobándose ambas en un cuerpo único semicilíndrico. No fueron hechas a la vez, pero la pervivencia de las técnicas constructivas aseguró gran unidad y homogeneidad al conjunto. Su advocación al arcángel San Miguel, príncipe de las milicias angélicas, corresponde a una vieja tradición carolingia que le dedicaba los oratorios ubicados en torres y fortalezas buscando una emblemática significación bélica, real o simbólica. Desde muy antiguo esta torre fue utilizada como bastión defensivo.

En la fachada occidental se construyó una torre de sección cuadrada. Tres niveles de ventanas se abren en cada fachada. Sólo el último de éstos se concibe con los característicos vanos geminados enmarcados en recuadros decorados con arquillos; todavía habrá otro recuadro de arquillos más arriba. Es ésta la única dependencia que corresponde a lo que se ha denominado de manera tradicional románico "lombardo". Aunque arcos geminados y frisos de arquillos son elementos que caracterizan las obras de la undécima centuria, no hay duda de que este campanario no puede ser anterior a la segunda mitad del siglo XII. Francisco de Zamora, en 1790, nos suministra noticias de la existencia de unagran portada en la fachada occidental, ricamente exornada con esculturas, y un claustro bajo de dobles columnas. Aunque ambas obras han desaparecido, conservamos una serie de piezas que nos permiten hacernos una idea de su calidad e importancia monumental.

Continuos expolios y derrumbes arruinaron totalmente la fábrica del claustro. Presentaba una forma trapezoidal, con arquerios semicirculares apeados en parejas de columnas separadas. Las cuatro pandas se cubrían con bóvedas de cuarto de cañón. Recientemente se ha realizado una meticulosa recreación de los arcos utilizándose tres capiteles originales y una reproducción. Un buen número de los capiteles se conservan en el Museo de Peralada y en el Museo de Arte de Gerona, incluso otro en el Museo Cluny de París. Por su estructura arquitectónica y la interpretación plástica de la iconografía de sus capiteles, parece obra comenzada a fines del XII que se prolongaría aún en parte de la centuria siguiente.

De la hermosa puerta que se disponía a los pies de la iglesia tan sólo permanecen *in situ* unos mínimos indicios. El mayor de estos restos lo reproducimos aquí. Un fragmento de mármol en el que podemos apreciar una talla delicada de ovas, roleos y palmetas entre las que aparecen cabecitas humanas.

Zamora nos informaba de una manera muy general sobre la iconografía que se reproducía en esta portada, temas de la pasión. Un relieve de mármol conservado en el Museo Marés de Barcelona constituye la pieza conocida más importante. Se representa a Cristo, dos personajes en una barca y un fragmento de mar con peces. Un letrero nos informa sobre el tema representado: "Cuando el Señor se apareció a sus discipulos" (UBI DOMINUS APPARUIT DISCIPULIS IN MARI). Parece evidente que aquí se ilustra el Evangelio de Mateo en el pasaje de Jesús andando por las aguas del lago. Cristo se dirige a Pedro y le dice: "Ven. Bajando de la barca, anduvo Pedro sobre las aguas y vino hacia Jesús" (Mat. 14, 24-29). El artista ha concebido la escena representando a Cristo dirigiéndose con la mano a Pedro, a la vez que éste, de una manera decidida, levanta su pie para saltar fuera de la barca. La composición ha sabido subrayar la importancia del diálogo entre ambos personajes, estableciendo una estrecha relación entre ellos. Las miradas se cruzan, la acción de la mano de Cristo tiene su correspondencia en la de Pedro.

Los personajes presentan unas formas de cuerpos toscos y desmañados, manos muy grandes e informes y unas caras en las que llaman especialmente la atención unos ojos enormes que no se adecúan al perfil de los rostros. Unas anatomías tan especiales son fácilmente clasificables como creación de un curioso escultor, el maestro de Cabestany, cuya personalísima obra ha sido detectada en lugares tan distantes como Errondo y San Giovanni de Sugana (Italia). Sin duda se trata de su mejor producción, no sólo por haber captado la dinámica expresividad de las figuras, sino por el cuidado puesto en los más mínimos detalles de su definición, aunque sea con la torpeza que denota la ejecución de los ojos. Su afán por transmitirnos credibilidad naturalista le lleva a reproducir entre las onduladas olas del mar toda una variedad de peces que, en su deseo de romper con la monótona y convencional forma de representación románica, se mueven en diferentes direcciones.

La actividad del maestro de Cabestany en San Pedro de Rodas debe situarse en el último cuarto del siglo XII, dedicándose con la ayuda de su taller a la realización de la gran portada.

SANTA MARÍA DE RIPOLL

El antiguo monasterio benedictino de Santa María de Ripoll fue uno de los grandes núcleos de la repoblación de la Cataluña Vieja, verdadero centro neurálgico que, en expresión de Jacinto Verdaguer, sería crisol del primitivo espíritu condal.

La grave ruina y transformación sufridas por este cenobio concluyeron con una radical e historicista restauración llevada a cabo por Elías Rogent durante los años 1886 y 1893. Su estado actual, aunque nos permite hacernos una idea del conjunto de la iglesia del XI, presenta ciertas dificultades de interpretación debidas a las licencias que se permitió el arquitecto restaurador en su afán por aplicar sus conocimientos teóricos del estilo.

Vifredo el Velloso, cuando reorganizó la repoblación del valle de Ripoll, fundó en él un monasterio dedicado a Santa María en el año 879-880. Ocho años después se consagraba la iglesia. Esta consagración debía corresponder a un templo que se encontraba en una fase inicial de construcción; posiblemente debamos pensar que otra nueva consagración, que tuvo lugar en el año 935, interviniendo como oficiante el obispo Jorge de Vic, representaría el final de las obras. Desde el año 951, una bula del papa Agapito II confirmaba su dependencia directa de la Santa Sede. Una tercera consagración nos informa de una nueva renovación del templo, el 15 de noviembre del año 977.

El momento de más esplendor del monasterio coincide con la presencia de Oliba. Ingresa como monje en 1002, siendo designado abad ya en 1008. La consagración llevada a cabo en enero de 1032 correspondería a un nuevo templo cuyas obras fueron impulsadas por el mismo Oliba; en líneas generales esta iglesia coincidiría con la tipología de la actual.

Desde su origen el monasterio estuvo bajo el patrocinio de las principales familias condales, que lo eligieron como panteón familiar. Allí recibirán sepultura Vifredo el Velloso (897), Miro II, conde de Besalú y obispo de Gerona (954); Ermengol de Osona (943), Vifredo II, conde de Besalú (957); el conde de Cerdaña Sunifredo (965), los condes de Besalú a partir de Bernardo Tallaferro (1020), y los condes de Barcelona-Besalú Ramón Berenguer III (1131) y Ramón Berenguer IV (1162).

A partir de 1162 dejó de ser panteón condal; los reyes de la corona catalano-aragonesa dispusieron sus enterramientos en otros lugares. El monasterio fue adscrito a San Víctor de Marsella por el abad Bernardo de Besalú en 1070, del que no conseguirá independizarse hasta el período 1169-1172. En el conjunto actual podemos contemplar dos de las grandes aportaciones de Ripoll a la historia del románico hispano: la iglesia con su característica cabecera y excepcional disposición en cinco naves, verdadera joya de la arquitectura del primer románico, y la gran portada occidental.

La iglesia erigida bajo el gobierno de Oliba presenta, además de unas formas constructivas nuevas, tres aspectos tipológicos —gran cabecera, cinco naves y una fachada torreada— que suponen una verdadera ruptura con la topografía templaria tradicional adecuándose a los usos que definirán las formas de las iglesias en los dos próximos siglos.

Como apuntábamos en la introducción cuando nos referíamos a las grandes cabeceras del románico organizadas para conseguir la articulación de un número importante de absidiolos que sirvan de santuarios en los que se guarden reliquias y celebren la eucaristía los sacerdotes, la iglesia de Ripoll es la primera interpretación en románico de un gran transepto al que se abren en batería siete ábsides semicirculares. La idea original se había producido en la iglesia de Cluny II, adaptándose en Cataluña, por primera vez, con un léxico constructivo tradicional, en San Miguel de Cuixá. Oliba, que por entonces era también abad de este último monasterio, introdujo el tipo de cabecera en los otros dos templos que se encontraban bajo su autoridad directa, la catedral de Vic y el cenobio de Ripoll.

Al contemplar el exterior de la cabecera, con el gran volumen del transepto en el que se articulan los semicilindros de los ábsides, estamos viendo la expresión monumental del poder de la comunidad monástica rivipullense. Los hom-

Santa María de Ripoll (Gerona). Fachada occidental.

bres de los primeros años del segundo milenio, en una época en la que apenas existía una gran arquitectura, veían en la enormidad de este templo la grandeza de Dios administrada en este mundo por los monjes. Aunque muy restaurada, es la única cabecera de este tipo, que se difundió por diversos núcleos franceses bajo el influjo de los monjes negros de Cluny durante la primera mitad del XI, que se conserva en la actualidad.

El constructor ha puesto su máximo empeño ornamental en evitar la monotonía de unos paramentos lisos que contribuiría a presentarnos amazacotadamente los volúmenes, recurriendo a arquillos, bandas, nichos y frisos de esquinillas. Compárense los muros de los absidiolos pequeños con el grande central es evidente que nichos y bandas transmiten una plasticidad en el último que contrasta vivamente

Santa María de Ripoll
(Gerona). Portada
occidental.

con la masiva rotundidad de los primeros. El orden de nichos que corre, por encima de los absidiolos, a lo largo de la enorme nave de crucero, desmaterializa de tal manera el paramento, que nos transmite una más etérea visión de su volumen, a la vez que, a plena luz, los violentos contrastes de luces y sombras reflejan un dinámico efecto plástico que contribuye a aligerar aún más la pesada masa del conjunto.

De la torre cimborrio que Elías Rogent elevó sobre el centro del transepto no se tiene constancia documental o arqueológica que avalen su existencia; sin embargo, es cierto que dentro de un planteamiento conceptual del estilo podría muy bien haber sido proyectada, aunque, eso sí, algo más baja.

Las cinco naves responderían a un modelo basilical bien conocido en la tradición de algu-

Santa María de Ripoll (Gerona). Detalles de la jamba de la portada occidental.

nas basílicas constantinianas, aunque, dado lo monumental y costoso de su realización, pocas veces repetido. Los monjes de Ripoll, orgullosos de su dependencia de San Pedro del Vaticano y con el poder que el apoyo condal suponía como respaldo económico, no dudaron en levantar cinco naves al igual que otras comunidades europeas coetáneas. Ciertos movimientos sísmicos del año 1428 produjeron el derrumbe de las bóvedas originales, realizándose unas ojivas góticas en sustitución. Estas últimas tampoco escaparon a la ruina del XIX, lo que permitió al arquitecto restaurador proyectar una solución teórica para todo el conjunto de las bóvedas y la infraestructura de soporte. El crucero se cubre con una bóveda de cañón sobre fajones, mientras que la gran nave central tiene cañón corrido. Las dos primeras naves colaterales se cubren con cuarto de cañón, mientras que las dos de los extremos lo hacen también con cañón corrido.

Si la restauración decimonónica de estas estructuras es correcta, nos encontraríamos con una fácil interpretación del proceso constructivo; sin embargo, existen serias dudas para poder aceptarlas. Mientras que la nave del crucero, con su cañón sobre fajones y los arcos doblados que embocan los ábsides, responde a una materialización románica, la nave central, con bóveda corrida, muro y pilares inarticulados, sería una obra de acusado sabor prerrománico que podría corresponder a un templo anterior. El intercolumnio que separa las dos naves colaterales presenta una curiosa alternancia de pilares prismáticos y columnas, adoptando un conocido sistema de la arquitectura otoniana denominado "ritmo dáctilo", muy difundido a partir del último tercio de la décima centuria.

Los seísmos del XV no sólo afectaron a los abovedamientos de las naves, sino que también arruinaron una de las dos torres campanarios que enmarcaban la fachada occidental. Las fachadas concebidas de esta manera, tal como indicábamos en la introducción, es un dato más que confirman la dependencia de esta arquitectura del primer románico catalán, de los edificios de los cluniacenses. En la actualidad un nartex bajomedieval cubre la parte baja.

En un período indeterminado dentro del tercer cuarto del siglo XII se labró la más importante portada monumental conservada del románico catalán. El mal estado de conserva-

Santa María de Ripoll
(Gerona. Aspectos
de la portada occidental.

75

Santa María de Ripoll (Gerona). Detalle de la portada occidental.

ción de su piedra hace que la factura de sus imágenes parezca obra más torpe de lo que en realidad es. Diferentes tratamientos modernos para conservarla no han logrado los resultados apetecidos. La riqueza iconográfica de este conjunto deja en segundo término cualquier tipo de disquisición plástica.

Concebida como un gran arco triunfal romano, sus figuras se combinan en un complejo programa que expone una visión sacralizada de la realidad del mundo.

Como en tantas otras composiciones medievales, las imágenes se organizan en un claro sentido jerárquico que, partiendo de valores negativos indicados por seres telúricos, se remonta a los espacios siderales propios de la divinidad y su corte celestial. Sobre un friso de pequeñas representaciones en las que abundan grifos y leones se disponen, a los lados de la puerta y sus arquivoltas, cinco órdenes de figuras; el sexto y último corre todo a lo largo del conjunto. De abajo arriba los principales temas son: 1) Visiones de Daniel alusivas al reino del Hijo del Hombre y al rey opresor de Israel y su liberación; 2) Glorificación de Cristo bajo la imagen de David y sus músicos (a la derecha) y Cristo con la representación de los próces de la sociedad de la época; 3) escenas veterotestamentarias entre las que sobresalen la batalla de Rafidin entre Josué y Amelec; 4) escenas refe-

ridas a Moisés y Salomón; 5 y 6) santos, beatos y símbolos de los evangelistas rodeando la "Maiestas" que preside todo el conjunto en el centro del registro más alto.

La puerta presenta en el sofito de la arquivolta interna escenas cainitas presididas por una "maiestas", mientras que en las jambas se labran las representaciones de los meses. La arquivolta siguiente desarrolla escenas referidas a Jonás, Nabucodonosor y Daniel. En la más externa, doce relieves que corresponden a dos series iguales de temas de las vidas de San Pedro y San Pablo. Las imágenes de estos dos aparecen como estatuas columnas que soportan la arquivolta que contiene los ciclos de sus vidas.

Veamos algunas de estas imágenes en detalle. La arquivolta interna presidida por el clípeo de la majestad presenta a ambos lados sendos ángeles turiferarios las otras dos figuras corresponden a Caín y Abel realizando sus ofrendas. Se completa la serie con dos registros más en los que aparecía el fratricidio y Caín enterrando a su hermano. Es ésta una amplia secuencia cainita que tiene su origen en ciclos bíblicos paleocristianos que también se desarrolla en las dos conocidísimas biblias catalanas del siglo XI.

La importancia de las series iconográficas de San Pedro y San Pablo está en relación con la especial veneración que en la comunidad se dedicaba a estos dos santos. Muchos monasterios sometidos a una dependencia directa del pontífice (Ripoll lo era desde mediados del siglo X), desarrollaron un tratamiento muy especial de los dos santos emblemáticos de la Iglesia romana. En esta portada se representan como soportes y guardianes del templo. En los detalles de estas columnas y figuras podemos apreciar el minucioso y cuidado sentido ornamental que se deasarrolló en todos ellos, el fuste torso o vegetal es una buena prueba. De manera simplificada, reducida a los personajes esenciales, se reproducen en composiciones rectangulares algunos de los episodios de la vida de Pedro: Pedro y Juan; San Pedro resucitando a Tabita; San Pedro ante el emperador Nerón; San Pedro y San Pablo hacen caer a Simón Mago desde una nube (obsérvese el ingenuo recurso de representar la caída de Simón).

Donde la secuencia narrativa alcanza su más prolijo desarrollo, siguiendo modelos de ilustración narrativa propia de códices, es en los

dos registros en los que se labran relieves relacionados con David y Salomón. En el registro superior: Sueño de Salomón en el que solicita la sabiduría, el monarca aparece acostado contemplando una "Maiestas"; escena con el juicio en el que disputan las dos madres sobre el hijo; Nathan ungiendo como rey a Salomón; Betsabé, postrada a los pies del viejo David, solicitando la corona para su hijo Salomón. En el registro inferior las escenas que se suceden son las siguientes: traslado del arca de la alianza; cortejo que acompaña el traslado; la ciudad de Jerusalén; el profeta Gad ordena a David la realización de un holocausto en honor del Señor. Debe observarse como la lectura de estos dos registros debe hacerse de abajo arriba y de izquierda a derecha.

Bajo las movidas escenas de la batalla de Rafidim, en la que el ejército de Israel derrota a los amalecitas, se representan cinco figuras enmarcadas por arcos. Se trata de Dios entregando la Ley a Moisés, Josué, un personaje con ropas episcopales y otro ataviado como un noble guerrero. ¿Quiénes son estos dos personajes? Los investigadores han ofrecido diversas identificaciones para la figura del obispo, Berenguer Dalmau, obispo de Gerona, o el arzobispo de Tarragona. En el quinto personaje

no hay duda Ramón Berenguer IV. Como en tantos otros mensajes del románico el paralelismo entre las imágenes bíblicas y la vida real encuentra aquí su mejor expresión. El conde Ramón Berenguer obtiene su triunfo frente al enemigo del pueblo de Dios —ha conseguido una serie de sonoros triunfos que le permiten liberar su territorio ocupado por los ismaelitas— como Josué lo obtuvo sobre los amalecitas. Se subraya también aquí una vieja concepción carolingia del poder terrenal ejercido por el emperador y el pontífice. El programa del aula leonina en el palacio de Letrán, una vez más la referencia a la ideología pontificia, representaba a Carlomagno y el papa León III como herederos de Constantino y el papa Silvestre, todos ellos en correspondencia con la gran escena que reproducía el acto de Cristo enviando en misión a los apóstoles. Así pues la intención del iconógrafo rivipullense parece clara: el poder sobre la sociedad debe ser compartido por la autoridad civil representada por el conde y la eclesiástica del obispo.

El claustro, rehecho totalmente durante las restauraciones del siglo XIX, fue obra iniciada bajo el gobierno del abad Ramón de Berga (1172-1205), concluyéndose en su parte baja en los últimos años del XIV.

Santa María de Ripoll (Gerona). Detalle de la portada occidental.

San Vicente de Cardona (Barcelona). Aspecto septentrional.

SAN VICENTE DE CARDONA

De todos los edificios conservados del primer románico, no sólo catalanes sino europeos, este templo podría considerarse el paradigma clásico de lo que sería la teoría del estilo. El exterior nos ofrece una imagen de límpidos volúmenes ordenados en la definición de los diferentes espacios internos: la octogonal torrecimborrio cobija en su interior la cúpula, los tres semicilíndros de los ábsides agrupados jerárquicamente conforman la cabecera, mientras que los brazos del transepto y las naves escalonadas adoptan formas paralepípedas. Como vemos, se trata de toda una serie de estructuras prismáticas que responden a una sencilla organización geométrica. Los ámbitos contenidos en el interior aparecen definidos con una meridiana claridad espacial.

San Vicente de Cardona nos ofrece un interesante conjunto de soluciones plásticas y funcionales.

La iglesia se levanta junto al castillo en lo alto de una cima que domina el valle por el que fluyen las aguas del Cardener. Su privilegiada situación estratégica, en el límite meridional del condado de Urgell, hizo que fuese ocupado militarmente en 798, al mismo tiempo que Ausona y el castillo de Caserras. La primera referencia documentada de la existencia de la iglesia de San Vicente corresponde al 980, propiciándose a partir de entonces diversas donaciones de los vizcondes de Osona-Cardona.

Se sabe que una comunidad canónica había existido aquí durante la décima centuria, aunque en el año 1000 se encontraba sumida en una terrible incuria. De ella no saldría hasta que el vizconde Bremond, asesorado por el abad Oliba, restauró la comunidad bajo la regla canónica de Aquisgrán, disponiendo a su frente al abad Guillermo en 1019. Desde este año

San Vicente de Cardona
(Barcelona). Cripta.

Bremond se ocupó personalmente de su mantenimiento; cuando muere, en 1029, ya se había iniciado la construcción de un nuevo templo, que será consagrado solemnemente el 23 de octubre de 1040. Al finalizar el siglo XI se transformó la comunidad en canónica agustiniana. De su existencia en la centuria siguiente sabemos que alcanzó el número de veinte, de los cuales doce eran sacerdotes.

Las vicisitudes modernas nos informan de un largo proceso de desintegración y ruina que concluye en el siglo XVIII, cuando la iglesia de San Vicente fue suprimida y convertida en caserna. Una radical restauración moderna ha prescindido de los añadidos que desfiguraban su aspecto original, pero también ha arrancado la decoración pictórica dejando al descubierto unos paramentos pétreos de agradables y cálidas tonalidades rosáceas que nada tiene que ver con el cromatismo original, pues sus muros estaban enlucidos.

El templo adopta una forma basilical, con un transepto ligerísimamente más ancho que las naves. Al crucero se abren tres ábsides semi-

San Vicente de Cardona (Barcelona). Fachada septentrional.

San Vicente de Cardona (Barcelona). Nave central vista desde el Este.

circulares, el central más ancho y alto. A los pies de la iglesia, una tribuna se sitúa sobre un nartex de cinco tramos abovedados con aristas. Se sube a ella por sendas escaleras de caracol ubicadas en cada extremo de la fachada flanqueando el nartex.

El presbiterio se levanta sobre el nivel del suelo de la nave, desde donde se asciende por dos escaleras. Bajo esta cabecera se dispone una cripta de tres naves articuladas en doce tramos abovedados por aristas.

La nave central aparece iluminada por un orden de ventanas que corre por encima de las naves colaterales. Se ha concebido un amplio y diáfano espacio cuyo volumen se enfatiza aún más por la estrechez de las naves laterales, dedicadas a verdaderos y angostos ambulatorios.

El edificio totalmente abovedado, cañones y aristas, organiza un sabio sistema de muros articulados que le sirven de infraestructura. La gran nave se cubre con una bóveda de cañón seguido reforzado con arcos fajones que apean en pilares cruciformes. La estrechez de las naves colaterales obliga a cubrirlas con tres tramos de aristas por cada uno de la central. Sobre el crucero, una cúpula con trompas.

Si la habilidad del arquitecto le ha permitido el equilibrio de los abovedamientos consiguiendo una sólida vertebración escalonada de los mismos, su mayor preocupación ha sido conseguir una dinámica concepción articulada de los paramentos. En el exterior los muros adoptan las consabidas bandas lombardas, coronadas, en el ábside central y parte del crucero, por los profundos vanos ciegos que proporcionan un acusado contraste claroscurista. Sólo la fachada occidental no presenta la más mínima preocupación por buscar resaltes paramentales, únicamente los cuatro vanos del nartex rompen la continuidad del muro. Esta parte del templo ha sido tan torturada que resulta muy problemática cualquier tipo de afirmación catalogadora.

La articulación muraria interna se observa en el continuo doblado de todos los arcos, lo que conlleva la necesidad de disponer sobre los muros y los pilares los correspondientes resaltes y codillos para su apeo. Los muros del presbiterio desmaterializan su aspecto masivo mediante una sucesión de nichos que dinamizan todo su perímetro interior.

El presbiterio elevado sobre una cripta sigue un modelo bien conocido de la arquitectura carolingia, que alcanza gran difusión por toda la geografía del primer románico. Aunque en la actualidad la comunicación entre la nave y la cripta ha sufrido una transformación, se puede bajar por una escalera entre los dos tramos que ascienden al presbiterio; su forma original carecía de escalera central y, en su lugar, solo se abría un vano que permitía contemplar el ámbito inferior desde la nave. Las escaleras laterales eran el verdadero acceso de época. El espacio, aprisionado por una cubierta de bóvedas bajas, en la actualidad excesivamente oscuro por el cierre de sus ventanas originales, es amplio para permitir no sólo la custodia y veneración de un elevado número de reliquias, sino para incluso poder celebrar los oficios martiriales correspondientes.

La tribuna de los pies, flanqueada por dos torres conteniendo las escaleras de caracol, ha

San Vicente de Cardona
(Barcelona). Nave
meridional.

sido interpretada como un lugar de carácter palatino relacionado con un posible uso de palco condal. Como apuntábamos antes, la reestructuración de esta fachada hace imposible poder interpretar, con seguridad, su forma original. Desde luego no se puede pensar que se trate, como en Ripoll, de una característica solución de dos torres-campanario teniendo un nartex en medio. Si tenemos en cuenta el condicionamiento del terreno, que impide que las dependencias claustrales se dispongan a lo largo de las fachadas laterales, aquéllas deben articular su relación con el templo a partir del frente occidental. Una doble comunicación, con pasos a dos niveles, el del suelo por el nartex y el del piso elevado de la tribuna, permitiría el acceso a la comunidad religiosa y a la laica. Los vanos elevados, que todavía hoy observamos en la fachada, permitirían la entrada de los canónigos a la tribuna, desde donde descenderían por las escaleras de caracol a las naves laterales, y, por ellas, avanzarían hasta el coro de la cabecera.

SAN SATURNINO DE TAVÉRNOLES

Su peculiar cabecera triconque constituye una de las formas más exóticas del románico hispano; posiblemente su origen haya que buscarlo en las influencias que ciertas comunidades benedictinas de tradición poscarolingia introdujeron en la Cataluña del primer románico.

Se conoce la existencia de una iglesia dedicada a San Saturnino en el año 806. Posteriormente se convirtió en un monasterio que recibiría el apoyo de los condes de Cerdaña primero y de Urgell y Barcelona después.

Eribaldo, obispo de Urgell, consagró antes de 1040 la iglesia. De la fecha de esta consagración aún pervive la cabecera; las tres naves corresponden a un período más avanzado. Éstas no se conservan, pudiéndose contemplar una mínima parte de los muros laterales, en los que se aprecia las características arcuaciones y bandas lombardas de un primer románico ya inercial y, por consiguiente, muy tardío. La ampliación debió de ser un proyecto importante, pues lo que podemos apreciar son unas naves de considerable altura y totalmente abovedadas. A esta segunda etapa debe corresponder el fragmento de altar

pintado que existe en el Museo de Arte de Cataluña. Todavía habría una nueva fase de construcción románica que correspondería a la edificación del claustro. En el citado museo también se guardan seis capiteles que deben pertenecer a esta dependencia, hoy totalmente desaparecida, por su forma parece que pueden considerarse similares a los que se realizaron para el claustro de la cercana catedral de Seo de Urgell.

La cabecera, la única parte del templo que se conserva en pie, se compone de un transepto cuyos brazos terminan en ábsides semicirculares, y un pequeño tramo recto al que se abre

San Saturnino de Tavérnoles (Lérida). Restos de las naves.

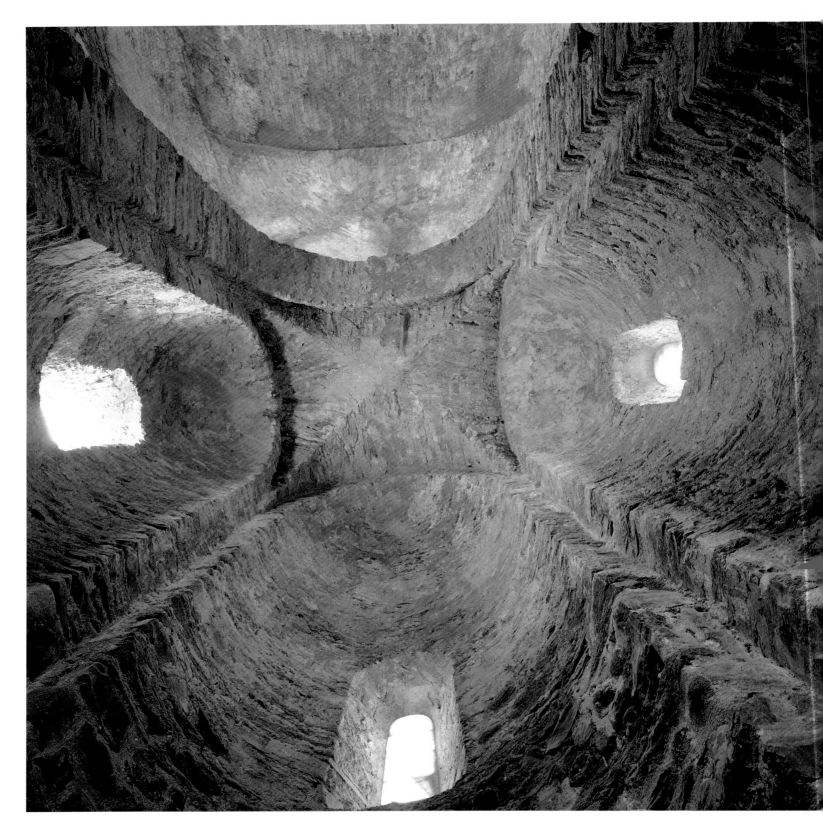

San Saturnino de
Tavérnoles (Lérida).
Abovedamientos del
santuario occidental.

una estructura trilobulada. En el lóbulo central se incluye un segundo trilóbulo, cuyos absidiolos quedan embebidos en el muro, no se acusan al exterior. Todos los espacios aparecen abovedados, ya con cañones, ya con aristas o cuarto de esfera.

La forma triconque adquirió una gran difusión en la arquitectura románica catalana de fines del siglo XI y primera mitad del XII. Sin embargo, ninguno de estos edificios adoptó la doble forma trilobulada de Tavérnoles.

El trilóbulo fue empleado por la arquitectura romana, de donde la tomaron los arquitectos paleocristianos y bizantinos. En algunos edificios que utilizaron esta solución se conoce una significación funeraria, aunque en la

arquitectura civil oriental suele corresponder a espacios áulicos. La continuidad funeraria en el románico catalán está confirmada en algunas iglesias cementeriales; sin embargo, en Tavérnoles no parece que ésta sea su función. Su doble uso, o mejor triple si interpretamos el transepto como tal, podría manifestar el énfasis del constructor sobre una iglesia con un especial sentido martirial del que carecemos de información documental. La concepción de tres espacios similares de forma, que van disminuyendo de tamaño, de tal manera que uno actúa como contenedor del otro, parece indicar una especie de vía de perfección que va propiciando la aproximación a lo que se podría considerar el *sancta sanctorum*.

San Saturnino de Tavérnoles (Lérida). Aspecto del interior de la cabecera.

Decoración pictórica de San Quirce de Pedret (Museo Diocesano y Comarcal de Solsona). Jinete.

DECORACIÓN PICTÓRICA DE SAN QUIRCE DE PEDRET

La iglesia prerrománica de San Quirce de Pedret recibió una decoración pictórica románica hacia finales del siglo XI. Los murales del presbiterio, muy fragmentados, se depositaron en el Museo de Solsona, mientras que los de los ábsides laterales se encuentran en el Museo de Arte de Cataluña.

Nos encontramos en este edificio con unos frescos que han sido realizados por un taller de pintores italianos o de formación italiana, de donde proceden ciertos rasgos bizantinizantes apreciables en la caracterización de algunos rostros. Se trata de un arte realizado con destreza, mostrando una gran seguridad en el trazo y un buen conocimiento del equilibrio cromático, sin embargo carente de genio.

La decoración del ábside central estaba dedicada a un programa iconográfico basado en el Apocalipsis. En el muro del fondo se representaba la adoración del "Agnus Dei" por los veinticuatro ancianos. La "Maiestas" rodeada de los símbolos de los evangelistas presidía la bóveda. En los muros laterales se pintaron los cuatro jinetes apocalípticos, superpuestos de dos en dos, de los que sólo se conservan tres, y las almas de los difuntos ante el altar del Señor.

Reproducimos aquí la figura de uno de los jinetes. La gama cromática de tonos oscuros y terrosos de las figuras necesita ser definida con líneas de trazo negro o color intenso, mientras que la corporeidad del volumen se consigue con un resalte de las luces en blanco.

Un ciclo cainita debía ocupar el ábside central, de él se puede ver a Caín realizando su ofrenda al Señor. El pintor, obsesionado por la ornamentación, despliega toda una teoría de flores sobre el campo y la capa del oferente, sin olvidarse de adecuar el fondo con una decorativa alternancia de bandas cromáticas siguiendo una conocida interpretación medieval de las gradaciones de celaje de la pintura romana.

Decoración pictórica de
San Clemente de Tahull
(Museo de Arte de
Cataluña).

SAN CLEMENTE DE TAHULL

Una de las tendencias pictóricas más importantes del románico hispano tiene en la decoración de este ábside una de sus creaciones más excelentes. Su datación debe correponderse con la fecha de consagración del templo, en 1123.

La "Maiestas", en medio de ángeles portadores de los símbolos de los evangelistas, se eleva majestuosa sobre el colegio apostólico y la Virgen. Su colosal figura hace sentir el peso de su distante divinidad a quien la contempla empequeñecido desde el ras del suelo; esto es algo que está presente en el "Pantocrator" de las cúpulas de las iglesias bizantinas. Al contemplar las estereotipadas líneas de su cara, dis-

puestas equilibradamente simétricas a los lados de un supuesto eje, percibimos la genialidad del pintor, que, con este tipo de recursos tan convencionales, ha creado el más penetrante y enigmático de los rostros románicos de la divinidad.

Azules, rojos y amarillos constituyen una gama cromática equilibrada que dota al conjunto de una elegante belleza que realza aún más el valor de los seres representados que, en realidad, forman parte del cortejo de la teofanía. El marco arquitectónico, con sus columnas marmóreas, representa las mansiones reales.

Aunque existen bizantinismos y contactos con Italia, y sus formas se pueden considerar propias de un estilo bastante generalizado por Aragón y Castilla, la genialidad de su factura le convierte en un artista único e inclasificable.

89

DECORACIÓN PICTÓRICA DE SAN PEDRO DE SORPE

Dos maestros intervinieron en la decoración de este templo. El primero, en la secuencia del arte de las pinturas de Pedret, a principios del siglo XII, pintó una serie de temas —la Virgen María flanqueada por los arboles emblemáticos de la Iglesia y la Sinagoga, o la nave como símbolo de la Iglesia—, cargados de un mensaje cuajado de figuras alegóricas. Mediada la centuria, un nuevo artista, poseedor de un arte más refinado y elegante, continuó la decoración por la nave, de la que conservamos una *Crucifixión* en estado fragmentario y una hermosa *Anunciación*, verdadera obra maestra de la pintura románica hispana.

La *Anunciación* responde a un bien conocido modelo de la iconografía bizantina en la que aparece María hilando, mientras que, detrás de una cortina, asoma la figura de una sirvienta escuchando las palabras de salutación del ángel.

Si el conjunto responde a un prototipo ya creado por la plástica bizantina, nuestro pintor lo ha interpretado con unas figuras esbeltas y estilizadas, realizadas con unos colores brillantes y delicados. La composición, resuelta frontalmente en los protagonistas principales, María y el ángel, dispone el personaje del segundo término a una menor escala para transmitir un cierto sentido de profundidad. La geometría del trazado de la capa —un triángulo— y vestido —un rectángulo cortado con rayado horizontal— de María aparece, una vez más, como uno de los recursos pictóricos que más sabiamente saben utilizar los artesanos de la Cataluña del siglo XII.

Frontal del apostolado
(Museo de Arte de
Cataluña).

Frontal de San Martín de Ix
(Museo de Arte de
Cataluña).

LOS FRONTALES

La pintura sobre tabla encuentra en los *antipendia,* o piezas situadas ante el frente bajo del ara, una de sus creaciones más importantes. Adoptan una forma rectangular presididos en su parte central por la imagen de la "Maiestas", de la Virgen entronizada, o de un santo. A los lados de esta figura, el espacio se suele dividir en registros también rectangulares, en los que escenas narrativas desarrollan un pequeño programa iconográfico.

El cromatismo de este tipo de obra suele aventajar al de los murales, pues se pueden emplear materiales de mejor calidad ya que la superficie a cubrir con pintura es más limitada, utilizándose así colores, como ciertos azules, de elevado precio

FRONTAL DEL APOSTOLADO

Se conoce también como frontal de la Seo de Urgell por considerarlo obra de un supues-

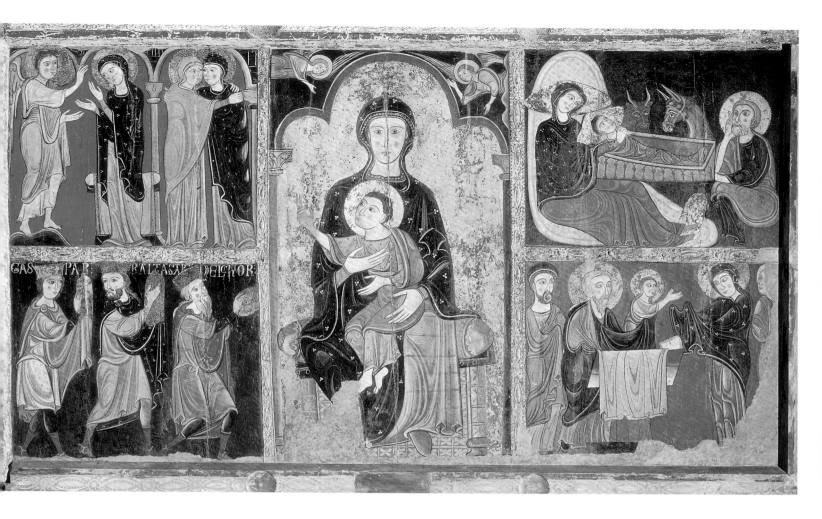

to taller radicado en este lugar. Estilísticamente podría tener una cierta relación con la pintura mural de la iglesia de San Pedro. La brillantez de su cromatismo, así como la cuidada estilización de sus figuras, convierten a esta obra en una de las creaciones más excepcionales de la pintura románica hispana. Es obra de la primera mitad del siglo XII.

La "Maiestas" se asienta entronizada en una mandorla configurada por dos círculos, representando el cielo y la tierra según la conocida referencia evangélica: "El cielo es mi trono y la tierra el escabel de mis pies." A derecha e izquierda, el colegio apostólico presidido por San Pedro y San Pablo. Los dos grupos se presentan en un esquema piramidal, rígidamente simétricos.

FRONTAL DE SAN MARTÍN DE IX

Mostrando una clara relación con el anterior, parece obra de un artista algo más tosco, menos preocupado por las estilizaciones figurativas.

La ordenación del colegio apostólico ha sido distribuida por parejas en pequeños registros rectangulares. Al patrón del templo, San Martín, se le han reservado dos casillas en las que se le representa como obispo acompañado de un acólito y en el momento en que parte su capa para compartirla con un pobre. Según avance la centuria, el protagonismo de las escenas hagiográficas irá adquiriendo un mayor desarrrollo representativo.

FRONTAL DE SANTA MARÍA DE AVIÁ

Frente al hieratismo de la "Maiestas" de los frontales anteriores contrasta la emotiva imagen del Niño, que, en el regazo de la Virgen, evita la frontalidad dirigiéndose a los Magos que avanzan hacia él para rendirle pleitesía. Una delicada gama cromática y un encantador sentido narrativo de temas amables hacen muy atractiva esta obra. Realizada en el primer cuarto del siglo XIII, muestra la soltura de un artista capaz de ejecutar su figuras con rasgos sueltos, firmes y seguros. Algunos especialistas consideran que estas formas se corresponderían mejor con las primeras manifestaciones de la pintura gótica.

Los temas representados a los lados de la Virgen constituyen un pequeño ciclo de infancia: Anunciación, Visitación, Nacimiento, Epifanía a los Magos y Presentación en el Templo.

Frontal de Santa María de Aviá (Museo de Arte de Cataluña).

93

Tapiz de la Creación (Gerona, Museo de la Catedral).

TAPIZ DE LA CREACIÓN

La catedral de Gerona atesora entre sus joyas más preciadas una de las creaciones más interesantes del bordado románico.

En su estado fragmentario actual presenta unas medidas de 4,15 por 3,65 metros. Sus imágenes, de vivos colores, entre los que abundan el rojo, verde, blanco y azul, han sido realizadas con una verdadera técnica de bordado: sobre una sarga de hilos finos de lana se han bordado con aguja larga y fuerte los hilos de colores siguiendo siempre la dimensión más larga de lo figurado.

La composición gira en torno de un gran círculo centrado por otro más pequeño ocupado por el Pantocrátor. El círculo aparece dividido en ocho sectores que representan escenas del Géne-

sis: Arriba, el espíritu de Dios —la paloma— sobre las aguas; a los lados, el ángel de las tinieblas y el de la luz; la separación de las aguas por un firmamento circular que contiene los discos del sol y la luna; Adán en medio de los animales busca otro ser semejante a él; creación de los animales; creación de Eva; creación del firmamento.

Siguiendo los bordes del tapiz, una cenefa, en la que se reproducen en registros rectangulares, por la parte de arriba y los montantes laterales, los meses y las estaciones del año. Por abajo, aunque muy deteriorado, se ilustran en un friso corrido diversas escenas de la historia del hallazgo de la cruz.

La idea que genera toda la proyección del conjunto es muy clara: se trata de mostrar a Dios como Sumo Hacedor (Pantocrátor).

El programa cosmogónico aparece centrado por un dios joven e imberbe. Salvo el tema de la cruz, el resto de las figuras están perfectamente justificadas por referirse a todo el universo mundo creado.

La historia de la cruz debe tener una significación muy especial en la lectura del programa porque el nimbo crucífero del Pantocrátor ya está referenciándola. Sin conocer el fragmento inferior que se ha perdido sería muy aventurado y fácil introducir una lectura cristológica de las edades del mundo.

Las representaciones de los vientos, el año, los meses, incluso la misma composición responde a modelos cosmográficos antiguos. Su carácter excepcional hace muy difícil precisar su catalogación. P. Palol, su mejor investigador, considera que se trata de una obra de la primera mitad del XII realizada en el Occidente mediterráneo, sin poder precisar si es Cataluña, la Septimania o Italia.

Tapiz de la Creación (Gerona, Museo de la Catedral). Detalle.

Majestad Batlló (Museo de Arte de Cataluña).

MAJESTAD BATLLÓ

La llamada Majestad Batlló recibe este nombre por el apellido del personaje que la compró en tierras de Olot y la donó al Museo de Arte de Cataluña, donde actualmente se conserva.

Una de las imágenes del crucificado románico más queridas de su época es la que corresponde a los llamados Cristos Gloriosos —Majestades—, que representa a Jesús vestido y vivo clavado sobre la cruz. Su victoria es sobre la muerte, pues sus ojos abiertos muestran claramente su triunfo. Se ha considerado siempre que el inicio de la tipología fue el *Volto Santo* de Luca, que, según la tradición, se debía al propio Nicodemo, quien lo había hecho de un cedro del Líbano.

El artista que talló esta obra presenta a Cristo con un rígido hieratismo, que se acusa aún más por la estricta simetría de las incisiones que marcan los pliegues, muy especialmente los de las mangas, o el estilizado tratamiento de la cabellera. La aplicación de una hermosa policromía, en la que predomina el rojo y el azul, confiere al vestido la calidad de una auténtica clámide regia.

Debe de ser una creación de mediados del siglo XII.

Virgen de Ger (Museo de Arte de Cataluña).

VIRGEN DE GER

La imagen de la Virgen teniendo sobre sus rodillas al Niño es la obra más popular del románico. Precisamente esta amplísima difusión del tema hizo que el prototipo perviviese, de una forma inercial, superando la estricta cronología del estilo. Muchas de estas imágenes, al igual que las de los crucificados, disponían de un pequeño hueco que funcionaba como teca, es decir, depósito para guardar reliquias. De esta manera se evitaba que la veneración que los fieles le profesaban pudiese ser considerada como idolátrica, ya que se pensaba que el culto se rendía a los restos sagrados.

La Virgen románica responde a un concepto de *sedes* o trono del Niño. No existe la más mínima relación entre madre e hijo; sus actitudes son hieráticas, distantes e indiferentes entre sí. Cuando apreciamos un sentimiento humano que refleja el afecto de la maternidad, es un claro síntoma de cambio de estilo, pertenece ya al humanismo gótico.

La Virgen que reproducimos aquí recibe un cuidadoso tratamiento de sus vestiduras. El velo que cubre su cabeza cae sobre los hombros con una calidad táctil apreciable, que contrasta con la rudeza de las manos o la inexpresividad de los rostros. Algunos especialistas han querido ver en la indumentaria de la Virgen una significación simbólica que alude al carácter sacerdotal que inviste la figura de María.

Catedral de Seo de Urgell (Lérida). Exterior
de la cabecera y detalle de la misma.

CATEDRAL DE SEO DE URGELL

La cabecera de la catedral urgelense corresponde a un ambicioso y monumental proyecto que nunca fue concluido, pero del que nos transmite una idea de su calidad la galería que corona el ábside central.

Después de ser asolada Seo de Urgell por una razia musulmana, se procedió a erigir una nueva iglesia catedral que sería consagrada bajo la advocación de Santa María en 839. Durante el siglo XI se renovaron totalmente las viejas construcciones, bajo el patrocinio del santo obispo Ermengol. A partir de 1116, multitud de ofrendas constituyen el soporte económico para la realización de un gran proyecto catedralicio. Las obras avanzaron, como es usual, con una cierta lentitud. Cuando en 1175 el obispo Arnau de Pereixens contrata al maestro Ramon Lambardo, los muros sólo alcanzarían el nivel de las bóvedas, encargándole que cierre el templo y eleve los campanarios. La nueva etapa constructiva terminaría en 1195, al ser saqueada la iglesia y la ciudad por el conde de Foix Ramón Roger.

El templo es de tres naves con un gran transepto acusado sobre las colaterales, acentuándose aún más su longitud al adjuntarle en los extremos sendas torres. El crucero permitía abrir cinco capillas, no acusándose al exterior más que la central, que describe un amplio ábside semicircular.

Seguramente se debe a Ramón Lambardo la realización de las grandes torres. Proyectadas no como en Cuixá sobre el último tramo del crucero, sino que fueron añadidas a un transepto ya existente. Concebidas con unas dimensiones colosales, nunca se llegaron a concluir, como podemos ver. El descomunal tamaño del primer piso es elocuente testigo del desarrollo que irían a alcanzar en altura.

El proyecto inconcluso de las torres nos transmite la imagen de una arquitectura masiva, excesivamente voluminosa, maciza y plúmbea; sin embargo, contamos con varios indicios que nos permiten suponer que estos aspectos negativos se deben a la no finalización de la obra. El ábside central presenta una graciosa galería a la manera de algunos edificios románicos italianos, que, a la vez que dinamiza y articula los muros, desmaterializa el paramento y contribuye a aligerar el volumen.

PORTADA DE SANTA MARÍA DE COVET

Una de las grandes carencias del románico pleno catalán son las características portadas historiadas que definen el estilo en estos momentos. Esta exornada puerta que contemplamos en la fachada occidental del templo de Santa María de Covet es una de las excepciones. Con un estilo ingenuo, algo retardatario y rústico, se esculpió un simplificado programa iconográfico presidido por la divinidad.

Covet se encuentra en un apartado paraje del actual municipio de Isona. Conocido el lugar desde el siglo XI, tan sólo corresponde al año 1107 la primera referencia a un templo dedicado a Nuestro Señor y la virgen María. Nueve años despues, un cruzado, Arnau Valgari, antes de partir para el Santo Sepulcro de Jerusalén, dispuso diversas donaciones, entre ellas varias a la iglesia de Covet.

El conjunto del templo corresponde a una forma de nave única con un transepto al que se abren tres ábsides semicirculares. Es una tópica tipología del primer románico, realizada de forma inercial a principios del XII, aunque el abovedamiento sea bastante más tardío. En un período intermedio, hacia mediados de la centuria, se realizó la portada que reproducimos aquí.

Es un cuerpo saliente coronado por una cornisa de ocho canecillos. La puerta, con dos arquivoltas apeadas en otros tantos pares de columnas, cobija en su interior un tímpano apoyado en mochetas y circunscrito de un arco exornado con ángeles, mientras que por el exterior se enmarca con una arquivolta, a manera de chambrana, de dovelas esculpidas con diferentes figuras. Su estado de conservación es bastante deficiente en algunas zonas, especialmente en la chambrana, donde ciertas dovelas de la derecha han desaparecido casi por completo.

Santa María de Covet (Lérida). Portada occidental, detalle.

Santa María de Covet (Lérida). Portada occidental, detalle.

El conjunto compositivamente responde a la forma que hemos visto definirse en edificios hispanos como San Isidoro de León o franceses como San Saturnino de Toulouse. Con este último templo también parecen relacionarse las tendencias estilísticas de los escultores de la portada. Pienso que en el taller había dos maestros que, formados en la tradición de la escultura tolosana del primer cuarto de siglo, abordan la talla de la piedra con dos criterios diferentes. El artista que esculpe el tímpano lo hace con una cierta tendencia al plano, reproduciendo una anatomía expandida que no permanece estática, sino que tiende al movimiento. Brazos y piernas se abren, dinamismo que se advierte aún más por el ondulado vaivén de los vestidos. Un escultor diferente es el que realiza las figuras de las arquivoltas y la chambrana. Sus imágenes son prietas y compactas, aunque con unas anatomías de acusado volumen. Las personas representadas han sido plasmadas con un arte que podríamos considerar *naif,* aunque con una factura segura y minuciosa en los detalles —cabellos, pliegues y alas—, propia de un artesano dotado de una gran experiencia, con oficio, pero sin grandes dotes plásticas.

El profesor Yarza ha realizado una minuciosa lectura del conjunto iconográfico. Se trata de un mensaje bastante usual en la catequesis románica: un programa de caída y redención del género humano.

La lectura se debe hacer desde la arquivolta externa hacia el interior hasta el punto focal y central del tímpano.

Adán y Eva centran la arquivolta externa. Flanqueando el árbol, aparecen cubriéndose sus genitales en clara muestra de que el pecado ha sido ya cometido. La serpiente y los frutos prohibidos son explícitas referencias a las circunstancias que propiciaron la desobediencia de la primera pareja de la humanidad. El pecado marcará la vida de los hombres introduciendo entre ellos un sinfín de calamidades. Éstas han sido representadas en las doce dovelas que se desarrollan a los lados de la composición. Aunque muchas de ellas faltan totalmente o están muy deterioradas, varias nos

Santa María de Covet (Lérida). Portada occidental.

101

Santa María de Covet
(Lérida). Portada
occidental, detalle.

102

informan de la naturaleza de los males que atormentan al hombre. A la derecha de Adán vemos el signo de Géminis (dos troncos con cabeza teniendo un sólo par de extremidades). Bajo el signo zodiacal, un busto de hombre de características monstruosas, que no puede ser otro que el mismo diablo. A su derecha un personaje se mesa los cabellos. A la izquierda de Eva, una pareja de saltimbanquis contorsiona sus cuerpos de manera increíble. Más a la izquierda, podemos ver varios personajes tañendo instrumentos musicales. Los efectos malignos del pecado original se ven en los sortilegios inspirados por el diablo —composición de Géminis—, en la desesperación —hombre tirándose del pelo— y en las groserías y procacidades de titiriteros y juglares.

La siguiente arquivolta constituye ya el anuncio de la salvación. Cinco figuras aluden claramente a ello, aunque una haya sido destruida. En la clave un ángel portador de una cruz anuncia el mensaje cristológico. A su lado, dos figuras veterotestamentarias, Daniel entre dos leones y Noé con dos palomas, son tipos que prefiguran a Jesucristo. Daniel, al sobrevivir en el foso de los leones, triunfa sobre la muerte y, en este sentido, sirve de esperanza a una humanidad atormentada por los frutos del mal. Una nueva Eva será el instrumento divino para redimir a los hombres, la Virgen. Ésta aparece como "sedes" del Niño en el arranque derecho de la arquivolta; ya no se trata de signos de esperanza, tipos del Antiguo Testamento, sino del cumplimiento de todo lo anunciado expresado con una epifanía evangélica.

El resto de la composición está dedicado a ensalzar la gloria de Dios. En el tímpano, la "Maiestas" dentro de una mandorla transportada por un serafín y un querubín (un letrero borroso así lo especifica). Se completa la teofanía con los símbolos de los evangelistas y una representación de las milicias angélicas. En el mismo tímpano se esculpen el hombre de Mateo y el águila de Juan, junto a éstos, pero formando parte de la arquivolta, el león de Marcos y el buey de Lucas (destruido). Doce ángeles rodean el tímpano, mientras que tres arcángeles se disponen en la arquivolta interna. Dos de los arcángeles aparecen armados de lanza y escudo venciendo al dragón (el diablo).

Santa María de Covet
(Lérida). Portada
occidental, detalle.

San Clemente de Coll de Nargó (Lérida). Fachada occidental.

SAN CLEMENTE DE COLL DE NARGÓ

Antigua iglesia parroquial. Su más antigua referencia documentada se remonta al siglo IX, cuando se la cita en el acta de consagración de la Seo de Urgel, del año 839.

La historia arquitectónica de este modesto edificio nos ilustra de cuál ha sido el proceso de construcción y transformación de los templos rurales. Volúmenes sencillos, artesanalmente elaborados, con formas prácticas que sólo eran sustituidas o transformadas cuando habían perdido su utilidad funcional.

Una iglesia de ábside, nave única y torre en un lateral fue construida en un período no anterior al siglo X. Con la renovación litúrgica se edificó un nuevo templo que seguía manteniendo una simple disposición de nave rectangular. Se aprovechó la vieja torre, añadiéndole un cuerpo superior románico.

Se puede observar que la fase prerrománica de la torre corresponde a la parte troncopiramidal que terminaba en un vano de arco de herradura. La forma ataluzada es un recurso de arquitectura popular, algo tosco y zafio, que permite dotar de una gran robustez una estructura que por razones de altura podría tener problemas de equilibrio. Los constructores de época románica, con un mayor conocimiento de la técnica arquitectónica, añadieron el último cuerpo de campanas, con los muros verticales y buscando una cierta estética paramental mediante el recurso de una plasticidad conseguida con el resalte de arquillos. La nave del templo prerrománico sería de un volumen tan sencillo y simple de líneas como el que vemos en el actual; sin embargo, carecería de la articulación de sus paramentos con la decoración de arquillos que observamos en esta fachada occidental.

Santa María de Vilabertrán (Gerona). Fachada occidental.

SANTA MARÍA DE VILABERTRÁN

Se encuentra en los alrededores de Figueras. Fue una fundación monástica de Pedro Rigalt, que en 1080 adoptó la regla de San Agustín. En 1100, Bernardo, obispo de Gerona, consagraba la iglesia que había sido erigida desde los cimientos por el mismo Pedro Rigalt, que se había convertido en su primer abad (1069-1104).

La iglesia, de tres naves y crucero acusado sobre las colaterales, con una cabecera de tres ábsides semicirculares, es obra de bien entrada la centuria. Al mediodía del templo se encuentra el claustro y las principales dependencias monásticas.

Siendo importante el sistema de abovedamientos de las naves, resulta muy curioso el proyecto de fachada, que no llegó a realizarse en su totalidad. La vieja fórmula de fachada occidental flanqueada por dos torres, consolidada durante el primer románico, tendrá amplio eco en toda la arquitectura templaria posterior; sin embargo, no conservamos apenas ejemplos románicos hispanos.

Concebida con una gran simplicidad de líneas, se disponen equilibradamente los vanos funcionales estrictamente necesarios: puerta central, y las ventanas que iluminan las tres naves. Su distribución rigurosamente axial enfatiza aún más la verticalidad del volumen de la torre y el piñón del hastial. La torre, siguiendo el viejo modelo de ventanas geminadas y arquillos, carga su estructura cuadrangular sobre el último tramo de la nave lateral. El proyecto no se llegó a concluir, pues de la otra torre sólo quedó indicado su arranque.

CATEDRAL DE SOLSONA

La actual catedral de Santa María tan sólo es sede episcopal desde 1593. Conocemos la existencia de un templo con esta advocación en el siglo X, situado junto a la iglesia de San Pedro cerca de la ciudad de Celsona. Como apreciamos en la actual ubicación, debía de estar fuera de las murallas de la ciudad tal como parece desprenderse de los documentos antiguos que decían que ambas iglesias están bajo el castillo *("qui sunt subtus castro Celsona")*. La comunidad canónica que vivía en ella adoptó la regla de San Agustín a finales del siglo XI.

Una primera iglesia románica se consagró por el arzobispo de Narbona y el obispo de Seo de Urgell, en 1070. Durante la centuria siguiente se procedió a una total renovación; una consagración oficiada por Bernardo Roger, el 10 de noviembre de 1163, debe servir de referencia cronológica para una parte importante del templo. Bajo el gobierno del prepósito Bernardo de Pampa (1161-1195) se dio comienzo a la construcción de un claustro y sus correspondientes dependencias.

La iglesia ha sufrido importantes reformas durante los períodos gótico y barroco, que han mutilado el proyecto original o lo han enmascarado bajo nuevas estructuras. Se trataba de un templo de tres naves con un crucero acusado sobre las colaterales. De época románica se conserva la cabecera de tres ábsides semicirculares, una torre campanario muy rehecha, y el muro septentrional de las naves. Un claustro trapezoidal, hoy desaparecido, se ubicaba en parte de la nave meridional hacia los pies del templo.

Los restauradores han hecho desaparecer los postizos que afeaban el perfil externo de los ábsides. Su imponente ábside central se acusa en altura y volumen sobre los colaterales.

Se aprecia un cierto desfase en su secuencia constructiva: obsérvese el diferente tipo de cornisa, simples canecillos y arqueríos. Frente a la escultura de calidad que debió realizarse para el claustro durante el último tercio de la centuria, esta parte que correspondería a la primera fase del templo consagrado en el 1163 carece de aplicaciones importantes de escultura monumental.

VIRGEN DEL CLAUSTRO
(Catedral de Solsona)

Pieza excepcional procedente del desaparecido claustro, pero con cuya escultura conservada no parece relacionarse. La piedra calcárea ha permitido al escultor labrar con gran virtuosismo los más mínimos detalles de la indumentaria. La búsqueda de una plasticidad efectista ha llevado al artista a dotar las telas de un desbordante mar de pliegues que se van escalonando de arriba abajo de manera artificiosa, pero consiguiendo transmitirnos la imagen de majestuosa elegancia de una Virgen cuyo rostro resulta frío, hierático y distante.

Desde muy antiguo se ha relacionado esta escultura con el supuesto maestro Gilabert de las figuras de los apóstoles de San Esteban de Toulouse. Nuestra imagen podría ser una obra de un arte más depurado y definido, como el producto de un estilo que comienza en Toulouse y en la Solsona del último tercio del XII alcanza su plena madurez.

San Pedro de Galligans, Gerona. Exterior de la cabecera.

SAN PEDRO DE GALLIGANS

Un cambio de proyecto o el reaprovechamiento de un edificio previo fue la causa de un desequilibrado conjunto volumétrico, que la calidad de la factura y el cromatismo de la piedra convierten en una bella imagen. En el claustro todo es armonía y equilibrio, como efecto de una idea y materialización relativamente unitarias.

Extramuros de la ciudad de Gerona existía ya en el siglo x. Desde 1117 fue adscrito al monasterio languedociano de La Grasse, lo que debió de inducir a la renovación de la iglesia. Mediada la centuria se emprendería la construcción del claustro, que se suele dar como concluido en 1190. Una riquísima colección de epígrafes nos da noticia del uso funerario del claustro durante toda la Edad Media.

La iglesia presenta una curiosa estructura, fruto de una remodelación de un primer templo. Este último tenía una forma trebolada con un cimborrio, y se amplió a partir de la absidiola meridional añadiéndole un gran ábside central

San Pedro de Galligans, Gerona. Aspecto oriental del templo.

y un brazo de crucero con otros dos más. La torre que vemos se construyó descentrada al realizarse sobre la estructura de cimborrio que se había previsto para la primera iglesia.

El claustro, de forma ligeramente rectangular, cubre sus galerías con bóvedas de cuarto de cañón. Presenta cornisas de arquillos y pares de elegantes columnas separadas apeando los arcos de los intercolumnios. Todas estas características serán mantenidas por muchos de los claustros que en la secuencia cronológica de éste se edifiquen en Cataluña. Incluso con claustros como el de Gerona o el de San Cugat del Vallés habrá coincidencias iconográficas y plásticas, aunque el de Galligans se muestre, como es natural por su prioridad cronológica, más acorde con un arte más conservador.

San Pedro de Galligans, Gerona. Claustro.

San Pedro de Galligans, Gerona. Detalle de la arcada del claustro.

CLAUSTRO DE LA CATEDRAL
DE GERONA

Durante el episcopado de Pedro Roger, hijo
del conde de Carcasona y cuñado de Ramón
Borrell, conde de Barcelona, se iniciaron las
obras de lo que sería la catedral románica de
Gerona. Empezadas las obras en 1015, avanzaron con gran rapidez, procediéndose a una
solemne consagración en 1038, con la partici-
pación de numerosos obispos y magnates.

Desde este año hasta entrado el siglo XIII se
completó un importante conjunto catedralicio
(templo, campanario, dependencias canónicas
y las pandas mismas del claustro). Al decidirse

la construcción de la actual catedral gótica a
principios del XIV, siendo obispo Bernardo de
Vilamarí, sólo persistieron de la antigua fábrica románica el claustro y el campanario, ambos
transformados en parte.

El claustro se dispone al norte del actual
templo catedralicio, adoptando una irregular
forma trapezoidal. Su extraña planta responde al condicionamiento de la anterior iglesia
románica, el límite de la muralla de la ciudad
que corría por la parte más septentrional, y viejas dependencias canónicas preexistentes a la
construcción de este claustro. La panda septentrional se cubre con una bóveda de cañón,
mientras que las otras tres lo hacen con cuarto de círculo. Tan importante sistema de abovedamientos exige un poderoso muro de

soporte; las arcadas, apeadas en pares de columnas separadas, tienen gruesos pilares encapitelados que las robustecen. La carencia de una cornisa, seguramente de arquillos sobre canecillos como es usual en tantos otros claustros de época, responde a las ampliaciones en altura y, sobre todo, a las diferentes restauraciones que tuvieron que realizarse por los empujes y resquebrajaduras ocasionados por el peso de los cañones.

Se ha especulado, sin ningún tipo de fundamento arqueológico, con ciertas noticias documentales del siglo XI para datar algunas partes del claustro en dicha centuria. Se sabe que el obispo Pedro Roger había restablecido una vida reglada común para sus canónigos, estipulando en un documento de 1019 la construcción de unas dependencias claustrales para poder desarrollar en ellas su actividad regular. Nuevos datos de 1031 y 1064 aluden a la ampliación de estas dependencias. En 1117 se cita un *claustrum canonicorum*. Las arcadas claustrales que contemplamos en la actualidad no corresponden a ninguna de las obras que acabamos de referir. Por su estructura arquitectónica y los recursos estilísticos de los diferentes escultores que trabajaron en él, no puede ser anterior al último tercio del XII, aunque posi-

Claustro de la catedral de Gerona. Detalle de un capitel.

blemente los trabajos se prolongasen durante el siglo siguiente.

Los diferentes artistas que se suceden en la elaboración de los capiteles y los frisos que encapitelan las pilastras muestran un arte bastante homogéneo dentro de lo que consideraríamos etapas o talleres. La panda meridional, la que corre paralela a la iglesia, y los capiteles más próximos a ésta de las dos adyacentes, corresponderían a la primera fase. Realizan unas figuras de canon corto y corpulentas anatomías dotadas de grandes cabezas.

En los primeros momentos de la construcción preocupó al cabildo gerundense transmitir un amplio mensaje. El escultor utilizó algunos capiteles para plasmar en imágenes la doctrina, aunque prefirió las largas fajas que encapitelaban los pilares para desarrollar en secuencia el sentido narrativo de sus composiciones. El artista hace mover a sus personajes en las acciones y gestos necesarios para transmitirnos con absoluto verismo la historia que representan, no escatima medios para reproducir personas y animales; sin embargo, los objetos y la escenografía quedan reducidos a la mínima expresión. Las figuras se recortan sobre un fondo liso, totalmente plano, sin más concesión a la ambientación que un insignificante mueble o un vegetal; en todo caso, uno u otro imprescindibles para la actitud de las personas.

Con figuras convencionales aparecen representados los dos protagonistas de la obra: el obispo que encarga, encauza la financiación y programa el repertorio de sus imágenes, y los artistas que lo materializan. No deben entenderse como verdaderos retratos; son representaciones iconográficas estereotipadas que responden a un lenguaje formal, caracterizadas por signos y actitudes que les hace fácilmente reconocibles por cuantos los contemplen.

En este claustro, tal como aludimos en la introducción, son varias las escenas que muestran a los constructores en plena actividad. Podemos ver aquí a uno de ellos procediendo a repicar un sillar.

A lo largo de la galería meridional se van sucediendo las escenas que narran la historia del hombre según el discurso bíblico: Adán y Eva, Caín y Abel, las historias de los patriarcas Abraham, Isaac y Jacob, hasta terminar en el descenso de Cristo al Limbo. El discurrir vital de la humanidad, que ha nacido con el

pecado de Adán y Eva, va produciéndose marcado por este hecho en una serie de acontecimientos que preparan y anuncian lo que serán los hitos de la vida de Cristo, el Redentor del género humano.

Las cuatro escenas que reproducimos aquí corresponden al inicio del programa: Dios está creando a la primera mujer a partir de una costilla de Adán; Eva aparece totalmente formada junto a Adán, que aún dormita; el Señor les muestra el árbol del bien y del mal; Eva, que ya ha comido de la fruta prohibida, incita a Adán a que la pruebe. Fiel a esa economía de formas, que le conduce a crear unas composiciones reducidas a lo más esencial e imprescindible, el escultor recorta las figuras sobre un fondo liso, donde no hay más concesión a la posible ambientación paradisíaca que el ineludible árbol y la roca con vegetales que sirve de apoyo al sueño de Adán.

Claustro de la catedral de Gerona. Cuatro detalles del friso del Génesis.

113

CLAUSTRO DE SAN CUGAT DEL VALLÉS

La edificación del claustro de San Cugat del Vallés debe situarse en la secuencia del contexto arquitectónico y escultórico que define la obra gerundense que acabamos de ver. Un piso alto modifica en parte su forma original, aunque todavía se conserve la cornisa de arquillos de la planta baja.

San Cugat fue un monasterio benedictino construido en un lugar donde la vida monástica se había desarrollado, al menos, desde la octava centuria. Después de ser arrasado por una de las razzias de Al-Mansur, en el 985, a lo largo del siglo XI se levanta un conjunto claustral. No debía de tratarse de una obra muy importante, pues, en el último tercio del XII, se empezó a construir un nuevo templo y una renovación total de las viejas dependencias claustrales. De época prerrománica se conservan los cimientos de la cabecera de la iglesia basilical. En la panda septentrional, el muro exterior presenta un tipo de aparejo característico del primer románico que pudiera corresponder a la supervivencia de parte de un edificio anterior a las construcciones del románico pleno. Ciertos datos documentales del siglo XI y lo que considero una forzada lectura de los basamentos de la obra actual han hecho suponer la existencia de un claustro de mayor tamaño que el conservado hoy, lo que no creo probable.

En 1182 se tiene constancia de que una pequeña parte de una nueva iglesia estaba iniciada. Aunque los trabajos avanzaron lentamente, la mayor parte de su fábrica corresponde al siglo siguiente; en ese decenio se debía tener perfectamente proyectado el perfil exterior de la cabecera, lo que permitiría que se pudiese pensar en la articulación de otro claustro. En el testamento de Guillermo de Claramunt, fechado el 27 de abril de 1190, figura una manda de mil sueldos barceloneses *"ad opus ipsius claustri quod facere ibi promisi"*. Un epígrafe en el ángulo nordeste del intercolumnio claustral nos suministra el nombre del escultor que se encargó de la primera etapa de su construcción, Arnau Cadell. Nos hemos ocupado de este personaje y su supuesto retrato en la introducción, al tratar de los constructores del románico. Varios documentos relacionados con la administración del monasterio, datados en 1206 y 1207, atestiguan su presencia en San Cugat por estos años.

Por los datos que acabamos de enumerar, tan sólo podemos deducir que en 1190 se había iniciado la construcción del claustro o se estaban reuniendo los medios económicos que permitiesen llevar a cabo lo que ya era un proyecto firme. A principios del siglo XIII se constata la presencia en el monasterio de Arnau Cadell, que una inscripción confirma que es el constructor *("qui claustrum tale construxit")*.

Al norte de la iglesia que hoy contemplamos se encuentra el claustro, adoptando una forma ligeramente trapezoidal por adaptarse a edificaciones previas. Las arcadas apean en las ya consabidas parejas de columnas separadas, disponiéndose pilares cada cinco vanos.

Como la estructura arquitectónica es bastante homogénea, sólo el análisis de la plástica escultórica nos permite deducir ciertas diferencias de producción. Un primer taller (sería el dirigido por Cadell) se ocuparía de las pandas oriental, septentrional y occidental. Ya avanzado el siglo XIII, un segundo taller realizaría la panda meridional, programada con una mayor riqueza iconográfica.

El taller que dirige el maestro Cadell muestra una cierta dependencia formal con el arte del claustro gerundense. Faltan aquí los frisos de relieves que corrían como fajas encapitelando los pilares. Dentro de una cierta unidad, se aprecian formas diferenciadas debidas a la intervención de diversas manos. Las variantes son perceptibles no sólo en la definición plástica de las figuras, sino en la misma concepción de la cesta del capitel. Abundan las representaciones de animales más o menos fabulosos, tal como podemos ver en los leones o grifos aquí reproducidos. La factura de estos seres se muestra precisa y algo dura en el perfil de sus figuras, como muy sometida al esquema de una plantilla, su terminación es muy sumaria en la precisión de los detalles. Se diría que estas

Claustro de San Cugat del Vallés (Barcelona). Detalle del capitel de la Epifanía.

obras son fruto de artesanos menos dotados o, tal vez, aprendices. La aplicación de una plantilla permite conseguir correctas siluetas, que una falta de experiencia o capacidad no es capaz de completar con un sentido de mayor plasticidad de la materia.

Cuando en el capitel se representan escenas o simplemente personajes, adopta una composición de torrecillas en las esquinas, mientras que por la parte superior de la cesta se disponen veneras. Esta mayor complejidad ornamental del esquema de la cesta se suele corresponder con un mejor tratamiento de los motivos esculpidos. El capitel con temas de la infancia de Cristo nos ilustra sobre esta forma compositiva. Vemos aquí tan sólo la cara que representa la Natividad y en la que se encuentran dos de los Magos. El resto del capitel lo ocupan la representación de la Anunciación y la imagen de la Virgen con el Niño que recibe el homenaje del primer Mago. A diferencia de los animales que hemos visto antes, el

Claustro de San Cugat del Vallés (Barcelona). Detalle del capitel de la Epifanía.

autor ha tratado con todo lujo de detalles la materia. Los pliegues del lecho o de las tocas de la Virgen se reproducen con una desbordante abundancia, que transmiten un sentido táctil de las telas, aunque ciertamente sea muy convencional. La mayoría de las piezas de este tipo serían esculpidas por los maestros más especializados.

Podemos ver en la escena del nacimiento cómo el artista ha resuelto la forma de reproducir todos los personajes, animales y objetos necesarios, en un marco tan reducido. Dispuestos la Virgen yacente y San José de una manera que podríamos considerar lógica, la cuna con el Niño y el buey y la mula, protagonistas imprescindibles, los esculpe contra toda regla de representación, como si estuviesen flotando en el aire. No le preocupan al artista románico los problemas de lógica compositiva, tan sólo un cierto sentido primitivista de no hurtar a lo representado aspectos esenciales de sus formas.

San Pere Gros de Cervera
(Lérida). Aspecto
meridional.

IGLESIAS CIRCULARES

Se conservan en Cataluña un número importante de templos circulares de época románica. Generalmente suelen ser anejos de un conjunto más importante. Su forma especial responde a remotos prototipos arquitectónicos, anteriores incluso al cristianismo, que, asumidos por éste, terminaron por convertirse, a partir del mundo carolingio, en definitivas invariantes tipológicas. Siguiendo el modelo del Santo Sepulcro de Jerusalén, las iglesias fu-nerarias de los cristianos adoptaron su forma circular. Los oratorios privados, condicionados en su origen por ser depósitos de reliquias, también adoptaron la planta circular en tanto en cuanto que tenían una significación funerario-martirial.

SAN PERE GROS DE CERVERA

Conocemos su existencia desde finales del siglo XI. En 1081 fue donada a Santa María de Ripoll; ocho años más tarde vivía ya aquí una pequeña comunidad gobernada por un monje.

La vida monástica perdurará hasta finales del siglo XV.

Es uno de los edificios más grandes de este tipo. Su aparejo menudo y los nichos que articulan el interior de sus muros corresponden a una obra realizada con el característico arte inercial del primer románico.

SAN MIGUEL DE LILLET

A menos de doscientos metros de la antigua y arruinada canónica agustiniana de Santa María de Lillet. Se cita por primera vez en documentos de finales del siglo XII, casi siempre en relación con el inmediato castillo.

La regularidad y cuidado de los sillarejos de su paramento no ocultan su origen como creación de un arte que ya es inercial y popular. Su advocación a San Miguel no nos ayuda a precisar su verdadera función. Son muchas las iglesias cementeriales monásticas dedicadas a este arcángel, al igual que también son numerosos los castillos que tienen sus oratorios con igual advocación por ser el príncipe de las milicias angélicas.

San Miguel de Lillet (Barcelona). Aspecto meridional.

Catedral de Tarragona. Interior.

Catedral de Tarragona. Cornisa del ábside meridional.

CATEDRAL DE TARRAGONA

Ramón Berenguer III, el 23 de enero de 1118, entregaba al arzobispo Olaguer la ciudad de Tarragona para que la repoblase. En esta carta de donación se aludía a la iglesia catedral que, en tiempos pasados, había sido consagrada en honor de Santa Tecla. La situación de la ciudad no debía exigir la construcción de un nuevo templo catedralicio, pues hubo que esperar mucho tiempo para que se emprendiesen las obras. Hasta el episcopado de Bernardo Tort (1146-1163), Tarragona no se convirtió en residencia estable del arzobispo. Se instauró entonces una canónica regular de San Agustín.

Será en el testamento del arzobispo Hugo Cervelló (1163-1171), en el año 1171, donde figure claramente referenciado el inicio de los trabajos del nuevo edificio: legó mil morabetinos para emprender la construcción de la catedral. Las obras debieron de avanzar con gran lentitud; durante la prelatura del arzobispo Ramón de Rocabertí (1198-1215) se produjo un importante impulso en los trabajos, que condujo a un replanteamiento del proyecto original. Un documento en el que se relaciona una donación de Pedro el Católico, el 9 de abril de 1212, nos informa de este cambio: "La fabrica de la Iglesia que se anava fent se anés perfeccionant." Hasta el episcopado de Tello (1289-1308) no se cerrarán los muros de las naves por sus partes bajas.

El edificio que contemplamos en la actualidad muestra las huellas de un proyecto que sufrió multitud de cambios tanto en su planta como en la superestructura.

Pensado al principio como un templo sencillo de tres naves con sus correspondientes ábsides semicirculares. Las obras debieron de transcurrir así hasta finales de siglo, construyéndose los tres ábsides y un primer tramo de las naves; en éste se dispusieron las puertas laterales; la septentrional se abriría al claustro que por entonces comenzaría a edificarse, y la meridional que permitiría el acceso a los fieles.

El gran ábside central adquiere una forma maciza y voluminosa, coronado su paramento por una cornisa en la que destacan las figuras de los canecillos, labrados con un arte de formas muy sumarias que denotan una factura entre zafia y arcaizante, pero, desde luego,

Catedral de Tarragona.
Cabecera y claustro.

dotadas de gran expresividad. Junto a estas formas tambien existen otros canecillos de labra más depurada representando cabezas humanas y de animales de un gran naturalismo que parece obra de una reforma o restauración posterior.

Diversas circunstancias topográficas y la existencia de unas construcciones previas aconsejaron que el claustro se construyese a partir de la puerta septentrional hacia el Oeste. Diversas referencias heráldicas señalan que sus primeras fases de edificación correspondiesen a los episcopados de Ramón de Castellterçol (1194-1198) y al ya citado Ramón de Rocabertí. Cuando muere este último deja una importante manda testamentaria para continuar las obras. Carecemos de más datos documentales sobre el proceso de construcción; ni siquiera sabemos nada sobre el fin de los trabajos. Las rejas que impiden el paso al patio interior fueron colocadas en 1557.

Las pandas del claustro, que se cubren con unas bóvedas góticas de simples arcos cruceros, tienen su máxima originalidad en la organización de los muros que las aíslan del patio interior. Se organizan en tramos de un arco apuntado que cobija en su interior tres arcos semicirculares y dos óculos. Las grandes arcadas de los tramos se limitan con un monumental orden columnario que nos recuerda la antigua arquitectura romana (no debe olvidarse el importante patrimonio de romanidad existente en esta ciudad). Los distintos talleres que decoran los capiteles reprodujeron un complejo programa iconográfico que no debió tener unidad, sino que correspondía, como en tantos otros sitios, a pequeños ciclos, ornamentales unos, catequético-moralizadores los otros. Entre los temas veterotestamentarios es de destacar la aparición de un tema cainita muy original que se refiere al odio que siente Caín hacia su hermano Abel, por encontrarse éste en el regazo

121

de su madre, Eva. Abundan también los temas moralizadores basados en las conocidas citas de las fábulas.

A principios de este siglo XIII aparece en la cantería tarragonina un importante escultor o taller que trabaja en la realización de un frontal con escenas de la santa titular y en varios capiteles de la panda meridional del claustro.

La obra fundamental es el ara, realizada en una sola pieza; presenta a San Pablo sedente en el centro teniendo a su diestra a Tecla, mientras que, a los lados, se reproducen ocho escenas sobre la leyenda de la santa. Este escultor muestra el conocimiento de un amplio repertorio de formas y de recursos. Su obra acusa una cierta sobriedad clásica, motivos de inspiración en la escultura tardorromana, seguramente concretando en modelos de los sarcófagos paleocristianos; todo ello coincidente con el arte toscano y provenzal del período tardorrománico.

Al mismo espíritu de época corresponde la obra de la gran portada que comunica con el claustro; su ejecución en mármol le da la prestancia que la rudeza del escultor no ha sabido insuflarle. En el tímpano se representa una "Maiestas" en medio de los símbolos de los evangelistas. El gran capitel de la columna que soporta el dintel centra su cesta con el tema de una Epifanía, donde todos los personajes aparecen con unos rostros inexpresivos de tremendos ojos saltones.

El aumento de la población y la ambiciosa cabecera que por entonces estaban construyendo en la catedral de Lérida contribuyeron a que el cabildo tarraconense y su arzobispo decidiesen cambiar el prototipo de templo. A continuación del tramo de las naves que ya estaba hecho, dispusieron una larga nave de transepto para abrir en ella otras dos capillas, igualando de esta manera el número de las que se levantaban en la obra leridana. Cuando en el tercer cuarto del siglo XIII se remataban las partes bajas de la fachada occidental, las puertas laterales todavía mantenían el esquema de arco semicircular y grueso bocel en la arquivolta siguiendo el ya viejo modelo románico que se había realizado en las primeras etapas de la construcción, aunque la escultura de capiteles y relieves presenta ya una factura gótica.

Catedral de Tarragona.
Puerta del claustro, capitel.

CATEDRAL DE LÉRIDA

La catedral leridana domina la ciudad desde su elevado asentamiento. Las condiciones del terreno obligaron a sus constructores a ubicar el claustro ante la fachada principal, como si se tratase del típico atrio de las basílicas paleocristianas. Los grandes vanos de su panda meridional constituyen un fascinante mirador sobre la ciudad, que se extiende a sus pies.

La ciudad de Lérida fue reconquistada por los cristianos el 24 de octubre de 1149. El obispo Guillem Père de Ravidats dispuso que la mezquita mayor fuese transformada en sede catedralicia, procediéndose para ello a su purificación y consagración el 30 de octubre del mismo año.

Designado obispo Gombau de Camporrells, en 1191, decide la renovación de su sede

catedralicia. Durante esta década final de siglo, diversas compras de viviendas y solares han sido interpretadas como indicios de la preparación del espacio necesario para el templo que alcanzaría una mayor superficie que la de la vieja mezquita. Un documento de 1193 nos informa del ingreso de Pedro de Coma en la canóniga. Este personaje, cuya existencia se documenta en la ciudad desde 1180, se considera el arquitecto que proyectaría el nuevo templo.

Los trabajos preparatorios se debieron alargar; un epígrafe tardío nos informa que la primera piedra de la obra no se colocaría hasta 1203. Esta lápida conmemorativa, que estuvo perdida durante mucho tiempo, apareció el siglo pasado, colocándose en la actualidad en el crucero, junto a la embocadura del presbiterio:

ANNO D(OMI)NI : M C C I I I : ET : X
I K (A) L (E N D A S) A U G (U) S T I : S U B
:DO(MI)NO I(N)NOCE(N)TIO P(A)P(A) III :

Catedral de Lérida.
Aspecto meridional de la cabecera y del crucero.

Catedral de Lérida. Detalle del interior del ábside central.

Catedral de Lérida. Epígrafe conmemorativo del inicio de las obras.

VENERABILI GO(M)BALDO : HUIC : ECCL(ESIA): P(RE)SID(EN)TE I(N)CLITUS : REX : PETR(U)S : II : ET ERMENGAUD(U)S : COMES : URGELLEN(SIS) P(R)IMARIU(M) : ISTI(U)S : FABRICE : LAPIDE(M) : POSUE-RUNTBERENGARIO : OBICIONIS : OPE(R)ARIO : EXIS...PETR(U)S : D CUMBA : : M... : : FABRICATOR

Traducción:

«En el año del Señor de 1203, a día primero de agosto, bajo el pontificado del Papa Inocencio III y presidiendo esta iglesia Gombaldo, el ínclito rey Pedro II y el conde de Urgel Ermengol pusieron la primera piedra de esta fábrica, siendo obrero Berengario Obicio y Pedro de Cumba.... fabriquero.»

Los trabajos avanzarían rápidamente. La cabecera del templo, por lo menos en los muros bajos, hasta los extremos del crucero debía estar

Catedral de Lérida. Detalle de la nave central desde el crucero.

concluida en 1215, pues de este año es un epígrafe funerario inscrito en la puerta de la Anunciata (situada en la fachada meridional del crucero). La consagración solemne del templo tendría lugar en 1278 según constaba en una monumental lauda: "El año del señor de 1278, el 30 de octubre, Guillermo de Moncada, noveno obispo de Lérida, consagró esta iglesia, concedió cuarenta días de indulgencia durante todas las octavas y ordenó que la fiesta de la dedicación se celebrase siempre el domingo siguiente a la fiesta de San Lucas." Una lápida funeraria del claustro nos informa de la existencia de un Pedro de Pennafreita, muerto el 21 de setiembre de 1286, que se titula *magister operis huius ecclesiae*, que los estudiosos

consideran que sería el arquitecto que llevaría a cabo la obra emprendida por Pedro de Coma. A su actividad como maestro de la obra se atribuye la realización del airoso cimborrio que ilumina el centro del transepto.

Con la guerra de Sucesión la catedral quedó convertida en cuartel. Diversas fases de restauración emprendidas en este siglo han suprimido los postizos modernos, adquiriendo en la actualidad parte del aspecto que tendría al finalizar la Edad Media.

El tipo de catedral proyectado respondía a una fórmula habitual para los grandes templos peninsulares del último tercio del siglo XII, una gran nave de crucero a la que se abrían cinco ábsides escalonados. Como veíamos en la

Catedral de Lérida. Detalle de uno de los pilares.

nico. Un taller de escultores influenciado por el arte del entorno de Antelami se ocupó de las partes de mayor empeño decorativo, los grandes capiteles de los arcos triunfales de las absidiolas del crucero. Los motivos elegidos por el iconógrafo se referían a escenas alusivas a los santos titulares de cada capilla. Así nos encontramos como en la actual capilla de Nuestra Señora de las Nieves, antiguamente dedicada a Santiago, presenta un pequeño ciclo iconográfico referido a éste en varios capiteles: el sacrificio del santo y el transporte marítimo de su cuerpo. En el brazo meridional, se encontraba la capilla de San Pedro; aunque modificada, todavía podemos observar el capitel en que se esculpe el sacrificio en la cruz del santo.

Si en la reproducción de los dos capiteles anteriores podemos percibir la facilidad compositiva del artista, en este capitel de la absidiola más septentrional, en el que se representa un personaje desnudo luchando con unos monstruos, vemos la influencia del arte antiguo en la mórbida desnudez del hombre y en la equilibrada concepción de la dinámica acción. Este taller pronto abandonará la obra leridana, ocupándose entonces de ella otros artistas formados en el área catalanorrosellonesa, que los expertos identifican en el círculo de Ramón de Bianya. Resulta difícil separar las distintas fases escultóricas posteriores, pero es evidente que durante mucho tiempo la cantería decorativa de la catedral estaría influenciada por este estilo. Capiteles historiados con una ordenación lineal de figuras muy esbeltas caracterizan su producción. Temas relacionados con la historia de David o la representación de una "Maiestas" con los símbolos de los evangelistas y claras alusiones apocalípticas nos confirman la utilización de una iconografía marcada con un cierto sentido arcaizante que coincide con su conservadurismo plástico.

La mayor originalidad de este edificio reside en la busqueda de un desbordante efectismo plástico de los elementos de soporte, ya sea su función tectónica real o falsa. Para desarrollar la plasticidad muraria emplea el orden columnario como principal recurso. Las columnas son utilizadas abundantemente no sólo para los pilares, sino como marco de ventanas y puertas.

La historiografía tradicional, fascinada como es natural por la complejidad de los pilares, indicó siempre que se trataba de unos soportes que requerían la complejidad de columnillas en

introducción, era ésta una solución que permitía disponer un número elevado de santuarios para altares en los que celebrasen los canónigos, sin tener que utilizar el mismo ara en la misma jornada.

Pero si desde el punto de vista funcional su tipología resulta unitaria, su léxico constructivo y ornamental se muestra absolutamente dispar. Mientras que toda la estructura de soporte, muros y pilares responde al más genuino estilo románico, los abovedamientos son góticos a excepción del hemiciclo del ábside. Incluso la obra románica presenta tales variantes que sólo la actividad de talleres diferentes las justificarían.

De los ábsides sólo conservamos el central y el primero septentrional. Vanos y bóvedas mantienen, pese haber sido realizados en pleno siglo XIII, su perfil indiscutiblemente romá-

función de las ojivas a las que iban a servir de apeo. Sin embargo, ésta no es la razón, el constructor ilerdense no tenía previsto unas bóvedas góticas. Fijándonos en un pilar, nos daremos cuenta que las dieciséis columnas que lo forman, si tenemos en cuenta que en cada frente son parejas — en total ocho—, las restantes —otras ocho— corresponden a los codillos que apean las dobladuras de los arcos, característicos del pilar románico desde el origen mismo del estilo. Es decir, lo que se ha hecho aquí es aplicar un sentido estético manierista al pilar tradicional, se han suavizado las esquinas de los codillos con las curvas de los fustes.

Este manierismo al que acabamos de aludir es el mismo que percibimos en la concepción

Catedral de Lérida. Cimborrio.

Catedral de Lérida.
Capiteles del interior
de la iglesia.

de la mayoría de las puertas (tan sólo las de la fachada septentrional se escapan a este efecto).

En el extremo del brazo meridional del crucero se abre la llamada puerta de la *Anunciata*, así denominada por la advocación a la Anunciación, siguiendo una costumbre bien conocida en numerosas catedrales y colegiatas hispanas que dedican una de sus puertas laterales a la Virgen. La riqueza escultórica se ve en la belleza de la cornisa, en el hermoso crismón y, sobre todo, en el tratamiento dado a las arquivoltas. La zona de los capiteles aparece corrida en una franja que, pese a dar la sensación de unitaria, marca las cestas individualizadas tanto de columnas como de jambas. Esta idea de transformar las aristas en formas similares a columnas es la misma que condicionó la

131

Catedral de Lérida. Portada
de la «Anunciata».

estructura de los pilares convirtiendo los codillos en columnas. Capiteles y arquivoltas se
cubren de una enmarañada fantasía de entrelazos que aprisionan animales y personas.

Poco después, un nuevo taller construye la
célebre puerta "dels Fillols". El esquema de la
puerta anterior se respeta, con sus columnas y
esquinas "acolumnadas", sus capiteles-friso,
incluso en muchos detalles continúa el mismo
enmarañamiento. La novedad reside en la presencia de elementos geométricos que estructu-
ran la ornamentación en campos organizados
muy nítidamente; se diría que la confusa maraña ha sido racionalizada en zonas definida-
mente delimitadas. El virtuosismo técnico del
artista le permite representar, en medio del
follaje, la conocida escena oriental de la lucha
del jinete con el león. Pese al material, piedra,
alcanza la finura y delicadeza del acabado de
las miniaturas.

Catedral de Lérida. Portada
de la «Anunciata»,
capiteles.

Catedral de Lérida. Portada
de la «Anunciata», detalle.

133

Catedral de Lérida. Portada
«dels Fillols». Detalles.

Santa María de Agramunt (Lérida). Detalle de la portada occidental.

Santa María de Agramunt (Lérida). Fachada occidental.

SANTA MARÍA DE AGRAMUNT

La puerta "dels Fillols" dejó su impronta en la misma catedral cuando hubo que realizar las puertas de la fachada occidental, pero también se aprecia claramente su huella en multitud de portadas más o menos monumentales de su entorno geográfico; su influencia llegará hasta la misma ciudad de Valencia.

En Santa María de Agramunt existe un mágnifico ejemplar algo más aparatoso y complejo. Se ha buscado el efecto ornamental exagerando los elementos básicos del modelo: los tres pares de columnas de la catedral se han convertido ahora en ocho; las menudas columnillas de los codillos reciben ahora el mismo tratamiento en tamaño que las columnas, con lo que la sensación de la mutiplicación de elementos es todavía mucho más amplia.

Pienso que nos encontramos aquí con unos artesanos que han perdido la idea elegante de equilibrio y mesura que existe en "Fillols"; consideran que cuantos más elementos más bello; el resultado es este producto desmesuradamente desbordante de ornamentación. La idea original se ha convertido en algo popular. Sabemos que en 1283 se le añadieron los grupos escultóricos de la Epifanía y la Anunciación, lo que nos sirve como referencia *ante quam*.

135

ARAGÓN

En tierras aragonesas se producirá una pronta adopción del primer románico. Conocemos pocos edificios de este tipo en un primer momento, pero los existentes son de un gran interés. Las carencias monumentales de un supuesto estilo puro se compensan con una larguísima nómina de edificios realizados con unas soluciones híbridas, recursos constructivos tradicionales mezclados con elementos concretos del léxico formal de la arquitectura del primer románico. Responden a estas características las conocidas iglesias del Gállego, de arquitectura popular, con tipologías inerciales que las condiciones del territorio, valles de montaña, favorecerán su enquistamiento

Será en el condado de Ribagorza donde, en torno al milenio, se empiece a construir un templo, como la iglesia de Santa María de Obarra, con una planta y unos muros similares a los que se estaban edificando en las tierras de los condados catalanes. Maestros venidos de estas tierras contribuyeron a su enseñanza y difusión. Así, durante el primer tercio del siglo XI, surgen las parroquiales de Calvera y Güel, que, como la anterior, se encuentran junto al río Isábena. La catedral de Roda, aunque conoció diversas fábricas anteriores, verá, ya por la década de los sesenta, un templo cuya arquitectura tiene los manierismos propios de un primer románico inercial. En Ribagorza septentrional se levanta la iglesia monástica de los Santos Justo y Pastor de Urmella, irregular edificio basilical conservado en parte.

Seguramente la anexión de Ribagorza a la corona navarra favoreció la extensión del nuevo estilo hacia tierras más alejadas, tal como denuncian obras como la iglesia de San Caprasio de Santa Cruz de la Serós y el castillo de Loarre. En esta fortaleza todavía podemos contemplar importantes vestigios de las obras que se llevaron a cabo entre 1020 y 1030, destacando, por la armonía de su paramento —de sillarejo en hiladas regulares con grueso tendel de argamasa y arena— y el curioso friso de ventanas geminadas de la conocida Torre de la Reina.

Durante el reinado de Sancho Ramírez (1063-1094) se consolidará en torno a Jaca, capital del reino, sede episcopal y verdadero núcleo estratégico en las relaciones comerciales con la geografía ultrapirenaica, el arte románico pleno. En el comienzo del último tercio del XI se trabaja en Jaca definiendo un determinado tipo de edificio con una riquísima decoración escultórica monumental. Los escultores participan de un estilo inspirado en formas romanas que han aprendido al reproducir modelos de los sarcófagos paleocristianos, muestran estrechas afinidades con otros talleres que por los mismos años trabajan en las principales canterías del reino castellano-leonés y en el sur de Francia. La cronología cierta de la iglesia de Iguácel, en la década de los años setenta, y de la iglesia de Loarre, que tendría que estar prácticamente construida en el último decenio de la centuria, confirman plenamente la asimilación total del estilo por estos años.

Santa María de Obarra (Huesca). Puerta meridional.

La conquista de Huesca en 1096 supuso el desplazamiento de los principales centros creadores del reino a la nueva capital, donde se iban a establecer la corte y la sede episcopal. Estas circunstancias fueron sumergiendo las obras jaquesas en un segundo plano, aunque todavía en 1100 trabaja allí un taller con buenos recursos, tal como se puede apreciar en el capitel con un ciclo de imágenes dedicado a san Lorenzo.

Durante el segundo cuarto del siglo XII son centros oscenses los que presentan las obras más depuradas. En San Pedro el Viejo tenemos un par de tímpanos de una cuidada escultura. El más antiguo corresponderá al de un crismón transportado por ángeles, para el que se han señalado modelos paleocristianos (en 1147 Ramiro II era enterrado en un sarcófago de este estilo).

Hacia mediados de la centuria aparece en Aragón un artista que nos deja la huella de su gran quehacer en las iglesias de Uncastillo. En sus esculturas abundan los temas de carácter profano, de actitudes movidas y desenfadas ejecutadas con gran corrección y hábilmente compuestas. Ecos o analogías de su arte, tal vez no

sean más que coincidencias estilístico-iconográficas de época, se aprecian en algunos capiteles de San Martín de Unx (Navarra) o en la iglesia francesa de Oloron-Sainte-Marie.

La escultura aragonesa de la segunda mitad del siglo XII estará marcada por las obras de una corriente estilística que se ha personalizado bajo el nombre del "maestro de San Juan de la Peña". Es imposible que todas las obras que se relacionan con esta forma de hacer puedan corresponder a un solo artista; todo parece indicar que se trata de una tendencia que, originada en las expresionistas imágenes del claustro de San Juan de la Peña, se irá extendiendo no sólo por la geografía de Aragón, sino por tierras navarras y castellanas. No perderá algunos de sus rasgos distintivos, como sus enormes ojos y el rotundo perfil de sus personajes, pero sí verá estilizarse sus formas y mejorar la composición de las escenas y las actitudes de los personajes.

La conquista de Zaragoza en 1118 supuso una considerable ampliación de la geografía del reino; sin embargo, las obras importantes no se realizarían hasta el tardorrománico. La construcción de la catedral zaragozana se iniciará a partir de 1188, año en el que se recogen donativos para

San Pedro el Viejo, Huesca. Tímpano.

San Juan de la Peña.
Capitel del claustro.

su obra. El templo se comenzó en piedra y se terminaría en ladrillo. Los edificios de los cistercienses contribuyeron a la creación de grandes fábricas como en tantos otros monasterios peninsulares durante la segunda mitad de siglo. En Veruela, en las faldas del Moncayo, tuvo lugar una fundación en 1146. Su iglesia, proyectada siguiendo el modelo que hemos visto en Poblet o que más adelante estudiaremos en Moreruela, debió de comenzarse en 1171.

La renovación pictórica coincidirá con las obras del estilo jaqués. Dedicaremos un apartado al conjunto de Bagüés que en los años finales del siglo XI presenta un programa iconográfico completo decorando la iglesia según los usos del románico pleno.

Las tendencias pictóricas catalanas llegan a tierras aragonesas con significativas creaciones. A principios del siglo XII, en una capilla de la catedral de Roda de Isábena, podemos ver un apostólado que está próximo al arte del círculo del maestro de Pedret. Las rudezas del artista del *Juicio Final* de Tahull se hacen patentes en los dos santos que conservamos del templo de Susín. El final de la pintura románica en Aragón corresponde a una obra maestra de lo

Santa María de Uncastillo (Zaragoza). Detalle de la puerta meridional.

que se ha llamado el "estilo 1200", la decoración de la sala capitular del monasterio de Sigena.

El número de obras ilustradas procedentes de talleres aragoneses que hemos conservado es muy limitado. En San Juan de la Peña, en Huesca, Jaca y Roda de Isábena debieron existir escritorios. Obra notable es la *Biblia de San Juan de la Peña,* en la Biblioteca Nacional de Madrid. Compuesta en escritura visigótica, tiene iniciales decoradas. Dentro de la corriente 1200, con abundantes letras historiadas, es una Biblia del Museo Diocesano de Lérida, que procede de Calatayud.

La "Cubierta del Evangeliario de la reina Felicia", en el Museo Metropolitano de Nueva York, es la obra de orfebrería más importante que conservamos del Aragón románico. Realizada en una plancha de madera con cubierta de láminas de plata con decoración de filigrana y cabujones de piedra y un esmalte. En el centro, un pequeño Crucificado entre la Virgen y San Juan. En un letrero se escribe: FELICIA REGINA. Al identificarla con la esposa de Sancho Ramírez, que muere en 1086, este año puede utilizarse como referencia. Los especialistas no han podido fijar analogías con el arte eborario coetáneo; se considera obra de un taller local.

ESTUDIOS SOBRE EL ROMÁNICO ARAGONÉS

Muchos de los edificios aragoneses ocuparán un puesto principal en la historiografía sobre el románico hispano; en este sentido todas las obras recogidas en el apartado general interesan para el conocimiento de las creaciones principales. Resulta imposible recoger en este breve apartado la multitud de artículos que se han dedicado más o menos monográficamente al románico aragonés; sin embargo, merecen ser citados algunos nombres de sus autores: Arco, Gaillard, Ubieto, Lacarra, Torres Balbás, Íñiguez, Crozet, Pächt, Simon, Moralejo, Caamaño, Gardelles, Egry, etc.

La primera síntesis amplia corresponde a Ricardo del ARCO, *El arte románico en la región pirenaica, especialmente en Aragón,* Zaragoza, 1932. De poco más de veinte años más tarde es la tesis doctoral de Francisco ABBAD RÍOS, *El románico en Cinco Villas,* Zaragoza, 1954; breve estudio de los edificios de la comarca. El libro gene-ral más completo corresponderá a Ángel CANELLAS LÓPEZ y Ángel SAN VICENTE, *Aragon roman,* La Pierre-qui-vire, 1971 (existe trad. castellana). Una visión de conjunto de los edificios del Gállego nos la ofreció Antonio DURÁN GUDIOL, *Arte altoaragonés de los siglos X y XI,* Sabiñánigo, 1973. Estos mismos templos serán estudiados en el contexto de la arquitectura del primer románico por Juan Francisco ESTEBAN LORENTE, Fernando GALTIER MARTÍ y Manuel GARCÍA GUATAS, *El nacimiento del arte románico en Aragón. Arquitectura,* Zaragoza, 1982.

Para la pintura resulta todavía muy útil el estudio general sobre el medievo aragonés, José GUDIOL, *Pintura medieval en Aragón,* Zaragoza, 1971. Para el conjunto de Sijena, con un magnífico repertorio fotográfico, véase Walter OAKESHOTT, *Romanesque paintings in Spain and the Winchester Bible artists,* Londres, 1972. Un completísimo estudio monográfico de todas las pinturas románicas ha sido realizado por Gonzalo BORRÁS GUALIS y Manuel GARCÍA GUATAS, *La pintura románica en Aragón,* Zaragoza, 1978.

Catedral de Jaca. Detalle de la cornisa.

San Juan Bautista de Busa
(Huesca). Detalle de la
cabecera.

SAN JUAN BAUTISTA DE BUSA

Este pequeño templo fue antigua iglesia parroquial del desaparecido pueblo de Busa. Hoy pervive convertido en ermita, polo de atracción como centro de peregrinación de los vecinos de Casbas, Lárrede, Oliván y Susin, hasta principios de este siglo.

Se atribuye su construcción al noble Ramón Guillén y su esposa Sicardis entre los años de 1060 y 1070. Aunque este caballero fue nombrado tenente del castillo de Castro, no se olvidó de su fundación. En su testamento, otorgado en 1094, encargaba a Berenguer Gombal que dispusiese de los medios necesarios para que cada año ardiera en San Juan de Busa una lamparilla de aceite durante el Adviento y la Cuaresma.

Modesto edificio de una nave y un ábside semicircular, proyectado para ser cubierto con una bóveda de cañón, terminó con una simple armadura de madera.

En estas dos imágenes que recogemos aquí podemos apreciar los aspectos arquitectónicos más importantes de este monumento. La articulación del paramento del ábside y el característico cajeado de los vanos de la nave. Estas soluciones murarias corresponden a una arquitectura popular pirenaica, que sintetiza formas del primer románico con aspectos muy tradicionales que los maestros locales han conservado en su práctica continuada transmitida de generación tras generación.

Las claras tonalidades de la caliza del país adquieren formas volumétricas gracias a las líneas negras que enmarcan el resalte de los recursos de articulación.

San Pedro de Lárrede (Huesca).
Detalle de la cabecera.

SAN PEDRO DE LÁRREDE

Se trata de uno de los edificios de técnica más depurada de toda esta serie de iglesias del Gállego. Del lugar de Lárrede conocemos su existencia en un documento del año 920, aunque de su historia poco sabremos hasta fines del siglo XI, cuando, sin duda, nuestro templo ya estaba realizado. Su población pertenecía al monasterio de San Jenaro de Gállego.

Novedad con respecto a la iglesia de Busa es la forma cruciforme, dos pequeñas estancias a manera de transepto y la esbelta torre que contemplamos. Aunque sus muros aparecen continuos y rotundos, tan sólo abiertos en las ventanas tripartitas de la parte superior, la calidad de su labra y la regularidad de sus pequeños sillares le confieren un aspecto ligero y esbelto.

Su construcción debe corresponder a mediados de la oncena centuria.

SAN MARTÍN DE OLIVÁN

La iglesia ha sufrido modificaciones que disfrazaron en parte su forma original; sin embargo, todavía podemos contemplar algunos de los elementos más definitorios de este tipo de construcciones. El ábside con sus arcadas, lesenas y friso de baquetones, el gran volumen de la nave con su cubierta a dos aguas, y la torre en un lateral.

El pueblo de Oliván aparece citado en el siglo XI perteneciendo al *senior* Ato Sánchez entre 1035 y 1061. Esta referencia cronológica podría servir para la construcción del templo que ha llegado hasta nosotros.

San Martín de Oliván (Huesca).
Aspecto oriental.

SANTA MARÍA DE OBARRA

La iglesia es el vestigio más antiguo conservado del antiguo centro monástico del condado de Ribagorza. Finalizando el siglo IX, se instaló en el territorio una familia condal independiente, originaria de Bigorra. Poco a poco se fue consolidando en este lugar, donde antes había existido una fundación de época visigoda, un monasterio que compartió con la sede de Roda de Isábena —instaurada en el año 956— el gobierno espiritual del condado. La dinastía condal se extinguió en 1017, ocupando el territorio Sancho el Mayor, rey de Pamplona, que alegaba los derechos hereditarios de su mujer, última nieta del conde Ramón II de Ribagorza.

Los investigadores que se han ocupado del estudio del monasterio de Obarra consideran que la situación económica del mismo durante los años finales de la décima centuria podrían indicar la referencia cronológica aconsejable para fijar el inicio de la iglesia. Su construcción se prolongaría a lo largo del primer tercio de la centuria siguiente, coincidiendo con el abadiato de Galindo, que debió morir entre 1025 y 1035. Por estos años el monasterio, al igual que toda Ribagorza, conoció una larga crisis. Como detonante final de este período crítico, el monarca Sancho Ramírez redujo el cenobio a la categoría de priorato dependiente de San Victorián de Sobrarbe.

El bloque de la iglesia se extiende en un volumen compacto y prolongado, marcado por su achaparrada horizontalidad. Aunque reune en sus muros todos los recursos conocidos de la arquitectura del primer románico, su ubicación al pie de los rocosos montículos de su entorno no evitan la grávida pesadez de su "desparramada" masa. Posiblemente debamos atribuir esta defectuosa concepción del conjunto a su precocidad; nos encontramos con una de las primeras empresas de la arquitectura románica en la Península. Como toda obra fruto de un proceso en estado experimental, muestra irregularidades y falta de articulación en algunos de los elementos teóricos del estilo. Por otro lado, el corto período económico que favoreció su construcción no fue suficiente para que se concluyese uniformemente el proyecto original.

La iglesia abacial se materializó con piedra caliza, en sillarejo con tendencia a la regularidad de hiladas y tamaños. Para los abovedamientos se emplearon, buscando un aligeramiento del peso, lajas. El empleo de un mortero de cal y arena rojiza le da una agradable nota cromática que en su estado original, cuando los paramentos estuviesen enlucidos, no sería perceptible.

La planta del templo acusa un irregular replanteo del edificio sobre el terreno. Tres ábsides semicirculares, sin tramo recto, prolongados en otras tantas naves de siete tramos. Menos siete tramos —cuatro de la nave central y tres de la septentrional—, los restantes se cubren con bóvedas de aristas. Para su apeo se disponen pilares cruciformes con su correspondiente responsión en los muros perimetrales. Tanto la línea de los pilares como la de los muros acusan diferentes cambios de dirección, a la vez que se produce un sensible estrechamiento del espacio desde el Este al Oeste. De esta manera los tramos presentan formas desiguales y de una gran irregularidad.

Al exterior podemos ver como la nave se acusa ligeramente sobre las colaterales. Para dinamizar los paramentos se recurre a las lesenas, los arquillos y las saeteras de doble derrame. En el ábside central los arquillos se han convertido en los conocidos nichos que, dada su profundidad, producen un más acusado efectismo claroscurista.

Una puerta lateral presenta una pareja de capiteles sobre cuyas cestas se han labrado vegetales y lacerías esquematizados, que nos recuerdan las formas que veremos en la cabecera de la iglesia navarra de San Salvador de Leyre. Deben de ser estos capiteles una obra que corresponde ya a la época en que Ribagorza fue anexionada al reino de Pamplona.

Aludiendo a lo que ya hemos dicho en la introducción, tenemos en esta iglesia de Obarra una construcción, a veces inorgánica, en otras partes imprecisa, pero que, sin ningún género de dudas, corresponde a una experimentación constructiva propia de una obra pionera del estilo.

Santa María de Obarra (Huesca). Aspecto de la cabecera.

CATEDRAL DE SAN VICENTE DE RODA DE ISÁBENA

Las experiencias de Obarra fructificarán en su entorno geográfico con una progresiva difusión del primer románico, cada vez más preciso y mejor definido. La sede episcopal de Roda emprenderá la construcción de una nueva catedral adaptada a la modernidad del estilo en boga.

De la iglesia catedral que el año 956 consagró el obispo Odesindo nada conservamos. No debía de ser una construcción importante cuando fue asolada por la razzia de Abd al Malik, hijo de Almanzor, en 1006. Recuperado el lugar en 1010, se procedió entonces a construir un edificio ya románico. Un 15 de febrero de un año próximo al 1030, el obispo Arnulfo consagró una iglesia que debía tener concluida parte de la cabecera. Siguiendo el modelo de Obarra tenía por cabecera tres ábsides semi-

circulares. Habrá que esperar treinta años más para que el obispo Salomón se decida a emprender la construcción definitiva de la cabecera del templo. Durante la prelatura de San Ramón (1104-1126) se levantarían los tres tramos de las naves con pilares cruciformes y bóvedas de arista en las colaterales, mientras que la central sólo se cubriría con una armadura de madera.

En la fotografía podemos contemplar los dos esbeltos ábsides —el tercero, el septentrional, ha sido modificado—; pertenecen ya a una arquitectura de proporciones más equilibradas que lo que hemos visto en Obarra, han transcurrido más de setenta años y lo experimental se ha convertido en una fórmula madura, perfectamente codificada. La acusada elevación se debe a la necesidad de crear una plataforma que permita salvar el desnivel del terreno; para ello se adecuó una cripta que terminó convirtiéndose en el espacio funerario que alberga el sepulcro de San Ramón.

IGLESIA DE SAN CAPRASIO DE SANTA CRUZ DE LA SERÓS

Este pequeño edificio ha sido muy restaurado, muy especialmente en sus muros laterales; sin embargo, lo conservado permitía reconstruir lo perdido sin grandes dificultades.

El templo fue la parroquial del lugar de Santa Cruz hasta el año 1555. Las iglesias de Santa Cruz y de San Cipriano correspondían a dos lugares muy próximos dentro del dominio real; de esta manera aparecen por primera vez referidas en documentos de 1061 y 1064. Veinte años después, parece que los dos lugares se han fundido y el templo de San Cipriano ha cambiado de advocación. Un documento real de 1089 contiene la donación que Sancho Ramírez hizo de la iglesia de San Caprasio en el lugar de

Santa Cruz ("*Sancti Caprasii, in loco Sancte Crucis*") al monasterio de San Juan de la Peña.

La iglesia consta de un ábside semicircular y una sola nave dividida en dos tramos cubiertos con bóvedas de arista. Entre el hemiciclo y los tramos hay un pequeño espacio cubierto con una bóveda de cañón; seguramente sirve de refuerzo a la torre cuadrangular que se levanta sobre él.

Lesenas, arquillos y saeteras con doble derrame constituyen un léxico ornamental que unido al sillarejo de sus muros denuncian una obra de la primera mitad del siglo XI. El campanario cuadrado que posee una ventana geminada en cada frente responde a una remodelación de finales de la oncena centuria, pero, seguramente, la existencia de una torre de este tipo ya estaba prevista desde el primer momento del proyecto, como parece deducirse del pequeño tramo abovedado con cañón.

San Caprasio (Huesca). Fachada meridional.

Santa María de Iguácel
(Huesca).

SANTA MARÍA DE IGUÁCEL

Se encuentra en el valle de Garcipollera, el antiguo "Vallis Cepollaria" perteneciente a la vieja familia condal de Aragón. Miembro de este linaje fue Sancho Galíndez, ayo del monarca Sancho Ramírez, quien en su testamento (1080) afirma haber recibido de sus padres la iglesia de Santa María de Iguácel. El templo heredado pudo haber sido obra de su padre el conde Galindo, pero una inscripción conservada en su fachada occidental nos informa que Sancho Galíndez con su esposa Urraca procedieron a una remodelación total:

HEC EST PORTA DOMINI UNDE INGREDIUNTUR FIDELES IN DOMUM DOMINI QUE EST EGLESIA IN HONORE SANCTE MARIE FUNDATA IUSSU SANZIONI COMITIS EST FABRICATA UNA CUM SUA CONIUGE NOMINE URRACA IN ERA T CENTESIMA Xª EST EXPLICITA

REGNANTE REGE SANCIO RADIMIRIZ IN ARAGONE QUI POSUIT PRO SUA ANIMA IN HONORE SANCTE MARIE VILLARROSA NOMINE UT DET DOMINUS REQUIEM EUM AMEN.

Esta inscripción se continúa en otro fragmento así:

SCRITOR HARUM LITTERARUM NOMINE AZENAR MAGISTER HARUM PICTURARUM NOMINE GALINDO GARCES.

Su traducción es la siguiente:

"Ésta es la puerta del Señor, por donde los fieles entran en la casa de Dios, que es una iglesia fundada en honor de Santa María. Fue construida por mandato del conde Sancho y de su esposa llamada Urraca. Se concluyó su construcción en la era 1110 (año 1072), reinando en Aragón el rey Sancho Ramírez, que erigió por la salvaciónde su alma y en honor de la Virgen Santa María una villa denominada Rosa, a fin de que el Señor le conceda el descanso. Amen."

148

En el otro fragmento se dice:

"El escritor de estas letras se llama maestro Aznar. El autor de las pinturas, Galindo Garcés."

Se ha dudado sobre si el templo que contemplamos en la actualidad corresponde a la fecha de 1072 que aquí se explicita. Ni el análisis epigráfico ni las formas desmienten el contenido del letrero.

Se trata de un edificio de un ábside semicircular con una nave rectangular. En principio parecería que seguimos con los viejos tipos templarios del primer románico, pero se ha producido un cambio muy importante, se ha introducido la escultura monumental como complemento ornamental. Cornisas con canecillos y columnas enmarcando los vanos. En los capiteles encontramos todo un repertorio bien conocido en la cantería que se está levantando en la cercana catedral de Jaca: remedando las formas de los corintios, con palmetas, hojas lobuladas y piñas, leones, águilas, Daniel entre los leones, la imagen del usurero, etc. La organización de la cornisa también recuerda la jaquesa en los canecillos con figuras humanas, un lobo o entrelazos, y en las mismas rosetas de las cobijas.

De los personajes que figuran en la inscripción como autores materiales, debemos prestar una especial atención a Galindo Garcés, que se dice "autor de estas pinturas". Gómez Moreno, utilizando el término *Picturae* como aparece en los viejos textos latinos, es decir, figuras, considera a este hombre el autor de las esculturas. Es muy difícil poder asegurar que tiene razón; sin embargo, entra dentro de lo posible.

La importancia de esta modesta iglesia se centra en su papel ilustrador de cómo se produjo la transformación de la arquitectura del primer románico a las formas del románico pleno. Por otro lado, dado el carácter de copia popularizada de los motivos escultóricos de la catedral jaquesa, su fecha de 1072 nos informa de una precisa referencia para la cronología del proceso constructivo de la catedral, que tantas discusiones suscita entre los especialistas.

Santa María de Iguácel (Huesca). Detalle de la fachada occidental.

CATEDRAL DE JACA

Estudiosos americanos, franceses e hispanos hacen y rehacen la historia de la obra de esta pequeña catedral, verdadera piedra angular de uno de los momentos más significativos del románico pleno a uno y otro lado de los Pirineos. Los datos históricos son aceptados o rechazados no en función de la realidad material del edificio o de la documentación, sino a conveniencia de los prejuicios previos que informan el proceso de construcción de otros monumentos.

Se ha demostrado que los documentos que fijaban la construcción de una parte importante de esta catedral en 1063 son falsos; sin embargo, la razón de su falsificación no estaba relacionada con la historia misma del edificio, con lo que no se puede deducir que entonces no debía existir la catedral o alguna parte de la misma. Incluso se podría pensar que, como es lógico, para poder hacer más creíble la falsificación se utilizasen datos ciertos. No obstante, para tener una mayor consistencia en la argumentación histórica del edificio, es mejor prescindir totalmente de estos datos y sólo acudir a aquellos razonamientos que puedan aportar algo de luz. Desde luego, la indiscutible obra llevada a cabo en Iguácel por el conde Sancho Galíndez en 1072 sobre un templo heredado de su padre es un testimonio irrecusable de cómo en la década de los años setenta había ya un reflejo del arte de la catedral jaquesa en obras menores; seguramente se trataría sólo de la primera fase de la cabecera del templo jacetano.

Además de esta evidencia de su inmediatez geográfica, que se acusa en los detalles del léxico decorativo monumental, hay otros testimonios tan manifiestos que confirman la estructura

Catedral de Jaca (Huesca).
Detalle de la cornisa
del ábside.

Catedral de Jaca (Huesca).

Catedral de Jaca (Huesca). Capitel de la portada meridional.

planimétrica por los años que van desde este decenio al siguiente. Me refiero a la iglesia monástica que el abad Fortunio erigió en Santo Domingo de Silos —consagrada en 1088— o la de San Pedro de Arlanza, cuya primera fase se inicia en 1080 con formas coincidentes en lo esencial con el templo de Jaca. Sin una rotundidad cronológica tan exacta, pero muy posiblemente con una datación similar, habría que incluir la primera fase arquitectónica de la iglesia palentina de San Martín de Frómista.

La ciudad de Jaca es una creación de Sancho Ramírez (1063-1094) para poder centralizar el comercio con el Norte a través de los pasos pire-

naicos. Se convirtió entonces en sede episcopal hasta que se conquiste Huesca. La privilegiada situación económica del lugar y el apoyo regio propiciarían una importante actividad constructiva durante el último tercio del siglo; de esta manera las obras de la catedral avanzarían rápidamente. Sin embargo, como ha escrito el profesor Ubieto, un hecho capital debió producir un progresivo letargo del empeño edificatorio: "El año 1096 debió sorprender a los constructores de la catedral jacetana en pleno trabajo, que posiblemente se suspendería para trasladar los obreros a la mezquita mayor de Huesca, que había que adaptar al culto cristiano... Los obispos habían trasladado su residencia a Huesca, quedando Jaca y su catedral relegada a segundo lugar."

Que la conquista de Huesca supuso un parón decisivo en la marcha de las obras, lo demuestra que sus naves nunca fueron abovedadas, permaneciendo hasta la Edad Moderna cubiertas con una armadura de madera.

El edificio que se proyectó fue de planta basilical, con tres ábsides semicirculares; el central ha sido sustituido por un presbiterio moderno mucho más largo, un crucero marcado por una mayor profundidad del tramo, aunque no se acusa sobre las colaterales. Las naves se separaban por un intercolumnio formado por pilares y grandes columnas alternadas. A los pies se disponía un pórtico de dos tramos sobre el que cargaba una torre siguiendo modelos bien conocidos en la arquitectura inercial poscarolingia. En el tramo central del crucero se construyó un cimborrio octogonal sobre trompas, cubierto con un casquete esférico sobre cuatro arcos cruceros con clave central. El precedente de esta solución es bien conocido de la arquitectura hispana, al menos desde la décima centuria.

En el ábside meridional podemos ver perfectamente codificadas las formas que definirán el románico pleno: Alero soportado por canecillos y columnas que arrancan del zócalo. La ventana se enmarca por una arquivolta apeada en una pareja de columnas, y se trasdosa con una chambrana de tacos. La máxima variedad decorativa se desarrolla en los capiteles y en el alero, donde se esculpe toda una teoría de imágenes en los canecillos, las metopas e incluso en los sofitos de las cobijas. Las metopas, además de representaciones de florones como en las cobijas, efigian leones en diversas posturas, una especie de camello, un águila y tres jóvenes desnudos o con sólo una clámide, teniendo culebras. Todas estas figuras son de una gran viveza y desenfado. En los canecillos se esculpen cabezas o protomos de animales, incluso de cuerpo entero.

La puerta meridonal presenta un tímpano recompuesto de diversas piezas, entre las que merecen especial mención dos pequeños arcos trasdosados de tacos en los que se esculpen un león y un toro alados con un libro entre sus patas, parte de un tetramorfos.

Los capiteles de esta portada son historiados, realizándose las figuras sobre el esquema clásico del capitel corintio. Uno representa el

Catedral de Jaca (Huesca). Capitel de la portada meridional

Catedral de Jaca (Huesca). Capitel del pórtico meridional.

sacrificio de Isaac y el otro a Balaam en la burra detenido por el ángel. El taller que ha esculpido estos capiteles y otras muchas esculturas en distintas partes de la catedral muestra en el tratamiento de sus composiciones y en la definición de sus cuerpos una clara dependencia de modelos antiguos, tal como se ha señalado para ciertos capiteles de Frómista que deben corresponder a un mismo concepto plástico, si no es que son obra del mismo taller como han indicado algunos especialistas; véase al respecto la opinión de Moralejo en el apartado que dedicamos a la iglesia palentina.

Las figuras de Abraham e Isaac han sido concebidas como dos jóvenes atletas, totalmente desnudo el segundo, sólo cubierto en parte por una capa el primero. El escultor se ha detenido en modelar la anatomía de los cuerpos y en transmitirnos la instantánea del movimiento. Abraham dobla su cuerpo hacia atrás para asestar el golpe de su espada y en ese momento un ángel la agarra deteniéndole. Ha sabido adaptar sus figuras tan bien al marco arquitectónico de la cesta, que no tiene por qué falsear ni sus cuerpos ni las acciones que ejecutan. Una verdadera obra maestra del taller y seguramente de toda una corriente escultórica inspirada en las formas tardorromanas que caracteriza la actividad de varios talleres que trabajan en Toulouse, Jaca y Frómista durante el último tercio del siglo XI.

Sobre esta portada meridional se construyó modernamente un porche columnado en el que se reeemplearon siete capiteles románicos. Corresponden a distintas partes del templo y son obra de maestros diferentes. Como muestra recogemos aquí dos de los más significativos: el que representa a David y sus músicos, y el del ciclo de la vida de San Lorenzo.

David en su trono, tocando el violín y presidiendo un concierto de once músicos, provistos de lira, órgano, salterio, gaita, caramillo, zanfoña, doble flauta, cuerno, etc. Es obra del mismo escultor que el de Isaac; se aprecia su capacidad compositiva ordenando tantas figuras en espacio tan reducido y pretendiendo individualizarlas en actitudes e instrumentos; sin embargo, no ha alcanzado la misma perfección en la definición de las formas.

El capitel de la vida de Lorenzo corresponde a un arte distinto, sus figuras son más redondeadas y voluminosas. Esta manera de labrar la piedra se aprecia en obras no sólo de la catedral sino del inmediato entorno jaqués, que se podrían datar en los años finales del XI. Es el ciclo iconográfico de San Lorenzo más antiguo conservado en la Península. Las escenas representadas son cuatro: Sixto adoctrinando a su diácono, predicación de Lorenzo, prendimiento y presentación a Decio, y su flagelación. Reproducimos aquí las escenas segunda y tercera. Tanto la iconografía como el estilo nos remiten a modelos italianos.

En el pórtico occidental nos encontramos con una portada sorpredente tiene un tímpano que debe considerarse una de las primeras creaciones de este tipo, aunque algunos historiadores han retrasado su cronología en exceso sin razones en absoluto convincentes para ello.

Jesús Caamaño ha interpretado la rueda del tímpano como un monograma trinitario (circunferencia, radios y cubo). Los dos leones afrontados a ambos lados son una glosa plástica de la empresa redentora: el león de la izquierda tiene bajo sus patas un hombre postrado en tierra y acosado por una serpiente que agarra con las manos; el otro león extiende su dominio sobre el basilisco y el oso, símbolos de muerte; la inscripción es elocuente: el león fuerte con-

Catedral de Jaca (Huesca).
Tímpano.

Catedral de Jaca (Huesca).
Capitel de la portada
occidental.

culca el poder de la muerte (IMPERIUM MORTIS CONCULCANS EST LEO FORTIS). Así pues, el mensaje cristológico parece evidente: los leones, símbolos de Cristo resucitado y clemente. Concluye su interpretación diciendo que los hexámetros de la parte infeior del tímpano "que admonitoriamente, se dirigen al fiel que se aproxima al templo, le incitan a que, como mísero mortal, entre suplicante, rehúya los alimentos ponzoñosos y limpie de vicios su corazón, si no quiere morir de segunda muerte. Es la segunda muerte pecado representada en los animales sometidos al león". Para Moralejo, la rueda es una especie de "orbis"; los radios serían la cruz y las cuatro partes del mundo, rellenándose todo el esquema de rosáceas astrales. Los leones, en sentido cristológico como vencedor sobre la muerte y como misericordioso con el pecador el que perdona al hombre que se posterna ante él. En resume con palabras de este investigador el mensaje de la portada sería "Una vehemente exhortación a la Penitencia. Un sacramento, umbral de la Iglesia, en tanto que comunidad espiritual, no podría encontrar una expresión más adecuada que en la glosa simbólica de la puerta misma de la iglesia material".

Castillo de Loarre
(Huesca). Aspecto oriental.

CASTILLO DE LOARRE

Loarre constituirá una fortaleza estratégica en los sucesos militares que definen la historia de la región en el siglo XI. Conquistada por Sancho el Mayor en un momento no determinado, pero que tuvo que ser antes de 1033, en este año ya hay constancia de ello. Se piensa que desde 1064 debió pasar otra vez a manos musulmanas, hasta que en 1070 sería reconquistado por Sancho Ramírez.

Con Sancho Ramírez se llevarían a cabo las grandes obras de Loarre. Al año siguiente de su reconquista establecía una iglesia dedicada al Salvador y a San Pedro, que terminaría por convertirse en capilla real. En 1073 se estableció una comunidad de canónigos regulares de San Agustín. Desde esta fortaleza se dirigirán las operaciones de la conquista de Huesca. Con la muerte de Sancho Ramírez en 1094 y la inmediata conquista de Huesca se iniciará un rápido proceso de decadencia, que se confirmará con la concesión de todas las posesiones de Loarre a la nueva comunidad monástica de Montearagón.

De la época de la conquista de Sancho el Mayor se conservan las torres conocidas como del Homenaje y de la Reina y varios lienzos de muralla que las comunican. Han sido realizadas con sillarejo de hiladas uniformes asentadas con abundante argamasa.

Del período de esplendor que gozó bajo el reinado de Sancho Ramírez conservamos la magnífica iglesia. Construida sobre un importante desnivel del terreno, fue necesario disponer de una cripta que facilitase su asentamiento. De esta manera nos encontramos con un conjunto dividido en dos pisos que alcanza una considerable altura. El piso inferior está ocupado por la cripta propiamente dicha, una estancia que pudiera estar destinada a cuerpo de guardia y una escalera abovedada, perpendicular al eje longitudinal.

La iglesia es un edificio de una sola nave de apenas tramo y medio, y un ábside semicircular. Se ha buscado una cuidada articulación de los muros con el empleo de ventanas y puertas según lo que hemos visto en Iguácel y Jaca. En el interior del ábside, bajo una fila de ventanas, se colocó un friso de arquillos que le confieren

una acusada plasticidad. Sobre el primer tramo de la nave se levantó un casquete esférico apoyado en dobles trompas. La pequeña nave adquiría así la monumentalidad que un templo de patrocinio regio debía tener.

Capiteles y canecillos corresponden al arte que, a partir de la catedral jacetana, se extiende por toda la geografía de su entorno. Capiteles de esquemas corintios con vegetales y pomas, o representaciones de hombres y animales.

La cronología de este edificio debe situarse para lo fundamental de su proyecto en el período cronológico que va desde la conquista de Sancho Ramírez hasta la muerte del monarca. La pérdida de independencia y apoyo regio, que se produce a partir de los años finales del siglo XI, parecen indicar que, desde entonces, las obras se limitarían todo lo más a concluir lo que ya estaba diseñado.

Castillo de Loarre (Huesca). Torre.

Castillo de Loarre. Exterior del ábside de la iglesia.

SANTA CRUZ DE LA SERÓS

Nos referíamos antes, al tratar de San Caprasio, sobre el origen en este lugar de Santa Cruz de dos iglesias. La importancia de la historia de este templo de Santa Cruz corre pareja a la de la infanta aragonesa Sancha Ramírez. Viuda del conde Armengol III de Urgell, muerto en territorio musulmán, se retiró a este monasterio hacia 1070. Sus relaciones familiares propiciaron la concesión de nume-

rosas ofrendas por parte de miembros de la casa real. En su testamento, datado en 1095, dejó todos sus bienes para la obra de la iglesia, donde sería enterrada en 1097. Cuando en el siglo XVII visitaba las ruinas de este monasterio un viajero portugués —la comunidad de monjas se había trasladado a Jaca— vio lo siguiente: "Una gran tumba, muy elaborada, de factura grosera, donde difícilmente sólo logro leer HIC REQUIESCIT SANCIA. Se me ha dicho que esta Sancha era condesa de Toulouse, hermana de D. Sancho de Aragón, que había fundado este monasterio en 1071." Parece que la tradición

Santa Cruz de la Serós
(Huesca). Tímpano.

conservada le atribuía la fundación de la iglesia porque seguramente su apoyo económico fue decisivo para la construcción de lo que sería con el tiempo la gran fábrica del monasterio románico.

El templo es un curioso edificio de forma cruciforme, al que se añadió más tarde una sala cupulada sobre el crucero y una enorme torre en un lateral. Algunos capiteles de la cabecera se pueden relacionar con el que hemos visto en la catedral de Jaca representando las escenas de San Lorenzo y cuyo autor también labraría el sarcófago de doña Sancha, lo que nos permite situar la cronología de las primeras fases en torno a 1100. Seguramente, cuando, en 1095, realiza la disposición testamentaria legando todos sus bienes para la obra, ésta debía encontrarse en plena actividad.

Podemos ver, en este aspecto oriental de la cabecera del templo, el ábside central, con dos absidiolas rectangulares que por su interior son en hemiciclo. Sobre el tramo anterior del ábside, en medio del crucero, una imponente mole, de aspecto macizo y pesado, prácticamente inarticulado, que contiene en su interior una cámara cupulada sobre nervios. Pegado a ésta, en el brazo meridional del crucero, una torre que se yergue poderosa sobre todos los volúmenes del conjunto. Su aspecto militar es evidente: parece que nos encontramos ante un airoso baluarte fortificado. Desconocemos qué puede significar este tipo de arquitectura, aunque, con toda seguridad, junto a una función utilitaria inmediata, debió interpretarse bajo la óptica del simbolismo cristiano. Siguiendo viejas tradiciones, podríamos tener en la cámara del crucero el santuario de San Miguel, príncipe de las milicias angélicas y bajo cuya protección se consagraban las torres y fortalezas de la cristiandad.

SARCÓFAGO DE DOÑA SANCHA

De forma rectangular ha sido decorado en sus cuatro frentes. En el centro de la cara principal se esculpió el transporte del alma de la infanta. A un lado, un obispo con dos acólitos parece oficiar en los funerales; al otro, tres personajes femeninos participando de los oficios. En la cara opuesta, bajo triple arcada, se representa un torneo de caballeros y Sansón desquijarando al león.

Se ha discutido la cronología de esta obra, variando las distintas propuestas más de cincuenta años. Unos consideran que debió hacerse en 1097, año de su muerte, mientras que no falta quien retrasa la obra a mediados del siglo XII. Hemos aludido antes a su relación con el capitel de San Lorenzo basta comparar las cabezas del grupo de eclesiásticos con los del capitel jaqués. Su realización no debió de retrasarse mucho después de la muerte de la infanta, todo lo más en los primeros años de la duodécima centuria.

161

Decoración pictórica de la iglesia de los santos San Julián y Basilisa de Bagüés (Jaca, Museo Diocesano de la catedral).

IGLESIA DE LOS SANTOS JULIÁN Y BASILISA DE BAGÜÉS

Las pinturas de esta iglesia zaragozana fueron arrancadas y depositadas en el Museo Diocesano de Jaca.

El conjunto pictórico corresponde a una iglesia de una nave y un ábside semicircular. La decoración con frescos cubría todos los muros, conservándose en bastante buen estado la mayor parte; tan sólo se ha perdido el muro occidental.

La decoración de las paredes laterales de la nave se compartimentaba en cuatro registros. La lectura del programa se iniciaba por el

162

registro superior del muro meridional, continuándose por el septentrional y pasando al segundo meridional, y así, en forma de espiral continua, hasta llegar al suelo. Los principales temas representados siguiendo el orden de lectura que acabamos de indicar sería según Gonzalo Borrás y Manuel García.

*Primer registro meridional y septentrional.—*Creación de Adán; Dios entrega el dominio de los animales; Extracción de la costilla de Adán; Creación de Eva; Dios presenta Eva a Adán; Dios les muestra el árbol del Bien y del Mal; la serpiente tienta a Eva; Tentación de Adán; Adán y Eva cubren sus vergüenzas ante Dios; Caín da muerte a Abel; Dios maldice a Caín; Dios habla a Noé; Construcción del arca; Entrada de los animales en el arca; Sacrificio propiciatorio de Noé.

*Segundo registro meridional y septentrional.—*Anunciación; Visitación; Nacimiento; Anuncio a los pastores; Epifanía; Huida a Egipto; Herodes ordena la matanza de los Inocentes; Matanza de los Inocentes; Presentación de Jesús en el templo; Bautismo de Cristo.

Tercer registro meridional y septentrional.— Las tentaciones de Cristo; Vocación de los primeros discípulos; Boda de Caná; ¿ ?; Cristo con apóstoles; Cristo con la Samaritana; Marta y María ante Cristo y Resurrección de Lázaro.

Cuarto registro meridional y septentrional.— Cristo con Pedro; Institución de la Iglesia; Última cena; Camino de Getsemaní; Prendimiento.

Ábside dividido en cuatro registros con los siguientes temas de abajo hacia arriba: Friso de cortinajes; Simón de Cirene ayuda a Cristo a llevar la cruz, Calvario y las Marías ante el sepulcro; La Virgen y los apóstoles; Cristo en plena ascensión.

Estas escenas constituyen un ciclo iconográfico tópico del mundo románico, que tiene precedentes muy precisos en los programas de la época carolingia, conocidos a través de múltiples textos descriptivos de carácter literario. Según estas referencias, en el muro occidental se debió programar una gran composición que representase la escena del Juicio Final presidido por la "Maiestas".

Todo el conjunto fue realizado por un solo artista, o por lo menos, si recibió ayuda, se trataba de discípulos o ayudantes dotados de un arte muy similar al suyo. De una manera hábil

combina los repertorios convencionales de figuras para conseguir una secuencia narrativa fluida, donde los personajes discurren sobre un fondo cromático, en el que apenas hay las más mínimas alusiones a objetos o arquitecturas que organicen escenografías. Se economizan medios, pero, sobre todo, se enfatiza el mensaje de las personas que se recortan como si se tratase de iconos sobre los fondos de color continuo.

La mayoría de los especialistas que se han ocupado de su estudio consideran que el autor de estas pinturas debió formarse en la zona occidental francesa, en concreto en el ambiente pictórico que hace posible las ilustraciones del manuscrito de Santa Radegunda en Poitiers y los murales de la cripta de Saint-Savin-sur-Gartempe. Trabajaría en Bagüés en el último tercio del siglo XI.

Decoración pictórica de la iglesia de los santos San Julián y Basilisa de Bagüés (Jaca, Museo Diocesano de la catedral).

San Juan de la Peña (Huesca). Conjunto exterior y detalle del claustro.

SAN JUAN DE LA PEÑA

De remota fundación en la época visigoda, adquirió notoriedad durante los primeros momentos de la repoblación de la zona. Ya en el siglo XI ocupará un lugar decisivo en la orga-nización espiritual de este enclave geográfico, apoyado siempre por la intervención de los monarcas aragoneses.

Aquí comenzará la colonización cluniacen-se en 1071, con la entrega del antiguo oratorio de los santos Julián y Basilisa al monje Aquilino. Por demanda de Sancho Ramírez, los monjes de San Juan de la Peña obtuvieron del

San Juan de la Peña (Huesca). Iglesia superior.

San Juan de la Peña (Huesca). Capitel del claustro.

pontífice Alejandro II la implantación de la liturgia romana sustituyendo a la vieja hispana. A partir de estos momentos la importancia política y económica del monasterio va aumentando progresivamente.

Sobre el templo prerrománico de los santos Julián y Basilisa, conservado en parte, se empezó a construir una iglesia románica. Una solemne ceremonia de consagración se produjo el 4 de diciembre de 1094. Al acto acudieron como oficiantes los obispos Pedro de Jaca, Aimé, arzobispo de Burdeos y legado pontificio, y Godofredo de Maguelone. También estuvieron presentes junto al monarca Pedro I los abades Aymerico de San Juan de la Peña, Ramón de Leyre, Frotard de Saint-Pons de Thomières, así como la conocida condesa Sancha, tía del rey.

La iglesia consta de tres ábsides semicirculares encajados en la roca, cubiertos con bóvedas de horno y recorridos sus hemiciclos con un orden de arquerías ciegas. La triple cabecera se continúa en el espacio único de la nave. Aunque la ruina de la escultura monumental no permite fijar una cronología, la estructura de la arcada conviene bien con la fecha de la consagración, teniendo sus paralelos de referencia en el arquerío del ábside de la iglesia del castillo de Loarre.

El 28 de abril de 1083 fue enterrado aquí el cuerpo de Ramiro I y, dos años más tarde, el abad Sancho. Con ellos se inicia una costumbre entre los notables aragoneses que convierten el santuario en un verdadero panteón.

Dos hileras de arcos superpuestos constituyen lo que se ha denominado el panteón de nobles. Los arcos de medio punto se enmarcan con chambranas de tacos que son sostenidos por unas interesantes figurillas de atlantes. Los motivos ornamentales de los lucillos corresponden a cruces y crismones; tan sólo uno tiene un motivo historiado: la ascensión del alma a los cielos y una epifanía a los magos. Las inscripciones nos permiten conocer el nombre de varios de estos personajes enterrados aquí: Fortunio Blázquez y su esposa Jimena, muertos en 1082; Aznar Fortuñones y su esposa doña Endregoto, originaria del valle serrablés de Ahonés; Sancho de Aso y Jimeno, muertos en la conquista de Huesca (1096) y sepultados el año 1123 en este panteón.

Será el claustro ubicado bajo la mole de la gigantesca roca la obra más conocida de este

San Juan de la Peña (Huesca). Panteón de nobles.

monasterio. Sus capiteles han sido esculpidos por un taller cuyas formas caracterizarán la plástica de la segunda mitad del XII, no sólo por tierras aragonesas, sino que se expandirá por territorio castellano. Gudiol ha atribuido al responsable de este taller obras como el claustro de San Pedro el Viejo, la parte alta de la fachada de Sangüesa, Egea de los Caballeros y gran parte de la decoración de Santiago de Agüero; incluso podemos ver su reflejo en esculturas sorianas, segovianas y aun burgalesas. No pienso que nos encontremos con un solo taller; parece que se trata de una caracterización estilística de época que produce una cierta homogeneización entre sus creadores. Las formas de esta tendencia tendrían sus primeras manifestaciones en este claustro de San Juan de la Peña, hacia la década de los años sesenta, y se continuaría por todo lo que queda de centuria, prolongándose incluso en los primeros años de la siguiente.

Sus hombres son de canon corto y cabezas de rostros muy expresivos, donde el tamaño de los ojos es muy acentuado. El bulto de las figuras se despega nítidamente del fondo y queda algo toscamente definido; los detalles de anatomías y vestidos se apuntan con un sentido caligráfico muy primario. Los personajes tienden a rellenar toda la superficie de la cesta sin dejar espacio para motivos escenográficos.

El programa iconográfico del claustro se agrupa en tres grandes ciclos: Uno sobre el Génesis, con el desarrollo del consabido tema del pecado de Adán y Eva y su consiguiente repercusión en la maldad de los hombres representada por las escenas cainitas; los siguientes temas se centran en lo que llamaríamos un ciclo de Infancia; por último, se desarrollarían los temas de la vida pública de Jesús.

El expresionismo de los rostros y una cierta viveza gestual hacen que la secuencia narrativa capte nuestra atención y sigamos con interés el relato de las imágenes.

167

SANTA MARÍA DE UNCASTILLO

Santa María de Uncastillo, denominada la Mayor, fue de siempre la iglesia más importante de la villa, obteniendo el rango de colegial. Ramiro II el Monje, de paso para Navarra, concedió una dotación para erigir una nueva iglesia dedicada a la Virgen, en febrero de 1135. Ya en 1155 los trabajos permitían realizar su consagración por parte del obispo de Pamplona. Por entonces, bajo el gobierno del prior Sancho Soro, el patrimonio de la colegial aumentaba considerablemente. Francisco Abad cita una nueva consagración en 1246 que debe referirse a la conclusión definitiva del templo.

Si el edificio no muestra grandes aportaciones a la historia de la arquitectura, la escultura monumental es de una riqueza temática y de una tan fácil factura que nos resulta sorprendente por su "modernidad". Si todos los canecillos muestran el ingenio del creador, será en la portada del lado meridional donde nos vamos a encontrar con su mejor creación. Tres arquivoltas apeadas en otros tantos pares de columnas aparecen profusamente decoradas no ya con vegetales más o menos convencionales, sino con toda una teoría de figuras de personas y animales que se adaptan admirablemente a las estructuras arquitectónicas. A este respecto, obsérvese en un detalle de la arquivolta interior cómo los hombres y animales se agarran por detrás del gran bocel. Músicos, bailarines, saltimbanquis y todo un sinfín de fantasías se esculpen en la arquivolta exterior. Nada aquí nos recuerda lo religioso, se diría que estamos ante una representación de escenas de costumbres de la sociedad del románico. Al contemplar los capiteles vemos que todas estas imágenes están en íntima relación con ellos; allí nos encontramos con el discurso bíblico y catequético: escenas de Adán y Eva, la Huida a Egipto, etc. Arriba, un relieve reproduce la imagen de la "Maiestas".

Observamos una vez más, como las grandes portadas de estos edificios son concebidas como uno de los mejores medios de adoctrinamiento. Se trata de la puerta mayor de la iglesia, la que se abre al principal espacio urbano de la villa, por donde los fieles obligatoriamente deben penetrar en el templo. Esta vitalista arquivolta podía servirles de referencia a lo que los religiosos de la época consideraban torpes y pecaminosas costumbres de la sociedad.

El maestro de Uncastillo representa, a mediados de la duodécima centuria, un considerable avance con respecto a los característicos convencionalismos de la escultura inicial del románico pleno. Como siempre, las experiencias de este tipo se realizan sobre lo que podríamos considerar escenas de género. Obsérvese cómo la imagen de la divinidad sigue siendo, pese a todo, bastante convencional y estereotipada.

Santa María de Uncastillo (Zaragoza). Detalles de la puerta septentrional.

SANTIAGO DE AGÜERO

Carecemos de noticias históricas de este templo de Agüero. Comenzado con un ambicioso proyecto de tres ábsides semicirculares, delante de los cuales hubo que improvisar, todavía en época románica, un cierre de los mismos con tramos rectos, que algún estudioso ha considerado que se trataba del transepto del proyecto original. El edificio fue realizado con todo tipo de recursos arquitectónicos y escultóricos que enriqueciesen su plasticidad. Basta contemplar el conjunto desde el ángulo SE, para percibir la belleza que se obtiene con una sabia aplicación de un monumental orden columnario.

Circunstancias que se nos escapan dieron al traste cuando la obra no había hecho más que empezar. El ábside septentrional se completó ya con una gran economía de medios, y del resto acabamos de indicar su cierre absolutamente chapucero.

Si la escultura es de calidad en todo lo construido, será en la puerta que se abre en la fachada meridional donde el artista nos dejó su obra maestra. Un tímpano con la representación de la Epifanía a los Magos, sostenido por dos fantásticas mochetas animadas.

Podemos ver que, si se trata del mismo maestro del claustro de San Juan de la Peña, su arte ha progresado notablemente. Es evidente que nos encotramos con una manera de esculpir similar a la que allí vimos, incluso los prototipos humanos y la iconografía de sus indumentarias son casi idénticos; sin embargo, apreciamos una acusada estilización de las figuras y una mayor soltura en el grafismo lineal que define contornos y la materialidad del drapeado de los ropajes.

El tema de la Epifanía presenta a todos los protagonistas: la Virgen, el Niño en sus rodillas, San José con su habitual actitud de dormitar y los tres Reyes Magos. Lo que ha llamado la atención de los especialistas es el gesto de uno de los Magos: postrado en tierra besa el pie de

Jesús. Sobre este aspecto se han planteado diferentes hipótesis que justifiquen lo que se dio por llamar la utilización de un iconograma típicamente bizantino. En función de esto, se ha llegado a especular con la presencia de un artista oriental trabajando en tierras aragonesas en el tercio final del siglo XII.

Esta curiosa forma de representar al mago no corresponde a la introducción de una fórmula iconográfica bizantina más o menos coetánea, sino que es una de las múltiples ceremonias de homenaje vasallático que se utilizaban en la sociedad occidental. Los reyes magos acudían a rendir pleitesía al rey de reyes y por lo tanto los iconógrafos, para hacer más comprensible el acto que representaban, adoptaban la fórmula vasallática más conocida o difundida en el lugar. Unas veces es la simple inclinación y otras lo que se conoce como el *hominium manuale,* beso de la mano, o *hominium pedem,* beso del pie. Que la solución era bien conocida en la España de la época lo testimonian los textos, pero la difusión de esta imagen por tierras aragonesas y castellanas también es indicativo.

Monasterio de Sijena
(Huesca). Detalles de la
decoración pictórica.

SALA CAPITULAR DE SIJENA

Un nefasto incendio acabó con la brillantez de los colores de uno de los conjuntos pictóricos más hermosos de la Europa románica. En la actualidad se conservan sus restos calcinados en el Museo de Arte de Cataluña; pese a todo, sus figuras siguen siendo de una gran belleza.

Caracterizan estas pinturas un profundo bizantinismo manifiesto en el ilusionismo de las escenas y el sentido monumental de algunas figuras. Frente a esta estética orientalizante, los animales fabulosos representados y alguna composición historiada, como el ángel enseñando a Adán, confirman, según ha señalado O. Pächt, una estrecha relación con el arte de la miniatura inglesa en torno a 1200.

El programa iconográfico es muy complejo, se desarrollaba sobre las paredes laterales de la sala rectangular y cinco arcos diafragmas. En las primeras se reproduce un ciclo de imágenes cristológicas que se inicia con la Anunciación y, tras once cuadros, se llegaba al Descenso de Cristo a los infiernos. Se completaba el programa con un ciclo referido al Antiguo Testamento, iniciado en la Creación de Adán y concluido con la Unción de David, que incluía los retratos de los ascendentes de Cristo, adoptando las genealogías de Lucas y Mateo, pintados en los sofitos de los arcos diafragmas.

El bizantinismo del conjunto responde a unos sentimientos estéticos difundidos por las artes figurativas europeas de finales de siglo y primer cuarto de la centuria siguiente. La fuente de inspiración son las creaciones bizantinas que desde Italia fluyen hacia Occidente sin cesar. Sin embargo, será el arte de los miniaturistas ingleses uno de sus principales canalizadores, es decir, que, a veces, el bizantinismo no tiene su origen en una influencia directa, sino que procede de creaciones interpuestas. En el caso de las pinturas de Sijena se considera que se debe a un artista inglés inspirado o formado en un ambiente bizantino como el siciliano.

El soporte histórico que podría fundamentar esta hipótesis de Paächt sería la figura de doña Constanza, hija de Alfonso II y Sancha, casada con Federico, rey de Sicilia y después emperador alemán. Doña Constanza había residido con su madre en el monasterio de Sijena, de donde salió para casarse en 1208. Aquí moriría y sería enterrada poco después la madre; incluso el monasterio se convertiría en panteón de sus hermanos. Sabemos que Constanza siguió vinculada por su correspondencia y envíos con esta comunidad, con lo cual no sería extraño que facilitase la llegada de un artista que decorase la sala capitular.

Si el autor de estos murales es, como reiteradamente se ha dicho, el iluminador que trabaja en una gran Biblia de Winchester hacia 1180-1190, no se puede retrasar mucho su estancia en nuestro monasterio aragonés, seguramente al finalizar el primer decenio del siglo XIII.

San Miguel de Aralar.
Retablo.

NAVARRA

Los oscuros orígenes del reino navarro fueron superados con Sancho III el Mayor (1000-1035) que, tras la muerte de Almanzor en 1002, empezó una política de expansión que terminó por convertirle en rey de los reyes hispanos (REX HISPANORUM REGUM).

Su actividad política le lleva a ampliar sus contactos con todos sus vecinos, mostrándose un fervoroso europeísta. Conocemos muy bien sus relaciones con Toulouse, sus contactos con Roberto el Piadoso. Su especial predilección por Cluny le llevó a favorecer que los monjes navarros conociesen los usos de la abadía borgoñona. A su muerte, sus dominios se extendían desde los límites con los condados catalanes hasta los del mismo reino leonés.

Pese al afán europeísta de este monarca, no se aprecia en las tierras navarras una verdadera ruptura con las tradiciones locales de carácter prerrománico. Sí, es cierto, que al anexionarse Ribagorza se encuentra que allí se está construyendo con las técnicas del primer románico, técnicas que bajo su reinado vemos trasladarse hacia el occidente de sus estados, llegando hasta el castillo de Loarre, donde hemos visto una obra como la Torre de la Reina. El gran monasterio de su reino es San Salvador de Leyre, la arqueología nos ha demostrado que la iglesia era todavía de tipología muy conservadora, sigue teniendo una planimetría que corresponde a la España prerrománica.

Durante el reinado de García (1034-1054) debió comenzarse la obra de una nueva iglesia en Leyre, que se consagraría tres años después de su muerte ante la presencia de su hijo Sancho. Además de las características de su arquitectura que denota la ruptura con lo prerrománico, se introduce un tipo de escultura monumental que, aunque torpe y desmañada, presenta una indudable forma de románico. Por estas características algunos especialistas han querido ver en ellas una creación experimental del estilo, pero todo parece indicar que se trata de una mano de obra poco diestra, no ya en lo que podría ser un arte nuevo que estuviesen ensayando, sino en la simple labor de talla y cálculo de los abovedamientos. Un cuarto de siglo después todavía seguimos detectando esta forma de hacer en la decoración de la cabecera de Santa María de Ujué. Los autores de esta obra conocen ya formas decorativas del románico pleno jacetano, como se aprecia claramente en los motivos de algunos ábacos.

A la muerte de Sancho Garcés IV (1076), Navarra se une a Aragón bajo la corona de Sancho Ramírez hasta el fin de reinado de Alfonso el Batallador (1134). Es una etapa en la que se produce el afianzamiento definitivo del románico pleno, con la continuidad de las obras de Leyre y con el comienzo de una catedral en Pamplona en los últimos años de la undécima centuria. Por desgracia no han llegado a nosotros en su estado original, pero por los restos escultóricos vemos que son las formas del tipo que vemos en la catedral compostelana o en León durante los primeros años del siglo XII. Del claustro de Pamplona la serie de capiteles corresponde, como veremos, a un maestro excepcional que se ha familiarizado con las experiencias de escultores tolosanos.

Aunque tardarán, en verse los efectos de las grandes fábricas de los cistercienses, en el entorno de mediados de siglo se realizan varios asentamientos en territorio navarro o en su pro-

San Miguel de Estella.
Detalle de la puerta
septentrional.

ximidad inmediata: San Raimundo transfiere a Fitero la comunidad cisterciense de Niencebas, en 1152; doce años después se comenzaban las obras de la iglesia de La Oliva; Pedro, obispo de Pamplona, da a su hermano fray Nicolás, monje de Curia Dei, la iglesia de Iranzu para que construya allí un monasterio cisterciense sometido a la jurisdicción del mismo obispo de Pamplona (1176). La cabecera de Fitero será de las de forma de girola con absidiolas tangentes, mientras que en La Oliva se dispone con cinco ábsides abiertos a una gran nave de transepto. En general son obras conservadoras, de gran tamaño, que se construirán a partir de finales de la centuria.

Los grandes centros de población adquirirán poder económico durante el tardorrománico, permitiéndose una importante actividad constructora. Sangüesa, Tudela y Estella emprenden no sólo una, sino varias obras a la vez, trabajando en ellas diferentes talleres de experiencias modernas y muy dispares.

Las primeras experiencias del protogótico francés llegan de la mano del maestro Leodegarius, que nos ha dejado en las estatuas columnas de Sangüesa una muestra de su obra y la de su taller. En el mismo edificio continuó trabajando un nuevo equipo que presenta una de las constantes del románico navarro, la estrecha relación con Aragón, las formas expresivas que Gudiol ha identificado con el maestro de San Juan de la Peña se aprecian en el apostolado que se dispone en lo alto de la fachada.

De la importante villa de Estella, sede real, hito famoso en el camino de Santiago, conservamos varios edificios románicos. La iglesia de San Pedro de la Rúa figuraba en un documento de 1147 en el que se negociaba un acuerdo sobre ella entre el abad de San Juan de la Peña y el obispo de Pamplona. Mínimos son los restos que se conservan de esta época, lo existente corresponde a la segunda mitad del XII en adelante. En la fachada septentrional se abre al camino una bonita puerta de arco apuntado con profundo abocinamiento de delgadas y menudas

San Salvador de Leyre.
Capitel de la cripta.

arquivoltas, decoradas con menuda decoración como de orfebre; carece de tímpano, pero su arco polilobulado le da una cierta gracia. La solución se ha repetido en varios templos navarros como en Cirauqui y Puente la Reina. También perduran dos pandas del claustro. De la iglesia de San Miguel y del palacio de los duques de Granada me ocuparé monográficamente.

Será en Tudela donde nos encontraremos con uno de los principales centros artísticos de la Navarra de fines del XII y principios del XIII. La ciudad había sido conquistada en 1119, empezándose entonces una adecuación de la mezquita para su uso como templo cristiano; ya en 1184 tenemos noticias de que se estaba trabajando en la construcción de un claustro de una riqueza iconográfica extraordinaria, donde se representa sobre capiteles de correcta composición un ciclo neotestamentario con escenas de las vidas de Santiago, San Martín y San Pablo. Una nueva iglesia se empezará a construir a fines de la centuria, consagrándose la cabecera en 1204; adopta la planta de gran nave de crucero y ábsides alineados en su lado oriental; la lenta marcha de las obras obligará a concluirla con estructuras góticas. En las iglesias tudelanas de San Nicolás y la Magdalena se compusieron portadas ricamente decoradas, con esculturas de calidad.

La pintura mural conservada es muy tardía y la miniada no es de gran calidad, aunque con cierto interés iconográfico como los dibujos bíblicos hechos para Sancho el Fuerte (Amiens). El llamado "Beato navarro" pudo pertenecer a la catedral de Pamplona, lo que se interpreta como ubicación de un posible escritorio.

De la orfebrería románica, el retablo de San Miguel de Aralar, tal vez procedente de la catedral de Pamplona, muestra cierta dependencia del esmalte silense, aunque haya algunos rasgos de indudable origen lemosino. Iconográficamente llama la atención la representación de una Virgen María con el Niño teniendo los símbolos de los evangelistas en su entorno.

HISTORIOGRAFÍA DEL ROMÁNICO NAVARRO

Uno de los primeros libros sobre un aspecto del románico navarro corresponde al estudio de los esmaltes de Aralar: S. Huici y V. Juaristi, *El*

Santa María la Real de Sangüesa. Detalle de una estatua columna.

Santuario de San Miguel de Excelsis (Navarra) y su retablo esmaltado, Madrid, 1929.

La primera síntesis general es la de T. Biurrun Sotil, *El arte románico en Navarra,* Pamplona, 1936. L. M. de Lojendio redactó para la colección Zodiaque, *Navarre Romane,* en La Pierre-qui-vire, 1967 (existe traducción castellana), con un prólogo del hispanista Georges Gaillard. Otra visión de conjunto, de uso difícil y complejo, pero con abundante material gráfico, es la de F. Íñiguez y E. Uranga, *Arte Navarro,* t. I-III, Pamplona, 1971-1972. Bajo la dirección de Concepción García Gainza está en curso de publicación un completo catálogo monumental publicado por la Institución Príncipe de Viana, del que ya han salido cuatro volúmenes.

Las más recientes aportaciones al estudio concreto de obras del románico navarro corresponden a María Luisa Melero Moneo, autora de una tesis doctoral sobre la colegiata de Tudela, y Javier Martínez de Aguirre. El mayor número de monografías sobre aspectos concretos del románico navarro pueden verse en la publicación periódica *Príncipe de Viana.*

SAN SALVADOR DE LEYRE

En esta iglesia monástica conservamos toda una secuencia constructiva que, enraizándose en una arquitectura aún muy conservadora y tradicional, irá experimentando el nuevo estilo. Veremos aquí, como en ningún otro monumento navarro, cuáles han sido las formas y las circunstancias técnicas que caracterizan el inicio y desarrollo del románico.

Conocemos la existencia de este monasterio, por lo menos, desde la novena centuria. Durante mucho tiempo su fama corrió paralela a la de los monarcas navarros, que le depararon todo tipo de ayudas. En un documento de 1022, el rey Sancho el Mayor se refería a él diciendo que era "centro y corazón de su reino".

Tenemos noticia de que en octubre de 1057 se procedió a la solemne consagración de la iglesia monasterial, con la presencia del propio monarca, Sancho el de Peñalén, nieto de Sancho el Mayor. Entre la numerosa concurrencia destacaban el rey Ramiro de Aragón, Juan, obispo de Pamplona y abad de Leyre; Gómez, obispo de Calahorra y Nájera; Vigila, obispo de Álava; García, obispo de Aragón; Velasco, abad de San Juan de la Peña, y todos los señores del reino.

Numerosas referencias del siglo XII nos confirman la dependencia de este monasterio benedictino de la sede de Pamplona. Ya durante el siglo XIII, despúes de una dura controversia entre monjes negros y blancos, terminó por convertirse en una fundación cisterciense.

La iglesia prerrománica persistió aún durante las obras de construcción de la románica. Al oriente de la antigua se inició la cabecera de la nueva, cuyas tres naves se prolongarían dos tramos hasta llegar a la vieja y proceder entonces a su demolición, para continuarla hasta el extremo más occidental que permitía el terreno.

La mayoría de los especialistas que se han ocupado de este monumento coinciden en señalar que la citada consagración debía aludir a la conclusión de la cabecera que debía estar en construcción desde hacía tiempo. Todavía hoy podemos contemplar cómo era esta parte del templo. Dividida en dos pisos, uno inferior, la cripta, otro, el superior, destinado a tres ábsides semicirculares precedidos de tres naves con dos tramos.

San Salvador de Leyre. Aspecto de la cripta.

Cuando contemplamos el exterior de esta cabecera, con los semicilindros de los ábsides unitarios de arriba abajo —los tres de la cripta coinciden con los de la iglesia superior— percibimos un cierto aire de volumen macizo, como obra experimental realizada con poca seguridad en los medios empleados para conseguir su estabilidad. Los vanos de las ventanas y la cornisa son obra de remodelaciones más modernas. La falta de articulación mural y la continuidad del paramento se deben a un sentido todavía prerrománico de la arquitectura, que sin embargo no se corresponde con las formas arquitectónicas de su interior.

San Salvador de Leyre. Cabecera de la iglesia.

San Salvador de Leyre.
Aspecto de la cripta.

La cripta ha sido concebida como un edificio basilical de tres naves. Éstas se dividen mediante dos grandes pilares cruciformes en seis tramos; los dos centrales, a su vez, se compartimentan en una cuadrícula de otros cuatro tramos, empleando para delimitarlos columnas. De esta complicada manera el aspecto que adquiere la cripta es el de cuatro naves con tres ábsides semicirculares; al central corresponden dos naves. Toda esta compleja estructura servía de apeo a unos abovedamientos que apoyaban en arcos semicirculares y doblados. Es evidente que los constructores no estaban segu-

ros de sus cálculos, pues necesitaron redoblar los elementos sustentantes.

El mismo sentido experimental percibimos en los enormes capiteles de las columnas. Son rudas formas troncopiramidales invertidas; se diría, en algún caso, que sus autores no eran conscientes de lo que significaba el orden columnario. Temas vegetales que acusan un tremendo primitivismo en la definición de lo que pretende ser un capitel corintio, donde los vegetales se interpretan como surcos y no se comprenden las volutas. Capiteles sin desbastar alternan con otros reducidos a simples ces-

San Salvador de Leyre.
Aspecto de la cripta.

tas carentes del necesario ábaco complementario. El conjunto produce una agobiante sensación de peso apeado por una estructura de soporte comprimida, sensación que se acusa aún más por lo corto de los fustes en comparación con los capiteles.

La iglesia superior presenta una arquitectura algo más sutil; proporciones esbeltas y una mejor y equilibrada articulación de las bóvedas de cañón sobre los pilares cruciformes y los muros. Podemos ver aquí cómo los soportes se forman con columnas en los extremos y los correspondientes resaltes a los lados para reci-

bir el apeo de los arcos doblados. Frente al muro inarticulado que percibíamos al exterior, contemplamos cómo los paramentos adquieren un bello juego de luces y sombras que corresponde ya a una estética indudablemente románica, aunque el complemento de la escultura monumental permanezca aún fiel a las groseras formas de un arte muy apegado al prerrománico inercial. Algunos de los motivos del piso inferior se vuelven a repetir. Siempre la técnica es la misma, un profundo surco delimita las formas planas que se reproducen sobre las cestas "apiramidadas" y, generalmente, con doble

181

San Salvador de Leyre.
Detalles de la fachada
occidental.

collarino. Estos capiteles se coronan con un enorme ábaco sobre el que se labra una decoración vegetal o de lacería, aunque no falten figuraciones humanas como en el que se representan cabezas bajo una triple arcada.

Durante la segunda mitad del siglo XI y los primeros años de la centuria siguiente, se procedió a edificar lo que iba ser la parte de la iglesia que ocuparía el lugar de la prerrománica. Las obras se limitarían a la construcción de los muros perimetrales y la escultura monumental que hoy se encuentra en la fachada. Estos relieves aparecen dispuestos de una manera desordenada, como si se hubiesen encastrado aquí, en los huecos que una gran portada de cuatro arquivoltas dejaba libre, reaprovechándolos de otros sitios. Como el edificio no se concluyó en su división interna con las correspondientes naves, sino que el espacio permaneció unitario bajo un abovedamiento gótico, posiblemente todo este material escultórico corresponda a las reformas y remodelaciones que los constructores hubieron de emprender para adecuar los muros de la fábrica románica al nuevo sistema de cubierta.

Pese al aspecto acumulativo que tiene el material dispuesto en esta fachada, tan similar en esto a la compostelana de Platerías, no deja

de mostrarse como un escaparate o expositor de obras bellas, lo que, evidentemente, concuerda con el nombre con el que se la conoce: "Porta speciosa" (Puerta hermosa). El arte que caracteriza esta serie de imágenes corresponde ya al románico pleno que ha creado las grandes portadas de Santiago de Compostela o San Isidoro de León. Figuras de canon muy estilizado y ropas de pliegues convencionales, como las que componen la Anunciación o las de la Visitación. La imagen de un obispo portando un báculo y un libro nos recuerda la figura de san Isidoro en la puerta del Cordero de la colegiata de su nombre en León. Unos sarmientos con racimos aprisionando una figura humana muestra la mano de otro artífice capaz de transmitir a sus creaciones un gran efectismo plástico.

Catedral de Pamplona. Las
Marías ante el sepulcro.

CATEDRAL DE PAMPLONA

Cuando finalizaba el siglo XI, en Pamplona se procedía a erigir una nueva catedral; el edificio respondería a las fórmulas arquitectónicas del estilo que triunfaba en aquel entonces, el románico pleno. Durante la centuria siguiente se sucedieron los trabajos que concluirían con una construcción que, aunque no se ha conservado, dados los restos que han sobrevivido, sería de una belleza excepcional. Varios de estos fragmentos corresponden a la iglesia, realizados con un estilo próximo a algunas de las obras del taller de Compostela, sin que se pueda asegurar, como a veces se ha hecho, que sean de la misma mano. Sin embargo, será en el claustro de esta catedral donde se produzca la mayor aportación al desarrollo del estilo; un grupo de hermosísimos capiteles son todavía testigo del monumento desaparecido.

Una bula del pontífice Urbano II, del año 1097, nos suministra el primer dato cierto sobre la existencia de la catedral románica de la sede de Pamplona. En ella se reclama ayuda económica para proceder a la construcción de una nueva basílica (*"Ad construendam novam ibi basilicam"*). El responsable de los esfuerzos iniciales fue don Pedro de Roda, obispo desde 1084. A la vez que impulsaba las obras materiales se preocupó de la reforma del clero que atendía su catedral; para ello dispuso que los canónigos viviesen bajo la regla de San Agustín.

En 1114, una nueva bula pontificia, esta vez de Pascual II, exhortaba a Alfonso el Batallador para que se concluyesen las obras del templo catedralicio. Por fin, en 1127, don Sancho de Larrosa ofició su consagración. El mismo prelado se ocupó de la construcción del claustro también de 1127 es la concesión de cuarenta días de indulgencia a aquellos que colaborasen en esta empresa. Se acepta con cierta unanimidad de los historiadores que en 1141 ó 1142 ya estaría concluido.

Los capiteles supervivientes del claustro se conservan en el Museo de Navarra, son dobles y, por su temática, se agrupan en dos series, vegetales e historiados. Corresponden ya a un estilo románico que se aparta del arte de los primeros talleres, se encuentra próximo a las formas de los escultores languedocianos, aquellos que con sus creaciones están definiendo una interpretación más sensual de la materia. Los capiteles vegetales tienen hojas rizadas y de aspecto jugoso, llegando su autor a representar galgos y aves de un acusado naturalismo. Muy interesante por la capacidad compositiva que demuestra el artista y por su riqueza iconográfica resultan los tres capiteles historiados: en uno se esculpen escenas relativas a Job; en el otro, temas de la Pasión; y en el tercero, la Resurrección.

El ciclo de Job se inicia en una de las caras estrechas, Dios mostrando al demonio la bondad de Job y su familia. La escena siguiente, en una de las caras largas, presenta a Job orando y recibiendo a sus pastores que le comunican los males que asolan sus rebaños, mientras que, debajo, se representan éstos atacados por hombres armados. A continuación, en la otra cara estrecha, el hundimiento de su casa con la muerte de su familia. Por último, en la otra cara doble, Job hablando de sus desgracias con su mujer y sus amigos, y recibiendo a Dios, que le anuncia el fin de sus desgracias. El autor parece dotado de grandes recursos para componer las escenas de tan compleja narración; no se arredra ante el elevado número de personajes a representar, sin olvidarse de una conveniente ambientación escenográfica. Su afán de precisión le lleva a mostrar la variedad de los animales que constituyen los rebaños —mulas, camellos, ovejas, etc.—. Posiblemente sea la escena del terremoto que derrumba la vivienda donde el artista consigue su gran creación: la idea de caos se obtiene con una dinámica representación de la casa dispuesta en diagonal, mientras que de sus vanos salen despedidos los hijos, todos ellos en actitudes violentas que nos trasmiten los efectos del pavoroso seísmo. Si resulta muy notable su destreza compositiva, no es menor la calidad de su factura; como si se tratase de un dibujo miniaturesco se han cuidado los más mínimos detalles de la definición de las anatomías, los vestidos o los objetos.

Del capitel que representa las principales escenas de la Pasión merece una especial mención la del beso de Judas. Parece una instantánea: Cristo andando se vuelve hacia Judas, que le besa. En el lenguaje actual diríamos que se ha congelado la imagen; apreciamos el *contraposto* dinámico de los dos cuerpos que se acusa en el flotar del mareante movimiento de los pliegues de sus ropas. Incluso hay una nota de patetismo en la expresión de los rostros.

En el tercer capitel contemplamos un tema que ha sido concebido con los mismos recursos, el Descendimiento. El cuerpo de Cristo cae pesadamente, mientras que José de Arimatea se agarra a él, con notable esfuerzo, para que no se desplome. Al mismo tiempo una movida figura procede a desclavar el brazo; los ángeles portadores de los símbolos astrales no aparecen inmóviles como es lo normal, sino que son figuras dotadas de vida, que acusa el peso de su astro —el que tiene la luna— o se inclina para contemplar curioso la escena. En una de las caras dobles se procede al entierro de Cristo: la composición ha sido concebida en medio de un complicadísimo juego de pliegues

del sudario y de otras sábanas que lo llenan todo. Lo más sorprendente es que, al contrario de las otras escenas, aquí el protagonismo no corresponde a una o dos figuras en medio de otras muchas, sino que se trata de un cuerpo envuelto en un sudario; la preocupación del artista es la representación de las telas. Existe una delectación manierista por transmitirnos la calidad estética de la materia.

Catedral de Pamplona.
Capiteles con escenas
de la historia de Job.

185

SANTA MARÍA LA REAL
DE SANGÜESA

La ciudad de Sangüesa fue restaurada por Alfonso el Batallador en 1131. Es entonces cuando se produjo la donación de este templo a los caballeros de San Juan. La traducción del documento regio dice así: "Entrego igualmente en este lugar la iglesia de Santa María que se encuentra en mi fortificación, a la entrada del Burgo Nuevo de Sangüesa." Sus recientes propietarios procederían a la construcción del templo basilical de tres naves que aún podemos contemplar.

De todo el templo nos detendremos sólo en la espectacular fachada que se abre al cami-

no que pasa ante ella. De todas las grandes fachadas del románico hispano, ésta es una de las que muestra un mayor sentido laberíntico y acumulativo de sus imágenes. Parece como si se tuviese miedo a dejar un solo fragmento del paramento sin cubrir con una pieza reliaria, percibiéndose patentemente diferencias de tamaño y factura. Se aprecian dos conjuntos bien marcados: el inferior centrado por la puerta de arquivoltas apuntadas y el de los dos frisos de figuras bajo arcadas de la parte superior.

La composición de la puerta corresponde a un pobre trasunto de la gran portada de Chartres. Es obra de un maestro denominado Leodegarius, que se considera de origen francés. Nos dejó su nombre en la estatua-columna de la Virgen María: "María madre de Cristo. Leodegarius me hizo" (MARIA MATER XPI LEODEGARIUS ME FECIT). Las restantes estatuas representan a María Magdalena y María Jacobi; en el otro lado se efigió a San Pedro, San Pablo y Judas. El tímpano aparece centrado por la imagen del Juez Supremo, teniendo a los lados los elegidos y los condenados. Esta composición del juicio va sobre una arcada que cobija la representación del colegio apostólico flanqueando la imagen de la Virgen con el Niño.

Las enjutas fueron rellenadas por toda clase de relieves procedentes de diversas remodelaciones posteriores de la fachada, colocados sin orden ni concierto.

Si abajo podemos ver una modesta versión de una composición que puede ser considerada ya como un anuncio de la plástica protogótica, realizada con una cierta torpeza, arriba contemplamos la obra de un taller caracterizado por un estilo no sólo torpe, sino arcaizante y zafio. Las figuras del apostolado que se vuelve a representar aquí son un mal epígono del arte escultórico que de manera inercial prolonga las creaciones de maestros aragoneses como los que trabajan en San Juan de la Peña y Santiago de Agüero.

Si la actividad de Leodegarius se puede situar en el tercer cuarto de siglo, el maestro de filiación aragonesa debe corresponder ya a 1200.

Santa María la Real de Sangüesa.
Detalles de la fachada.

San Martín de Artaiz.
Fachada meridional.

SAN MARTÍN DE ARTAIZ

El edificio parroquial de Artaiz es una modesta construcción del románico rural en la que no nos detendríamos si no fuese por su portada, una verdadera joya del arte popular. Como tal se trata de un templo del que ignoramos todo lo referido a su historia; incluso tenemos graves dificultades para poder clasificar estilísticamente este tipo de creación.

La puerta se ubica sobre un cuerpo en saledizo. El mensaje figurativo se sitúa en la cornisa y en dos relieves representando leones que pisan y devoran sendas personas, situados en las enjutas. En los canecillos se esculpen músicos, una mujer pariendo e incluso la imagen de San Jorge alanceando un dragón, mientras que en las metopas hay un mayor esfuerzo compositivo: San Miguel pesando las almas; celebración de la santa misa; bajada de Jesús a los infiernos; sacrificio de Isaac; el rico Epulón y el pobre Lázaro; el combate de caballeros.

Las imágenes son expresivas, realizadas con cierta rudeza no exenta del encanto de lo popular. Los temas han sido combinados de una manera directa, para que la teoría del iconógrafo se entendiese de inmediato. En muchos aspectos nos encontramos aquí con una temática iconográfica similar a la que vimos en la

San Martín de Artaiz.
Detalles de la fachada.

iglesia catalana de Covet; sin embargo, el lenguaje icónico es mucho más brutal.

En los canecillos se esculpieron alusiones a los vicios y torpes costumbres de los hombres: los músicos y cantores; la lujuria representada en el hombre que desvergonzadamente muestra sus genitales y la mujer que, a su lado, está pariendo como inmediato efecto de su desenfreno concupiscente; la violencia indicada por la lucha, como referencia a la discordia; la avaricia y la gula de Epulón. Todas estas alusiones al pecado tienen un sentido moralizador. Las gentes que las contemplan pueden ver cómo sus actos serán juzgados al fin de sus días (la balanza de San Miguel). Para su salvación se ha subrayado el valor de la eucaristía, la escena de la misa está centrada por la imagen de un gran cáliz. Los justos que vivieron antes de la venida de Cristo serán salvados. Aquellos hombres que no superen la prueba de San Miguel serán condenados. Los hombres desnudos —las almas de los difuntos— son devorados por el león, símbolo del demonio infernal.

Santa María de Eunate.

SANTA MARÍA DE EUNATE

En medio del campo, junto a un camino transversal —la antigua vía de peregrinación que viene de Somport—, se levanta este curioso y sorprendente edificio de planta octogonal.

Su historia es un absoluto misterio, complicada por confusas referencias. Ya en el siglo XVI tenemos noticias recogidas en los archivos de la catedral de Pamplona, que aluden a la existencia de numerosas sepulturas. Estos mismos datos consignan especialmente el lugar donde fue enterrada la reina o la dama que había hecho construir el edificio. Estas circunstancias han inducido a los especialistas a considerar el monumento como una capilla funeraria, su planta centralizada rememoraría el Santo Sepulcro de Jerusalén. La espadaña que vemos en el centro de su cubier-

ta es obra moderna, que seguramente pudo sustituir a una linterna, como veremos en Torres del Río, a la que se accedería desde la escalera que hay en el husillo que aún se aprecia. Como indicaremos al tratar de este último edificio, Eunate es una interpretación empobrecida del mismo.

El ámbito central contenido en el interior del polígono se cubre con una forma nervada de plementería plana.

Por sus características arquitectónicas y escultóricas corresponde bien con las formas del tardorrománico. De una manera bastante imprecisa se suele situar su construcción durante el reinado de Sancho el Sabio (1150-1194). Desde luego la falta del núcleo central que vemos en la Vera Cruz de Segovia hace que no podamos considerar ambas construcciones con un mismo uso funcional.

El pórtico que rodea todo el conjunto es obra original completada en el siglo XVI.

SANTO SEPULCRO
DE TORRES DEL RÍO

En el mismo camino jacobeo se encuentra este monumento que vuelve a repetir el esquema que acabamos de ver en Eunate, aunque mejor realizado.

Si en los edificios de este tipo siempre encontramos ciertas alusiones, más o menos directas, que nos permiten pensar que se relacionan con órdenes militares, especialmente la de los templarios, en este caso no hay el más mínimo dato que avale esta posibilidad.

Sabemos que a principios del siglo XII existía en el lugar un monasterio. Un personaje denominado Jimeno Galíndez hizo donación de él a Irache y a su abad don Arnoldo en 1100. En 1172 todavía seguía estando bajo el mismo dominio monástico tal como podemos ver en una bula pontificia de Alejandro III, fechada el 24 de junio de 1172.

Como en Eunate, las connotaciones funerarias son conocidas de antiguo. Para su interpretación como iglesia-linterna de difuntos, la torrecilla octogonal parece no dejar lugar a dudas.

Todo en este edificio nos confirma que se trata de un proyecto mejor definido que el anterior. Sus esbeltas proporciones y una más cuidada materialización de los recursos ornamentales. Obsérvese como el exterior es concebido en tres niveles marcados por diversas líneas de molduras, todos ellos valorados buscando la plasticidad del paramento mediante el empleo de resaltes de arcos ciegos y vanos de ventanas. Frente a la esbeltez de proporciones de este edificio se aprecia claramente lo achaparrado de Eunate, que carece del nivel superior decorado con el último orden de ventanas.

Interiormente, una compleja red de nervaduras deja en su centro una forma poligonal albergando una cúpula. La progenie del abovedamiento sigue manteniendo el remoto origen islámico al que ya hemos aludido en diversos monumentos del románico hispano (la Vera Cruz de Segovia, San Miguel de Almazán, etc.). Los arcos cruceros arrancan de columnas y consolas escalonadas.

Santo Sepulcro de Torres del Río.

SAN MIGUEL DE ESTELLA

La portada septentrional de esta iglesia constituye uno de los conjuntos escultóricos más representativos del tardorrománico hispano. Diversas circunstancias, entre ellas una remodelación cuando se construyó en el siglo XVII el pórtico que lo cobijaba, nos trasmiten la sensación de relieves dispuestos abigarradamente en torno a una puerta muy abocinada; se pueden contar hasta un centenar de figuras.

Las primeras noticias documentadas del templo de San Miguel se remontan a 1145, aunque la portada que contemplamos aquí reproducida deba situarse según Martínez de Aguirre entre 1187, año en que Sancho el Sabio funda el barrio de San Miguel, y 1196, fecha de la inva-

sión de Navarra por los castellanos, ya en el reinado de Sancho VII.

El programa iconográfico se centra en el tímpano de la puerta, que representa una "Maiestas" en el interior de una mandorla tetralobulada rodeada de los símbolos de los evangelistas y dos figuras, masculina y femenina, que se pueden identificar como la Virgen y San Juan. En el borde de la mandorla una inscripción latina resume el significado del mensaje; su traducción libre dice así: "Esta figura que tú contemplas no es ni Dios ni el hombre, sino esta figura que tú contemplas es Dios y Hombre." Alrededor del tímpano se desarrollan cinco arquivoltas historiadas: ángeles turiferarios, ancianos del Apocalipsis, profetas, un ciclo cristológico y vidas de santos. La inscripción alude expresamente a la idea que rige el programa, la doble naturaleza de Cristo, la divina y humana, a la vez que

San Miguel de Estella.
Relieves de la fachada.

se intenta subrayar las tres personas de la trinidad indicadas en el crismón que porta la "Maiestas" en su mano. Las figuras relacionadas con el Apocalipsis y la presencia de San Juan y la Virgen como intercesores de la humanidad corresponden a la connotación de Juicio Final que se quiere dar a la teofanía. En este sentido se entendería mejor la presencia de San Miguel como vencedor del monstruo diabólico y como encargado del peso de las almas de los mortales, que figura en uno de los frisos relivarios de un lateral. Al otro lado, la llegada de las Santas Mujeres ante el sepulcro de Cristo. Hay una cierta imprecisión en la interpretación de esta iconografía o una intención reiterativa que se nos escapa: Primero se representa el ángel, de manera tradicional, sentado sobre el sepulcro indicando con la mano que está vacío; para ello levanta con la

otra mano la tapa; a continuación se vuelve a representar el ángel apostrofando al grupo de las tres mujeres que acaban de llegar.

Son estos relieves laterales, más rotundos de volumen y formas redondeadas, el mayor empeño de todo el conjunto. Sus personajes están dotados de un cierto hálito vital que contrasta con las estereotipadas y convencionales figuras de los ocho apóstoles representados más arriba. Seguramente las diferencias que apreciamos corresponden a las distintas manos que las esculpieron, maestro y discípulo respectivamente. Algunos estudiosos quieren ver en esta obra un eco de la escultura silense; pienso que las afinidades entre ambos conjuntos no se deben a una relación directa, sino que son fruto de una caracterización estilística generalizada durante algo más de los treinta años que estuvo en vigor la plástica tardorrománica.

193

PALACIO ROMÁNICO
DE ESTELLA

En el centro neurálgico de la Estella medieval se levantaba este palacio, verdadera joya de la arquitectura civil románica. Conocemos su forma rectangular, pero hemos perdido la orga-

nización de los espacios internos. De lo conservado, la fachada que aquí contemplamos es lo más significativo.

Esta vieja construcción recibe el nombre de palacio de los duques de Granada de Ega, sus últimos propietarios. Su destino original se ignora, habiéndose propuesto como palacio municipal o real; sin embargo, no hay ningún tipo de respaldo documental para cualquiera de las dos afirmaciones. Si tenemos en cuenta la calidad con la que se ha diseñado su fachada, no habría ningún inconveniente en considerarla propia de un palacio real.

Los pocos indicios de arquitectura civil románica nos demuestran que los principios arquitectónicos que informan los edificios religiosos son los mismos que se aplican en las casas y palacios. La fachada presenta la galería del pórtico; sobre ella un orden de ventanas. En cierto modo, tendríamos aquí la solución aplicada en la típica ordenación de los muros de la nave central de las grandes iglesias (intercolumnio y arcadas de la tribuna). Para dar un mayor realce decorativo se emplean en los extremos dos columnas superpuestas. Los capiteles representan temas que tampoco son ajenos a la iconografía usual de los templos: en uno vemos el combate de caballeros y en otro una terrorífica visión infernal.

La escena del torneo caballeresco, que tantas veces aparece de forma genérica sin explicitar concretamente la identificación de los protagonistas, tiene aquí unos letreros que nos permiten saber que son los legendarios héroes épicos Roland y Ferragut representando a cristianos y moros. El tema recogido en el "Seudo Turpin" se refiere a un fabuloso suceso ocurrido en esta área geográfica cuando Carlomagno se retiraba de su incursión por el Ebro. Junto a los epígrafes de los caballeros hay otros caracteres que se interpretan como la firma del maestro que esculpió los capiteles: MARTINUS DE LOGROÑO ME FECIT. Nada sabemos sobre este escultor, Martín de Logroño, que nos ha dejado aquí el testimonio de su nombre.

La iconografía y su plástica nos recuerda algunos aspectos de la escultura tardorrománica e inercial que podemos ver por tierras navarras y aragonesas. Los esbeltos arquerios de las ventanas del primer piso, que corresponderían a la sala noble del palacio, tienen una estrecha relación con formas de ventanales muy característicos entre los edificios civiles de los siglos XIII y XIV de Cataluña.

Palacio románico de Estella. Detalle de la fachada.

Arca de San Felices
(Monasterio de San Millán
de la Cogolla).

196

LA RIOJA

La actividad bélica de los monarcas Ordoño II de León y Sancho Garcés de Pamplona favoreció en el siglo X la toma de los diferentes valles que constituyen el solar riojano. Después de un largo lapso de tiempo bajo la hegemonía de la monarquía navarra, en 1076, con Alfonso VI, rey de Castilla y León, fue anexionado a su reino.

Coincide la anexión con el empeño del monarca por el proceso de renovación de sus estados, principalmente con la importante reforma de la liturgia y la sustitución de las viejas reglas hispanas por las comunidades de monjes negros de Cluny. Un documento del tres de septiembre de 1079 nos informa de cómo Alfonso VI, "emperador de toda España por la gracia de Dios", hace entrega de Santa María de Nájera al abad Hugo de Cluny.

Durante el siglo XI la campaña constructiva llevada a cabo por los repobladores de la centuria anterior todavía permitía que los edificios más monumentales pudiesen seguir siendo utilizados. El gran conjunto monástico de la zona era San Millán, que, hacia 1050, acababa de construir uno nuevo algo más abajo, la iglesia de Santa María de Nájera fue consagrada en 1056; ambas obras seguirían siendo acordes con la arquitectura más tradicional. La renovación artística se acusa, como en el reino leonés, primero en las artes figurativas. Centros de acrisolada tradición plástica concitan la presencia de artesanos extranjeros que, a la vez que fabrican los objetos que se les encargan, ense-

ñan su arte. Ya, para la citada consagración de Nájera, sabemos que García el Benigno y Estefanía hicieron donación de un retablo áureo, con imaginería de relieve, esmaltes, pedrería y aljófar, elaborado por un maestro denominado "Almanius" que Gómez Moreno considera germánico. A este mismo origen hay que atribuir el maestro que, hacia 1070, labra los relieves eborarios del arca de San Millán. Si esta obra presenta todavía una caracterización plástica relacionada con la tradición de los trabajos en marfil hispano —en este monasterio existía un importante obrador eborario durante la centuria anterior— y con formas otonianas, los artesanos que, en el mismo ámbito emilianense, realizan un nuevo arca de marfil para contener las reliquias de San Felices, poco antes de que acabe la centuria, muestran ya una manera de hacer similar a la escultura monumental de las primeras construcciones del románico pleno. La escena de la *Entrada en Jerusalén* nos ilustra sobre esta renovación del arte del marfil a partir del inmediato precedente.

Durante la primera mitad del siglo XII se procederá a sustituir los viejos edificios hispanos por modernas fábricas románicas. A veces la modestia del proyecto se limita a mínimas obras de transformación, como en San Esteban de Viguera, que mantuvo su nave y simplemente se le añadió un ábside semicircular. Una decoración al fresco, no ajena a la importante tradición de pintores miniaturistas que existió

San Esteban de Viguera.
Detalle de la decoración
pictórica.

Procedente del famoso monasterio de Albelda se conserva en la parroquia de San Pedro un mutilado fragmento de relieve que representaba, bajo una almenada arcada, una imagen de San Pedro que nos permite conocer la calidad del románico en este desaparecido monumento. De tímpanos esculpidos de la segunda mitad del XII se guarda una bonita Virgen con el Niño en la parroquial de Alcanadre y un Cristo mutilado en Aleson. El tímpano de Santa María la Antigua de Bañares, con sus desgastadísimas figuras representando la Epifanía a los Magos, es obra muy tardía, dentro ya del siglo XIII.

La catedral calceatense, proyectada por el maestro Garsión según un modelo reducido inspirado en la compostelana, al construirse lentamente verá como la escultura monumental se adapta a la moda de varios talleres de escultores itinerantes del tardorrománico.

Desde poco antes de mediados de siglo, los cistercienses se establecen en Yerga, pasando en 1152 definitivamente a Fitero, donde emprenderán la construcción de una importante iglesia con girola y tres naves. Se trata del tipo de iglesia cisterciense con deambulatorio, lleno de problemas constructivos y funcionales, que vimos en la introducción en relación con Moreruela y Poblet, entre otras. También se proyectó un gran templo en Santa María de Cañas, fundación de monjas cistercienses emprendida por Lope Díaz de Haro y su esposa doña Aldonza, primero en Fayuela (1169), después trasladado a Cañas el año siguiente. No se llegó a edificar la iglesia en románico; salvo el muro meridional, todo lo demás es francamente gótico.

La arquitectura románica riojana no puede ser valorada en sus justos términos, pues ha tenido la desgracia de perder en las modernizaciones estilísticas las obras llevadas a cabo durante este período en centros tan importantes como Nájera, Calahorra, Albelda —ya hemos indicado la calidad que presenta la pieza representando a San Pedro— o San Millán.

en la zona, unificó la disparidad de obra en su interior. Unas esquemáticas figuras sobre fondo rojo son parte de los escasos restos conservados. En la ermita de Nuestra Señora de la Piscina tenemos las formas de un sencillo edificio que en sus cornisas y en los capiteles aparece perfectamente definido el arte del románico pleno. A lo largo de toda la centuria se seguirán construyendo por toda la Rioja modestas edificaciones de una sola nave de ábside semicircular o, más numerosos y populares, de testeros rectos siguiendo la inercia de los tipos de la tradición prerrománica.

198

LOS ESTUDIOS SOBRE
EL ROMÁNICO RIOJANO

Dejando a un lado los estudios de carácter general que se han ocupado de las creaciones principales y que son recogidas en la bibliografía correspondiente, sin duda, las obras que más han llamado la atención de los especialistas son los marfiles emilianenses, para su conocimiento deben ser consultados los trabajos que sobre el marfil o el arte suntuario hispanos hemos reseñado en su apartado bibliográfico: GOLDSCHMIDT (1918), FERRANDIS (1928), PORTER (Escultura), MORALEJO (1982), BOUSQUET (1982), ESTELLA, etc. Será E. CAMPS CAZORLA quien le dedique un primer estudio monográfico *(Los marfiles de San Millán de la Cogolla,* Madrid, 1931). La obra de Joaquín PEÑA, *Los marfiles de San Millán de la Cogolla,* Logroño, 1978, permite una visión de las piezas siguiendo los textos literarios que ilustran o inspiran.

La primera visión de conjunto del románico riojano corresponde a GAYA NUÑO: "El románico en la provincia de Logroño", en *Bol. de la Sociedad Española de Excursiones,* 1942, págs. 81-97 y 235-258. Estudia como precedente la iglesia visigoda de Albelda de Iregua recogiendo en su catálogo veintisiete monografías de edificios. F. IÑIGUEZ ALMECH se ocupó de interpretar la curiosa arquitectura de San Esteban de Viguera en un célebre trabajo suyo titulado "Algunos problemas de las viejas iglesias españolas", en *Cuadernos de Trabajos de la Escuela Española de Historia y Arqueología en Roma,* 1955, págs. 7-182.

Una de las formas más usuales y difundidas por la arquitectura románica riojana corresponde a los ábsides de forma cuadrangular, propios de un arte conservador y de fácil factura. Han sido estudiados por Gabriel MOYA VALGAÑÓN ("Iglesias románicas con cabecera cuadrangular en la Rioja Alta", en *Miscelánea ofrecida al Ilmo. Sr. D. José Lacarra y de Miguel,* Zaragoza, 1968, págs. 387-403.). Este autor ha concluido una monografía sobre la catedral de Santo Domingo que se encuentra en curso de publicación.

Una obra de conjunto sobre la escultura monumental ha sido abordada por María Jesús ÁLVAREZ COCA (*La escultura románica en piedra en la Rioja Alta,* Logroño, 1978). Sobre las formas del hierro forjado de remoto origen románico se ha ocupado María de los Ángeles HERAS Y NÚÑEZ ("La forja del hierro en el románico riojano", en *Berceo,* 1983, págs. 73-82). A esta misma autora debemos una amplia visión de la arquitectura riojana desde la época del prerrománico hasta las formas inerciales del último románico *(Estructuras arquitectónicas riojanas. Siglos X al XIII,* Logroño, 1986).

La Consejería de Educación de la Comunidad de La Rioja publicó en 1984 un interesante repertorio de 150 fotografías sobre *El románico en La Rioja.*

Arca actual y antigua de
San Millán (Monasterio de
San Millán de la Cogolla).

ARCA EBORARIA DE SAN MILLÁN

Una arqueta de plata sobredorada moderna tiene las piezas de marfil que aún se conservan en el monasterio de San Millán de la Cogolla, otras se atesoran en diferentes museos extranjeros. Estos marfiles correspondían al arca que contenía los restos del santo fundador. Antes de esta pieza metálica existió otra de madera del siglo XIX que, a su vez, había sido construida para contener las reliquias y los restos primitivos de la original, totalmente despojada de su guarnición de oro y piedras preciosas por las tropas napoleónicas. Desde estos

infaustos sucesos decimonónicos se fueron sucediendo las pérdidas de algunas piezas de marfil.

La estructura de madera del arca románica, que se ha considerado durante mucho tiempo perdida, se conserva en el monasterio. Aunque el alma de madera nada artístico contiene, el espléndido tejido oriental que forraba su interior es de una belleza excepcional, perfectamente conservado. Los motivos zoomórficos representados sobre un refulgente rojo nos permiten comprobar cómo los antiquísimos modelos de las tejidos orientales seguían estando en boga en la España del siglo XI.

Los relieves eborarios no sólo contaban la historia hagiográfica de San Millán, sino que nos informan sobre sus constructores y patrocinadores.

Ya hemos aludido en el capítulo de los hombres que hacen posible el arte románico cómo esta obra resulta uno de los testimonios mas esclarecedores sobre el proceso de construcción y financiación de una creación artística del período. Una imagen postrada del abad Blasio lleva un letrero que dice su nombre y le atribuye el papel de promotor de la obra. Varias imágenes representan a los notables que han sufragado con sus ofrendas su realización: Sancho el de Peñalén y su esposa Placencia, Ramiro, el hermano de Sancho el Noble, don Aparicio, el conde de Lara Gonzalo Salvadórez y su esposa la condesa Sancha, y la noble mujer Aralla.

El inspirador del programa iconográfico fue el escriba Munio, que recibe un tratamiento plástico similar al abad Blasio. Sobre la realización material se representaba la escena de un mercader, por su nombre Vigila indudablemente hispano, transportando los colmillos del marfil, y los artesanos que la labraron, el maestro Engelram, su hijo Rodolfo y el discipulo Simeón. Todas estas imágenes se disponían en las caras menores de la arqueta, presididas por una "Maiestas" y por la escena de la muerte de San Millán con el ascenso de su alma a los cielos.

En las caras laterales, las dos de los verticales y las otras dos que constituían un tejado a doble vertiente, se encastraban veintidós plaquitas rectangulares de marfil, más grandes en los verticales, muchas de ellas subdivididas en dos escenas. De todas estas piezas se conservan catorce en el mismo monasterio, mientras que de los lados menores sólo las del abad y el escriba.

En los relieves de los laterales se nos ilustra en imágenes la vida y milagros del bienaventurado Emiliano (Millán) según la biografía escrita por San Braulio. El artista ha tallado con un arte ingenuo, a veces incluso torpe, pero con el deseo de dotar a sus imágenes de la dinámica vitalidad que se desprendía del texto; aunque en la mayoría de las composiciones se limita a los personajes moviéndose en un sencillo marco con los elementos esenciales, no duda a mayores empeños como la representación de la expugnación de una ciudad.

Un simple análisis de la iconografía denuncia diferentes fuentes de inspiración que el artista ha sabido combinar siguiendo los dictámenes del escriba Munio, los posibles modelos que éste le presentase, y su propio acervo plástico. Veamos alguno de estos temas que son fácilmente identificables por los letreros explicativos que les acompañan.

San Braulio nos cuenta cómo dos endemoniados intentan quemar al santo mientras dormía. San Millán se despierta y los sorprende; entonces éstos se acusan mutuamente y terminan pegándose con las mismas antorchas mientras que el santo se reía de ellos. Las dos escenas denotan una gran soltura de composición; obsérvese cómo los endemoniados, en pleno movimiento de aproximación a la cama para prenderle fuego con las antorchas, rompen con sus piernas el propio límite del marco que encuadra la escena. El mismo dinamismo exhala la lucha de los dos a uno y otro lado de la cama donde se incorpora el santo. No creo que se pueda dudar que Gonzalo de Berceo tenía presente este marfil cuando escribía los versos que narran jocosamente este suceso en su biografía del santo:

> "Firiense por los rostros a grandes tizonadas, trayen las sobreceias sangrientas e quemadas, las frentes mal batidas, las barbas socarradas; nunqua vidiese bebdas tan mal descapelladas.
> El confessor precioso siervo del Criador levanto la cabeza, cato en derredor, vio esta revuelta, entendio el fervor, por poco se non riso, tant ovo grant sabor."

Un milagro reiterado por el santo fue el de saciar a la multitud por dos veces con un poco de vino. La escena será resuelta de manera casi

Arca de San Millán (Monasterio de San Millán de la Cogolla).

Arca de San Millán (Monasterio de San Millán de la Cogolla).

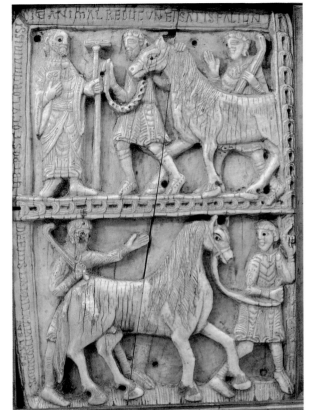

Braulio nos dice que dos ladrones —Sempronio y Toribio— se llevaron el caballo de Emiliano, cuando se alejaban quedaron cegados; decidiendo entonces devolverlo al santo. El artista invierte el orden de la narración: arriba, los ladrones ciegos devuelven el caballo; abajo, el robo. Da toda la sensación de que, una vez más, se ha producido un nuevo despiste del tallista.

La escena que reproduce el momento en que un ángel le revela cuándo va a tener lugar su muerte es resuelta en una animada conversación entre los dos protagonistas. Abajo unos religiosos proceden al enterramiento de su cuerpo.

Dos de los temas de mayor empeño compositivo corresponden a la historia referente a la destrucción de Cantabria y al senador Honorio. El primero nos muestra arriba al santo anunciando la toma de Cantabria, mientras que abajo aparece el rey Leovigildo matando a los cántabros. Resulta muy curiosa la representación de la ciudad murada con su gran puerta de arco de herradura, el piso de vanos semicirculares y el orden de merlones puntiagudos. Se trata de una arquitectura de evidente origen hispanogodo, en absoluto relacionada con las formas de la arquitectura militar ultrapirenaicas ni con las del mundo de Al Andalus.

idéntica —el mismo número de personajes, utensilios y alimentos— , pero en su afán de individualizarlas y evitar la repetición recurre a modificar detalles en los objetos y actitudes en los personajes. Pese a este cuidado, véase el despiste de representar los pies del primer personaje por la izquierda de la mesa en el registro superior; los ha reproducido en contra de la dirección del cuerpo.

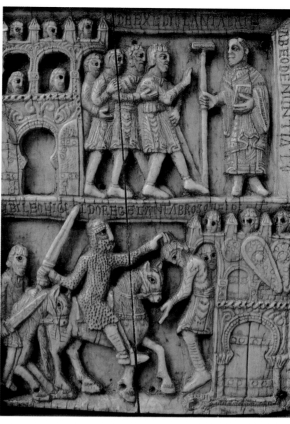

Arca de San Millán
(Monasterio de San Millán
de la Cogolla).

Sobre el senador Honorio de Parpalinas sabemos que había convocado al santo para que le librase del demonio que se había apoderado de su casa. Una vez realizados los exorcismos correspondientes el "insoportable y revoltoso" diablo fue expulsado de la vivienda, pero antes apedreó a San Millán. El artista, en un prodigio de audacia, hace mover con total libertad al diablo sobre las cubiertas torreadas de la mansión del senador; su cuerpo entra y sale a través de las ventanas, lanzando pedradas que son retenidas por el propio santo.

En esta última escena podemos ver una verdadera imagen mayestática del santo revestido de pontifical y celebrando con la ayuda de sus discípulos Aselo, Geroncio y Sofronio, que también alcanzarían la santidad.

El nombre del artista Engelran y el de su hijo Rodolfo han inducido a pensar a los especialistas, con toda razón, que debían ser de patria germánica. Relacionado con su origen, en el mundo otónida, existen varias referencias plástico-iconográficas. En este sentido el arco trebolado con torrecillas donde se representa al santo vestido de pontifical, así como las arquitecturas de la escena del senador Honorio, tienen su mejor paralelo en la miniatura renana de principios del XI. A la misma órbita artística debemos referir la composición de la "Maiestas" teniendo al promotor, el iconografo y a la pareja regia postrados y en actitud orante siguiendo una fórmula bien conocida de las diferentes artes figurativas.

El maestro Engelran trabajó sus relieves en el mismo monasterio o en su inmediatez geográfica. El comerciante que le suministró el marfil para su trabajo era de origen hispanogodo, Vigila. Motivos ornamentales como las cenefas de hojitas redondeadas, los capiteles estilizados y de vegetales convencionales, o los aspectos ya referidos de la arquitectura, o utensilios y algunas ropas demuestran que el artista llevaba ya años trabajando en el territorio hispano. Algunos detalles parecen indicar la existencia de un repertorio icónico anterior sobre la vida del santo, la inversión de la escena del robo del caballo no tiene sentido si fue realizada después de una explicación oral o escrita del iconógrafo, sino en la interpretación de una composición figurada mal entendida. Uno de los relieves, el que nos muestra cómo recobran la vista dos ciegos, representa la escena ante el arca de las reliquias del santo. Por su forma vemos que recuerda la nueva de marfil. Posiblemente ésta ya tuviese un ciclo iconográfico algo más reducido; su ampliación llevaría al maestro a recurrir a formas inspiradas en su propia tradición de origen. El carácter venerable no sólo de las reliquias sino del contenedor debieron ser condicionantes importantes en el mantenimiento de cuanto pudiera perpetuar su recuerdo. La copia de un modelo eborario más antiguo podría también justificar la presencia de motivos de marfiles que ya hemos visto en época anterior en el mismo monasterio. Su cronología debe centrarse en el año 1070.

203

San Esteban de Viguera.

SAN ESTEBAN DE VIGUERA

Camino de Piqueras, en uno de los escarpes que se yerguen sobre el Iregua, bajo un fascinante conglomerado rocoso que le sirve de abrigo, se encuentra esta exótica capilla dedicada a San Esteban.

Se ha querido identificar esta modesta construcción con un monasterio dedicado al mismo titular que figura en la documentación de la décima centuria. En un documento de San Millán de la Cogolla, fechado en el año 992, aparece un abad llamado Belasio entre los abades de los principales monasterios riojanos de la época. Si esta ermita correspondiese a dicho monasterio, no sería más que un oratorio secundario del mismo; su reducido tamaño no puede ser la iglesia de una comunidad de un cenobio del siglo X.

Del análisis de su estructura parece desprenderse que se trata de un viejo edificio de una nave y un ábside, de tradición hispanogoda, que sería adecuado al gusto románico durante la duodécima centuria. Del viejo oratorio se conservaría la nave terminada en un arco triunfal con dos pequeños nichos a los lados, que corresponderían a una de las tipologías más peculiares de los templos hispanos prerrománicos, la que exigía una disposición de triple altar. Los constructores románicos sustituyeron el ábside primitivo por uno de tramo recto y hemiciclo semicircular. Ambos espacios, nave y presbiterio, se cubrían con bóvedas de cañón que, a principios de este siglo, ya se encontraban totalmente arruinadas. Perteneciente a la reforma románica se conservaba una interesante decoración mural en la que se apreciaba una "Maiestas" y una serie de apóstoles. Parte de estos frescos aún son visibles después de una radical restauración.

El que se observe directamente el trasdós de las bóvedas, sin la cubierta de madera y tejas habitual, es lo que le confiere ese aspecto de extraño búnker moderno.

Ermita de Santa María de la Piscina. Fachada meridional.

ERMITA DE SANTA MARÍA DE LA PISCINA

Nos encontramos en esta iglesia con una edificación bien documentada de las formas del románico pleno en tierras riojanas.

Un nieto por línea bastarda del rey don García el de Nájera y yerno del Cid, el infante de Pamplona García Sánchez, a su regreso de haber participado en la conquista de Jerusalén, otorgó testamento en el monasterio de San Pedro de Cardeña, el 13 de noviembre de 1110, disponiendo entre otras mandas testamentarias que se construyese una iglesia que conmemorase su intervención en la citada conquista. Se cumpliría su deseo en tierras de la Sonsierra, donde, en 1137, se fundaba un templo dedicado a Santa María de la Piscina. Existe la tradición asegurando que tan extraña advocación se debe a que el infante asaltó la ciudad por el lugar de la Piscina Probática. Recientes excavaciones han puesto de manifiesto dos piscinas, que se han interpretado como referencia a la de Jerusalén.

Su tipología, ábside semicircular e iglesia rectangular cubierta de bóveda de cañón sobre fajones, responde a una de las fórmulas más difundidas por la arquitectura de primera mitad del siglo XII. Seguramente la fecha de consagración pudo aludir a una primera fase constructiva que se ceñiría al ábside, sin ape-nas interrupción se continuaron las obras por la nave.

Resulta muy curiosa la disposición de la pequeña torre campanario que se levanta sobre el útimo tramo de la nave. Esta solución parece inspirarse en la ya utilizada mucho antes en San Millán de la Cogolla, interpretándose en el templo emilianense como una torre-linterna.

Ermita de Santa María de la Piscina. Capitel del interior.

Catedral de Santo Domingo de la Calzada. Aspecto exterior de la girola.

CATEDRAL DE SANTO DOMINGO DE LA CALZADA

De la iglesia que, en vida de Santo Domingo, fue consagrada en 1106, nada se conserva; mediada la centuria se procedió a levantar un nuevo templo. Según recogen los

Catedral de Santo Domingo de la Calzada. Detalle de la cornisa de la capilla de la girola.

Anales Compostelanos, en 1158, el obispo de Calahorra, Rodrigo de Cascante, puso la primera piedra. Una serie de sucesos relacionados con la historia de la diócesis han permitido aventurar algunos hitos de su proceso constructivo: en 1180 se trasladó la sede episcopal de Nájera a la nueva iglesia calceatense; se da por concluida, aunque pienso que es demasiado prematuro, en el año 1235, cuando se convierte en concatedral con la de Calahorra.

En varios documentos se recoge el nombre del maestro Garsión como responsable de la obra de la sede calceatense entre 1162 y 1199. El período es lo suficientemente amplio para poder afirmar que a él se debe el proyecto de la cabecera del templo, una girola de siete tramos a los que se abrían tres absidiolos semicirculares, de los que sólo se conserva el central. Un hundimiento de principios del siglo XVI, dio lugar a una importante remodelación de la cabecera y de los tramos del crucero.

El tipo de girola seguía de forma reducida la solución que hemos visto definirse en el último cuarto del siglo XI en la catedral compostelana; incluso, como en ésta, se dispuso una tribuna sobre ella cubierta con una bóveda de cuarto de cañón. En el exterior se aprecia el gran hemiciclo del deambulatorio con el único ábside conservado, puede verse la doble ventana que lo ilumina y las saeteras de la tribuna.

Los cien años de diferencia con respecto al modelo compostelano se aprecian en el empleo de ciertas experiencias en bóvedas nervadas y en una escultura monumental en la que existe una tendencia narrativa donde no faltan motivos moralizadores inspirados en las fábulas.

Aunque la escultura del exterior se encuentra en muy mal estado de conservación, la cabeza femenina que exorna uno de los canecillos nos ilustra sobre el elegante y estilizado arte característico de uno de los artistas que antes de acabar el siglo XII trabaja aquí.

San Cristóbal de Canales
de la Sierra. Aspecto
meridional, detalles
de la galería y capitel.

ERMITA DE SAN CRISTÓBAL
DE CANALES DE LA SIERRA

En la sierra de la Demanda, en la vertiente riojana que mira hacia las tierras burgalesas, se encuentra la villa serrana de Canales de la Sierra. Su nombre sonaba ya en la época de los condes castellanos. La primera noticia del templo de San Cristóbal corresponde a un documento de Alfonso VIII, fechado en el año 1170.

Es un edificio románico que muestra en múltiples detalles de su organización tipológica y en el lenguaje de sus formas ornamentales una gran dependencia del inmediato románico burgalés.

Aunque ha sufrido diversas restauraciones y modificaciones, todavía podemos ver su ábside cuadrado, parte de la nave y de una galería porticada, así como una torre de recio volumen prismático. El ábside, pese a su conservadora forma cuadrangular, muestra el cuidado paramento articulado por una arquería de escaso resalte que contribuye a suavizar el efecto masivo de su volumen.

La galería, que debía constar de siete arcos, divididos en dos series de tres separados por la actual puerta central, sólo conserva ésta y una serie. En el extremo oriental, siguiendo

soluciones que también podemos ver en tierras sorianas, tiene dos arcos. Un rico repertorio de motivos geométricos, vegetales e historiados fueron utilizados por los escultores para adornar profusamente la simplicidad de las líneas arquitectónicas. Entre la figuración de los capiteles se aprecian temas moralizantes como la lucha, símbolo de la discordia, eclesiásticos en la escena presidida por San Pedro, o la imagen veterotestamentaria de Daniel entre los leones que podemos ver reproducida aquí. Ha sido representado vestido, en actitud orante en medio de los leones; su imagen victoriosa sobre los fieros animales, interpretada como triunfo sobre la muerte, era uno de los mejores consuelos que podía recibir el cristiano ante el trance final de su existencia. No conviene olvidar que el entorno de estos templos era un cementerio.

Catedral de Salamanca.
Detalle de la nave central.

CASTILLA Y LEÓN

Las tierras castellano-leonesas no reaccionaron inmediatamente a la muerte de Almanzor (1002); pronto iban a caer en las manos del poderoso rey navarro Sancho el Mayor, que, poco antes de morir, dominaba los reinos hispanos desde los condados catalanes hasta el mismo León.

Conocemos cómo se debe a su influencia la introducción de ciertos religiosos catalanes que profesaban la regla de San Benito para ocupar algún puesto de importancia en el organigrama clerical. Lo más sorprendente es que se relaciona con este monarca la construcción de un edificio abovedado, que se suele considerar como la primera manifestación de la arquitectura románica castellano-leonesa, la cripta de San Antolín de Palencia. El edificio resulta de análisis y catalogación bastante problemática, aunque, sea o no, lo cierto es que no tuvo trascendencia conocida en la arquitectura de su época ni en la posterior, mientras que sí parece estar dentro de unas formas continuistas de la tradición hispana.

Un hijo de Sancho, Fernando I (1035-1065), conseguirá la unificación de Castilla y León y creará las bases políticas y económicas de un importante período de expansión. El florecimiento económico del reino y la magnanimidad de los monarcas atrajeron orfebres extranjeros para realizar importantes encargos. Como veremos en varios trabajos de marfil y metal son obras relacionadas con el arte germánico de inmediatamente después del milenio. Suponen una ruptura con lo que conocemos de la plástica hispana, introduciéndose fórmulas iconográficas y técnicas nuevas. Estos orfebres debieron crear escuela pronto y los artesanos locales empezaron a producir obras adaptándose al nuevo estilo. Sobre esta adaptación de los artistas locales a las nuevas corrientes figurativas creo que los miniaturistas que trabajan para Fernando y su esposa Sancha son un buen ejemplo (sobre el arte de estos pintores hemos hablado en la introducción al referirnos al retrato regio del "Diurnal" de Santiago de Compostela).

En arquitectura las principales construcciones siguen siendo según las formas más tradicionales. El templo que Domingo Manso amplía en San Sebastián de Silos o la iglesia de los santos Juan y Pelayo de León patrocinada por los monarcas leoneses son buena prueba de la pervivencia de las soluciones arquitectónicas hispanas.

Durante el tercer cuarto del siglo XI siguió aumentando la presencia de monjes benedictinos catalanes, a veces realizando funciones de responsabilidad en la iglesia secular. En ese ambiente empezaría a sentirse cada vez más la influencia de los monjes de Cluny Fernando I hará una importante donación a este monasterio borgoñón, que sus hijos mantendrán. Posiblemente haya que atribuir a unas circunstancias propicias de este tipo y a las cada vez más estrechas relaciones entre los nobles castellanos y los catalanes las que posibilitaron la presencia de constructores que realizasen edificios semejantes a los que se levantaban en Cataluña.

De las pocas obras de estas características que conocemos, la más importante es la de Urueña.

Durante el último tercio del siglo XI y, muy especialmente, en el reinado de Alfonso VI, se dieron pasos definitivos en establecer la reforma litúrgica y la implantación de las órdenes monásticas que sustituyen a las hispanas. Los principales colaboradores del monarca serán los cluniacenses, verdaderos impulsores de la renovación de aquellos monasterios o catedrales donde se establecen. Para estas nuevas obras se convocan talleres francos o se enseña a los maestros locales para que reproduzcan los modelos que se les muestra. Edificios como la iglesia de San Martín de Frómista que desde 1066 está en proceso de construcción, San Isidoro de León, San Pedro de Arlanza y Santo Domingo de Silos, entre otras —que ya no se conservan—, están en obras en la década de los años ochenta y en ellos se producen algunas de las más importantes creaciones del inicio del estilo en el reino. En torno a 1100, nos encontraremos muchos monumentos que empiezan a reflejar ya algunos de sus logros. Con la conquista de Toledo en 1085, el hábitat de los territorios del Duero y más al sur empieza a tener una importante población que levanta templos que reproducen formas arquitectónicas y decorativas de estos grandes centros. Así surgen realizados por maestros de segundo orden las iglesias de San Esteban de Gormaz, Sepúlveda, San Frutos de Duratón. Más importancia tendrán, ya durante los primeros años del siglo XII, las numerosas construcciones que se inicien en ciudades como Ávila y Segovia.

Del primer cuarto del siglo XII son los primeros frescos románicos mostrando las características formas bizantinas que impulsan la renovación de la pintura románica. Sus afinidades estilísticas con el maestro de Tahull han inducido a algunos especialistas a considerarlas obras de un mismo taller, cuando en realidad no se trata más que de un lenguaje muy convencional y homogéneo que hace que las obras sean de un acabado final semejante, aunque los autores sean diferentes. Entre las obras más significativas debemos señalar las de la iglesia segoviana de Maderuelo y las de San Baudelio de Berlanga. El artista que decoró el panteón regio de San Isidoro de León muestra un arte tan excepcional que resulta difícil su clasificación. La importancia de la ciudad como antigua capital regia debió favorecer la existencia de buenos pintores de cuyas obras podemos saber algo a través de ilustraciones de libros que se sospecha se realizaron aquí. Por lo menos se relacionan con la órbita leonesa el Beato de Burgo de Osma y el iluminador del *Libro de los Testamentos de Oviedo*, lo que hace suponer que en este ambiente ha podido surgir el pintor del panteón. Sus murales se reflejan en las ilustraciones de una Biblia compuesta en la colegiata de San Isidoro en 1162; de esta obra resultan muy expresivas las escenas de David y Goliat.

Durante el reinado de Alfonso VII (1126 - 1157) empiezan a establecerse las comunidades cistercienses, pero las grandes moles de sus iglesias no se levantarán hasta el comienzo del último tercio de siglo. De esta época del tardorrománico son los grandes cimborrios que se construyen por tierras leonesas.

El cimborrio de tradición profundamente hispánica adquiere en la catedral de Zamora un aspecto hermoso y original. Sobre pechinas se levanta una cúpula gallonada y con nervios sobre un tambor cilíndrico. Se ha discutido mucho sobre su remoto bizantinismo; Georges Marçais y Elie Lambert subrayaron ciertas afinidades con la cúpula de la gran mezquita de Kairuán, mientras que más recientemente Dubourg-Noves ha centrado el tema señalando precedentes en torres aquitanas.

En la catedral de Salamanca, que estaba en construcción al menos desde 1154, se construye una iglesia de planta basilical con tres naves y otros tantos ábsides, cuyas obras van a progresar lentamente. El cimborrio aumentará la altura del tambor consiguiendo articular dos órdenes de vanos que le dan una gran plasticidad, a la vez que aligeran el muro. La decoración escultórica de los capiteles de las naves es de una gran belleza.

La gran renovación del arte tardorrománico afectará a las artes figurativas. En pintura

Biblia de León (San Isidoro de León).

veremos como la nueva influencia bizantina se hará sentir en la brillantez del colorido de obras procedentes del escritorio burgalés de San Pedro de Cardeña. En la misma provincia de Burgos nos encontramos los frescos de San

Catedral de Salamanca.
Detalle del interior del
cimborrio.

Pedro de Arlanza, que también responden a esta corriente "bizantinizante" que hemos visto en Sijena y volveremos a tratar en los "Tumbos de Compostela".

Las experiencias del arte francés de la década de los cuarenta se acusa tardíamente, casi veinte años depués. Los conocidos capiteles de Aguilar de Campoo son una de sus primeras manifestaciones, con las figuras de sus cestas realizadas con un arte bello y dotadas de un idealizado naturalismo. Resultan muy interesantes el ángel de la escena del sepulcro o el jine-te de refinados ademanes. Ya en los años setenta una pléyade de escultores por el norte de Castilla y León reflejarán algo más burdamente sus maneras e iconografías. Las grandes figuras de la época son las que Pita Andrade ha considerado los "maestros de la transición": Maestro de San Vicente de Ávila, Maestro de la Anunciación de Silos, Maestro de Santiago de Carrión , etc. A cada uno de ellos le dedicaremos un breve comentario monográfico. En relación con esta plástica escultórica y pictórica se encuentran los esmaltes que proceden del taller de Silos.

214

ESTUDIOS SOBRE EL ROMÁNICO CASTELLANO-LEONÉS

Dado la diversidad de provincias, con publicaciones organizadas generalmente en función de éstas, haré una breve referencia siguiendo un orden geográfico. Como en los demás apartados sería conveniente el completar estas mínimas referencias bibliográficas con el capítulo general.

Estudios específicos de la región apenas existen. J. M. PITA ANDRADE, *Escultura románica en Castilla. Los maestros de Oviedo y Ávila,* Madrid, 1955. L. M. LOJENDIO y A. RODRÍGUEZ, *Castille romane,* 2 vols., La-Pierre-qui-vire, 1967 (existe traducción castellana). A. VIÑAYO, *Leon roman,* La-Pierre-qui-vire, 1972 (existe traducción castellana). M. RUIZ MALDONADO, *El caballero en la escultura románica de Castilla y León,* Salamanca, 1986. E. FERNÁNDEZ, M. COSMEN, M.ª V. HERRÁEZ, *El arte cisterciense en León,* León, 1988.

La síntesis del románico burgalés corresponde a José PÉREZ CARMONA, *Arquitectura y escultura románicas en la provincia de Burgos,* Burgos, 1959 (existen ediciones sucesivas y una de ellas ampliada). Del monasterio de Silos se han ocupado numerosos especialistas desde el trabajo fundamental de Meyer Schapiro —vid. bibl. gral.— a Pérez de Urbel, Lacoste, etc. Recientemente se han publicado las actas del congreso de 1988, que constituyen una importante aportación; *El románico en Silos. IX Centenario de la Consagración de la Iglesia y Claustro,* Abadía de Silos, 1990. Paloma RODRÍGUEZ ESCUDERO, *Arquitectura y esculturas románicas en el Valle de Mena,* Salamanca, 1986.

Sobre el románico de Soria sigue siendo la tesis de Juan Antonio GAYA NUÑO el mejor estudio de conjunto, *El románico en la provincia de Soria,* Madrid, 1946. Una guía del románico soriano es la de Cayetano ENRÍQUEZ DE SALAMANCA, *Rutas del románico en la provincia de Soria,* Madrid, 1986. M. GUARDIA PONS, *Las pinturas bajas de la ermita de San Baudelio de Berlanga (Soria),* s.d.

Carecemos de una síntesis amplia sobre el románico abulense, siendo una obra de VV. AA. el catálogo específico más amplio, *Guía del románico de Ávila y Primer mudéjar de la Moraña,* Ávila, 1982. Es de una gran utilidad el catálogo provincial de Manuel Gómez Moreno.

La obra de Juan Manuel SANTAMARÍA, *Segovia románica,* Segovia, 1988, es el más amplio repertorio de edificios románicos segovianos. El trabajo de Inés RUIZ MONTEJO, *El románico de Villas y tierras de Segovia,* Madrid, 1988, es una visión restringida a un área geográfica.

No existe una obra de conjunto del románico salmantino, todavía sigue siendo el repertorio más completo el estudio de M. GÓMEZ MORENO, *Catálogo Monumental de España. Provincia de Salamanca,* Madrid, 1967.

El románico zamorano ha sido estudiado por Guadalupe RAMOS, *El arte románico en la provincia de Zamora,* Zamora, 1977.

La síntesis de F. LAYNA SERRANO, *La arquitectura románica en Guadalajara,* 2.ª edic., Madrid, 1976, es una visión algo anticuada.

Miguel Ángel GARCÍA GUINEA realizó un modélico estudio sobre *El románico en Palencia,* Palencia, 1966. Isabel BRAVO JUEGA y Pedro MATESANZ VERA, *Los capiteles del monasterio de Santa María la Real de Campoo en el Museo Arqueológico Nacional,* Salamanca, 1986.

Sobre el románico leonés no existe una visión de conjunto, aunque se ha empezado ahora la publicación de estudios parciales. María Concepción COSMEN ALONSO, *El arte románico en León. Diócesis de Astorga,* León, 1986. Para un edificio tan importante como San Isidoro de León los artículos son muy numerosos e interesantes, especialmente los de J. Williams, Moralejo, Rob, etc.

Capitel de la iglesia del monasterio de Santa María de Aguilar de Campoo (Palencia). Museo Arqueológico Nacional.

ARQUETA DE SAN JUAN BAUTISTA Y SAN PELAYO DE SAN ISIDORO DE LEÓN

Un documento de época nos referencia la existencia, en el tesoro de la colegiata leonesa de San Isidoro, de una arqueta de marfil labrada en oro *("capsam eburneam operatam cum aureo")*. Ambrosio de Morales llegó a verla en su forma original describiéndola así:

"..una arca con tanta guarnición de oro, que tiene más de metal que de hueso, y será de más que media vara en largo, y algo mas en alto con la tumba. Está muy bien labrada para ser tan anti-

gua, como lo muestran estos versos, que van escritos por lo alto en un freso de oro que rodea el arca.

Arcula Sanctorum micat haec sub honore duorum Baptiste Sancti Joanis, sive Pelagii

Ceu Rex Fernandus Reginaque Santia fieri jussit. Era millena septena seu nonagena (Año de 1059).

Esta Arca ya se ve como se hizo para guardar la Megilla de S. Juan Bautista, que aqui estaba desde tiempo del Rey D. Alfonso V. y para reliquias de S. Pelayo, que se trugeron de nuevo de Oviedo. Más después en la Era MCIII. quando trujo el el Rey el Cuerpo de S. Vicente de Abila, se encerró aqui en esta Arca, y la Megilla de S. Juan Bautista, y las Reliquias de S. Pelayo se pusieron en otras custodias, como agora están, y alli se reverencia el Cuerpo de solo el Santo

Martir, y en su Arca se saca alguna vez por el Claustro."

Este texto del siglo XVI nos permite saber que el arca estaba guarnecida con oro y que tenía un letrero que nos informaba que había sido encargada por Fernando I y su esposa Sancha en el año 1059.

En la actualidad ha perdido su guarnición metálica, conservándose la estructura de madera, un paralelepípedo con una tapa troncopiramidal, y veinticinco piezas de marfil que forman un curioso programa iconográfico. Por el interior se forra con una tela de características orientales, de un hermoso tono verde, de las que tan usuales eran entre los comerciantes hispanos del medievo. Mínimos clavitos áureos todavía son perceptibles.

Sobre las caras verticales se colocan doce placas rectangulares, cuatro en cada uno de los frentes largos, y dos en los estrechos. Su composición es la misma: un arco de herradura en cuyo interior se encuentra uno de los apóstoles. Éstos se representan de pie, con un libro en la mano —San Pedro tendrá unas largas llaves en las que se escribe su nombre—, mientras que la otra la levantan como apostrofando. Concebidos frontalmente, ladean sus cabezas y sus pies desnudos. El artista, en su afán de individualizarlos, introduce pequeñas variantes en el gesto de la mano y en los detalles del plegado de las túnicas. Ese sentido de evitar la monotonía reiterativa le lleva a decorar de forma diferente los arcos que enmarcan las figuras.

Por la parte superior se colocó una pieza algo más grande con la imagen del Cordero entre los signos de los evangelistas. El resto son representaciones de serafines, arcángeles —San Miguel alanceando el dragón—, ángeles y los ríos del paraíso. Parece que se ha querido representar en lo que podría ser la cúpula celeste —interpretada así la tapa troncopiramidal— toda la corte celestial, mientras que en

Arqueta de San Juan Bautista y San Pelayo de San Isidoro de León.

los montantes, como soporte, el colegio apostólico.

No se puede dudar que nos encontramos con una obra de plástica románica, así se muestran las figuras y algunos detalles arquitectónicos como la representación de arquivoltas con los tópicos tacos del románico; sin embargo, este taller áulico que trabaja para los monarcas leoneses está impregnado de formas hispanas tradicionales, cosa lógica si tenemos en cuenta el medio cultural en el que se encontraban trabajando.

217

CRUCIFIJO DE FERNANDO I
Y SANCHA

La imaginería románica en España tiene en este crucifijo su obra maestra.

Su documentación histórica es muy precisa, figura entre las donaciones que Fernando I y Sancha realizan al monasterio de San Juan Bautista de León con motivo del traslado de las reliquias de san Isidoro a este lugar en 1063: "FREDINANDUS REX ET SANCTIA REGINA, translato corpore S. Isidori Archiepiscopi Hispalensis in Legionem, amplissime ornant ditant Monasteriunm S. Joannis Baptistae coram pluribus Episcopis optimativus, qui ad traslationemm celebrandam convenerunt", es decir, "El rey Fernando y la reina Sancha, con motivo del traslado del cuerpo de San Isidoro a León, adorna magníficamente el monasterio de San Juan Bautista a cuyo santuario acudieron varios de los principales obispos para celebrar el traslado". Más adelante el documento precisa: "Offerimus igitur..ad honorem...Sancto Joanni Baptistae...id est... crucem auream cum lapidibus... aliam eburneam, in similitudinem Redemptoris Crucifixi", cuya traducción dice así, "ofrecemos ...en honor de san Juan Bautista...una cruz aurea con piedras... otra de marfil, representando la imagen del Redentor crucificado".

Por si el documento no fuese lo suficientemente explícito, en la misma cruz hay un letrero que referencia el nombre de los donantes; en la parte baja del brazo vertical podemos leer: FREDINANDUS REX/SANCIA REGINA.

Cristo adopta la convencional forma de cuatro clavos, apoyando los pies en un supedáneo. La cabeza ligeramente inclinada hacia su derecha, manteniendo los ojos expresivamente abiertos (son dos zafiros). Realizado el cuerpo en un bloque, los brazos se tallaron en piezas distintas. Se cubre desde la cintura con un paño de pureza. La anatomía es de una corporeidad muy sumaria, marcándose los pectorales y costillas con unas leves incisiones. Pese a su escasa altura, apenas treinta y cuatro centímetros, nos transmite la idea de una divinidad de sobrecogedora monumentalidad.

Frente a las simplificadas formas de la anatomía de Cristo, contrasta la filigrana y fantasía desbordante de la ornamentación de los brazos de la cruz, decorados por todos lados, incluso los bordes laterales.

En el anverso, sobre el que se clava el Crucificado, corre una estrecha cenefa de abigarrados cuerpos de hombres y animales. Arriba, una plaquita rectangular con la imagen de Cristo saliendo del sepulcro, mientras que abajo se reproduce a Adán emergiendo de la tumba. Por el reverso, personajes y animales aprisionados por los roleos ocupan toda la superficie de los brazos. En el centro se coloca el Cordero y, en los extremos, cada uno de los cuatro símbolos de los evangelistas. Algunos especialistas han intentado realizar una lectura compleja de lo que pudo significar el mensaje de estas imágenes y la intención del monarca con su ofrenda. Se trata, como ya hemos indi-

cado al referirnos a los promotores del románico, del voto de un piadoso matrimonio, que, dada su condición regia, puede permitirse encargar sus ofrendas a los mejores artistas del momento.

La cruz ha sido concebida como símbolo de victoria, la espiga inferior sirve para enmangarla y poder izarla. Por su frente podemos ver un típico cristo románico, vivo, triunfador sobre la muerte (la representación de Cristo saliendo del sepulcro redunda en este significado). La sangre del sacrificio, como la de la eucaristía, sirve para vivificar al que está muerto en el pecado; en este caso, inspirándose en el viejo texto apócrifo, podemos ver cómo la sangre que cae de la cruz sirve para resucitar a Adán, que estaba enterrado en el Gólgota. Por el reverso se sigue insistiendo en la victoria del mensaje divino; aquí el Cordero se yuxtapone triunfante sobre la compleja maraña de hombres y animales. Estas palabras de Gómez Moreno creo que resumen su significado: "En esta composición se nos ofrece a la Humanidad caída sufriendo las embestidas de fieras y monstruos, que son las pasiones, y sobre ella el 'Agnus Dei', augurando la Redención mediante la cruz, y los evangelistas por testigos de ella. Así este frente de la cruz leonesa reclama prioridad respecto del opuesto, y ambos completan el poema de la Humanidad redimida".

Como todas las imágenes altomedievales, tiene un pequeño receptáculo como déposito para reliquias, posiblemente el "lignum crucis". De esta manera se evitaba cualquier tipo de veneración idolátrica.

Es obra del mismo taller que realizó la caja anterior, aunque, mientras que en aquélla vemos la mano de discípulos, aquí ha sido trabajada, casi en su totalidad, por el maestro principal. La forma de la cruz y la iconografía de Cristo parece responder a modelos bien conocidos en la órbita de la plástica otoniana; sin embargo, como tantas otras creaciones del marfil del siglo XI, presenta detalles ornamentales relacionados con la tradición eboraria hispana. La presencia, a mediados de la oncena centuria, de orfebres alemanes podría ser la causa de la renovación plástica de los talleres hispanos.

Relicario de San Isidoro.
Conjunto.

RELICARIO DE SAN ISIDORO

Si el traslado del cuerpo de San Isidoro había sido causa de tantos fastos y suntuosas ofrendas, es lógico que se dispusiese para albergar sus reliquias de una obra importante. Desde 1065 consta la existencia de este arca metálica conteniéndolas. Sobre una estructura leñosa se engastaron placas de plata repujada con abundante figuración. Por el inte-

Relicario de San Isidoro.
Detalle.

rior se colocó un forro de telas de motivos orientales.

Las principales representaciones se situaron en compartimentos rectangulares que ocupaban las paredes verticales del relicario. El ciclo figurativo se reduce a escenas del Génesis y al retrato del donante, Fernando I: Creación de Adán; Tentación; Reconocimiento de la culpa; Dios viste a Adán y Eva; Expulsión del Paraíso; el oferente de pie.

La composición de las escenas se limita a los personajes básicos y sin ningún tipo de complemento escenográfico, a excepción de la tentación que requiere la presencia de dos árboles, uno de ellos para la serpiente. El relieve es moderado para el cuerpo, mientras que se sobreeleva rotundamente en alguna de las cabezas. Se ve que el modelo seguido es el de las grandes puertas otonianas de Hildesheim y el de otras obras más delicadas de la orfebrería alemana, aunque sin llegar a las calidades de los famosos antipendios.

Si comparamos esta obra, regalo regio, con la famosa arqueta prerrománica de Astorga, también encargo áulico, nos daremos cuenta de la gran progresión que se ha producido en la metalistería. La renovación sólo se explica por la presencia de artífices germanos portadores de unas técnicas muy experimentadas desde hacía más de cincuenta años. Estos artistas se afincarán en el reino leonés y podremos ver como su arte se prolonga en otros talleres locales durante todo lo que queda de siglo.

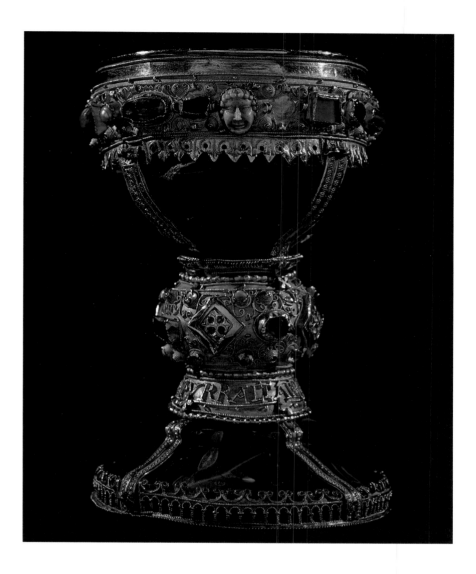

Cáliz de doña Urraca
(San Isidoro de León).

CÁLIZ DE DOÑA URRACA

La misma orfebrería germánica es la que ha hecho posible la creación de una joya como este cáliz. Para su realización se aprovecharon dos copas de ónice, engarzándolas con una armadura de oro que lleva decoración de piedras y un marfil antiguo. Filigrana de hilo y cordoncillo de oro son los principales recursos ornamentales para fijar las engastaduras y perfilar estéticamente las enchapaduras.

La forma de dos cuencos semiovoideos unidos por un astil con nudo central responde a una solución hispana bien conocida a través del lenguaje icónico de las miniaturas. El cáliz de Santo Domingo de Silos, obra de material menos suntuoso y más apegado a un lenguaje de ornamentación convencional, presenta igual silueta. Las irregularidades que apreciamos en el perfil de esta obra leonesa se deben a los condicionantes de la deformación de los ónices reaprovechados, pero, para el sentimiento estético del momento, es más importante el valor material que la corrección de la forma.

Tradicionalmente se considera que fue un regalo que doña Urraca la Zamorana, hija de los reyes Fernando y Sancha, hizo a San Isidoro con motivo de los fastos de 1063, aunque no exista constancia documental del hecho. En la parte inferior del nudo un letrero nos indica el nombre de la oferente: URRACA FREDINANDI (Urraca Fernández, es decir, hija de Fernando).

Santa María de Urueña (Valladolid). Aspecto septentrional.

SANTA MARÍA DE URUEÑA

Nos encontramos aquí con uno de los más sorprendentes edificios del románico leonés, la forma de sus muros y la estructura de sus volúmenes resultan exóticos en este territorio.

La gran masa de una torre-cimborrio se dispone sobre el centro de la nave de crucero. A éste se articulan tres absidiolas semicirculares. Hacia los pies del templo se extienden a dos niveles las tres naves, la central más ancha y alta. Tanto por el Oeste como por el Este se le han añadido obras modernas que privan al conjunto de su aspecto original; sin embargo, la uniforme y cálida policromía de los sillares evitan la estridencia de las formas anacrónicas.

Si nos fijamos en el conjunto de la cabecera podremos percibir que se trata de una obra de un maestro de larga experiencia; las masas se escalonan equilibradamente desde lo alto del tejado hasta fundirse con la vegetación de la tierra. El octógono del cimborrio aparece sólidamente contrarrestado por los grandes pilares-

Santa María de Urueña (Valladolid). Detalle de la cabecera.

soporte de las esquinas, escalones intermedios en el descenso de las masas al brazo del crucero, ábside central y absidiola. La decoración del muro se consigue con los arquillos característicos de los edificios catalanes y aragoneses del primer románico; incluso el tratamiento mural emplea las lesenas de sección rectangular.

Algunos derrumbes nos han privado de la articulación de la totalidad de los muros del edificio. También el deseo de modernidad ha llevado a adosar algunas dependencias y adornos que disfrazan en parte la fábrica primera: una sacristía, la espadaña y el pórtico occidental.

Una reciente restauración nos permite contemplar sin postizos el interior, aunque claro está sin el color de la pintura, sino con la policromía directa del material constructivo.

La nave central cubierta con un cañón sobre fajones, y un transepto también abovedado. Los arcos que comunican con las naves colaterales son bajos. Como los vanos no aparecen doblados y, salvo los pilares que están bajo el cimborrio, tampoco se escalonan con esquinas o codillos, el aspecto de los muros tiene un fuerte carácter de arquitectura prerrománica.

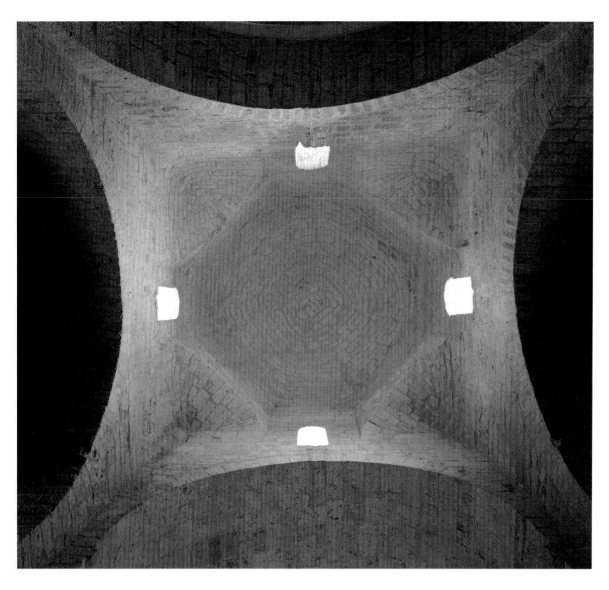

Santa María de Urueña
(Valladolid). Cimborrio.

El cimborrio parte de una forma cuadrada de base, que las correspondientes trompas transforma en octogonal para servir de apeo al casquete esférico.

¿Cómo interpretar un edificio como éste? No hay duda que el conjunto de la cabecera por el exterior resulta una creación típica de la arquitectura catalana, me atrevería a decir —considerando su menor tamaño y la parte que permanece enterrada por el recrecimiento del terreno— que incluso más proporcionada que el modelo más paradigmático que le pudiéramos buscar, San Vicente de Cardona. La principal diferencia residiría en un mayor tamaño de los sillares y en la labra de éstos con respecto a la referencia catalana.

En el interior todo es diferente salvo el aparejamiento de los ábsides y de los pilares que sirven de base al cimborrio. Los arcos de los intercolumnios son chaparros, algunos con cierta tendencia a la herradura y, sobre todo, faltos de recursos articulatorios. Se diría que la iglesia ha sido proyectada y dirigida por un maestro que conocía perfectamente las soluciones catalanas; por lo menos eso es lo que se

desprende de la observación de la cabecera hasta el transepto. Desaparecido este responsable, la obra fue continuada con unas formas más acordes con la tradición arquitectónica local.

No conocemos las circunstancias históricas que hicieron posible su construcción, pero debe de haber algún nexo histórico que facilite la comunicación de este lugar con los condados catalanes. Sabemos de manera general que desde el reinado de Sancho el Mayor clérigos catalanes se sitúan en puestos de responsabilidad en varios puntos de la geografía leonesa —diócesis de Palencia, Oviedo, Santander, etc.—, lo que pudo favorecer la difusión de este tipo de construcciones a partir del segundo tercio del siglo XI; sin embargo, los restos conservados son mínimos y, salvo en este caso, tardíos.

A diferencia del ábside de Perazancas, que veremos a continuación, nos encontramos aquí con una arquitectura de formas teóricas bastante puras dentro de la definición del estilo, mientras que lo no canónico responde todavía a planteamientos prerrománicos. Por todo esto pienso que la cronología de este monumento debe situarse en el tercer cuarto del siglo XI.

Santa María de Urueña
(Valladolid). Interior
de la nave central.

San Pelayo de Perazancas
(Palencia). Abside.

SAN PELAYO DE PERAZANCAS

Estamos ante una muestra de la arquitectura del primer románico "contaminada" con un sentido de la plasticidad mural de claro origen en el románico pleno. Es una obra de menores pretensiones arquitectónicas que la que acabamos de ver, pero más avanzada estilísticamente.

Muy pocos son los datos que tenemos sobre este edificio. El más antiguo nos lo suministra el propio monumento que conserva un epígrafe conmemorativo de su construcción. Conservado en el interior de la nave, su lectura ofrece algunas dificultades:

IN NOMINE DOMINI / IHESU XRISTI / SUB HO / NORE SANCTI / PELAGII PELAGIO ABAS FECIT / IN ERA MCXIIII OBTI / NENTE REX ILLEFONSUS / IN LEGIONE

Su traducción sería: En el nombre del Señor Jesucristo, el abad Pelagio hizo en honor de san Pelayo, en la era 1114 (año 1076), gobernando el rey Alfonso en León.

De estos datos deducimos que un templo dedicado al mártir cordobés fue realizado por el abad Pelayo en 1076. Durante la segunda mitad del siglo XII el templo debía corresponder a una comunidad de monjas. En 1199, Alfonso VIII, estando en el cerco de Vitoria, hizo cesión de la villa de "Sanctum Pelagium de Pedrasancas" al monasterio de San Andrés del Arroyo, permaneciendo bajo el poder de este cenobio cisterciense como granja hasta el siglo XV. El 11 de julio de 1457, por problemas económicos, las monjas vendieron su granja al *"conçejo et omes buenos de perazancas"*.

De la fundación románica se conserva el ábside semicircular. Podemos ver en esta imagen de su exterior cómo el muro se ha organizado con sillares bastante regulares y un grueso cornisamiento. Éste se compone de una

San Pelayo de Perazancas (Palencia). Detalle de la decoración pictórica.

moldura de tacos y un friso de arquillos. Los mismo tacos están en la chambrana de la saetera. De arriba abajo se corta el muro con unos resaltes que no son las típicas lesenas que hemos visto en el primer románico catalán y aragonés, sino semicirculares, pienso que se han considerado como fustes de columnas. La fecha de 1076 puede referenciar el inicio de una obra que se construiría con los elementos usuales del primer románico —friso de arquillos y saeteras de doble derrame—, pero que la presencia de tacos y el contrafuerte concebido como fuste indican que ya entonces se estaba edificando con soluciones del románico pleno.

Durante el tercer tercio del siglo XII se procedió a decorar con pinturas el interior del ábside. El conjunto ha llegado hasta nosotros en bastante mal estado de conservación; sin embargo, nos encontramos con fragmentos de una gran calidad, como las representaciones de los meses de septiembre y octubre que aquí reproducimos.

En el arco triunfal se pintó un pequeño ciclo de escenas cainitas, mientras que la cuenca absidal se reservó para una gran "Maiestas". En el cilindro del ábside, debajo de la Majestad, el colegio apostólico y , bajo éste, todo alrededor un calendario con la representación de los meses. Lo más curioso es la ordenación del mensario, que no comienza por ninguna de las formas habituales, sino que lo hace por el mes de noviembre siguiendo los usos del viejo calendario litúrgico hispano que fijaba en este mes el principio de la *"revolutione toti circuli anni"*.

El pintor denuncia todavía los ecos de los frescos que decoran el panteón de San Isidoro de León, la estilización de la figuras y lo agradable de una paleta cromática de tonos muy suaves y equilibrados. En estas dos fragmentarias composiciones contemplamos las siguientes actividades campesinas: septiembre representado por un personaje vendimiando con un cuchillo, con el que corta los racimos que deposita en un cesto; octubre figura como un porquero que varea las ramas para que caigan las bellotas que comen los cerdos (de éstos solo se ve las crines de uno de ellos).

La decoración de este ábside es la ilustración de las palabras del salmista que canta la bondad divina bendiciendo el año; por efecto de esta bendición la tierra se convierte en un paraíso cubierto por rebaños y mieses. Se pinta la teofanía presidiendo los trabajos de los meses :"Coronas la añada con toda suerte de bienes y tu carro destila la abundancia ".

San Isidoro de León.
Panteón.

San Isidoro de León.
Capiteles del panteón.

SAN ISIDORO DE LEÓN

El templo de San Isidoro de León forma con los de Jaca, Frómista y Santiago de Compostela los tres factores decisivos y fundamentales no sólo en la difusión del románico pleno en las tierras peninsulares, sino inclusive en la misma consolidación teórica del estilo. Las aportaciones de este monumento se centran fundamentalmente en marcar las directrices de la aplicación de la escultura monumental hasta el primer tercio del siglo XII en una amplia zona geográfica.

Los datos históricos sobre el proceso constructivo de este monumento son numerosos, pero bastante confusos. Pese a los buenos dedicados a su conocimiento, todavía permanecen incógnitas fundamentales.

Alfonso V (999-1027) construyó un templo dedicado a los santos Juan el Bautista y Pelayo. No tenemos muchas noticias sobre cómo estaba construido y cuál era su forma tipológica. Sabemos que en él se encontraba un cementerio regio y que estaba edificado con un mediocre mampuesto *("de luto et latere")*. Por lo que conocemos de los cementerios reales anteriores y posteriores, debemos suponer que tendría la forma de un espacio rectangular dispuesto en la parte occidental.

Cuando se produjo el traslado de los restos de San Isidoro en 1063, se procedió a consagrar un nuevo templo de San Juan Bautista que, debido a la traslación, pronto será mejor conocido por San Isidoro. Fernando I había accedido a los ruegos de su esposa para que ambos fuesen enterrados en el panteón real que su padre, Alfonso V, había edificado. Desde hacía tiempo, el monarca venía deparando su espe-

228

cial atención a este templo, por lo que terminó convirtiéndose en una auténtica iglesia áulica.

Poco después de morir su padre, la infanta Urraca se encargaría de la protección del monasterio hasta su muerte en 1101. En su epitafio se ha dejado constancia de su magnanimidad: "ordenó agrandar su iglesia y la enriqueció con numerosos presentes". A partir de este año de 1101 se suceden una serie de datas imprecisas que, apenas, nos dan alguna idea sobre la marcha de las obras. En el ábside se grabó la referencia del año 1124 (ERA MCL-XII), del que ignoramos qué quería decir. Pocos años antes, en 1110, las infantas Urraca y Elvira hicieron una donación para la construcción *("ad laborem")*. Por fin, tendrá lugar una consagración solemne el 6 de marzo de 1149. Los impulsores de la nueva campaña constructiva son Alfonso VII (1126-1157) y su hermana Sancha, muerta en 1159. Un epígrafe de la nave de la iglesia nos informa sobre el maestro que se encargó de esta última fase de la obra: "Aquí yace Pedro Diostamben, que terminó esta iglesia. Es igualmente el que construyó el puente que se denomina de Deus tamben. Éste fue un hombre de gran penitencia y que brilló por numerosos milagros; por su reputación extraordinaria. Fue enterrado en este lugar por orden del emperador Alfonso y de la reina Sancha."

Estos datos documentados de la historia del proceso constructivo marcan unos determinados momentos que, en algunos casos, resulta muy difícil poder sincronizar con la lectura que la arqueología y el análisis de las formas nos ofrecen.

Un modesto templo con un cementerio real se construyó por parte de Alfonso V; sabemos que su material era pobre. La predilección de Fernando y su esposa Sancha hacen que doten espléndidamente la iglesia y procedan a una nueva obra que concluye con la solemnidad de la traslación de los restos de San Isidoro en 1063. A partir de aquí empiezan las dificultades de reconocer la marcha de las obras y su estilo. La opinión más generalizada es que el templo construido por Fernando I consistía en una basílica de tipo asturiano de tres naves y cabecera tripartita de testeros rectos y escalonados.

La expresión *"ampliavit ecclesiam istam"* que aparece en la sepultura de Urraca se interpreta como una constatación de la obra emprendida por la infanta, que sería la cons-

San Isidoro de León.
Fachada septentrional.

San Isidoro de León.
Capiteles del pórtico.

San Isidoro de León.
Interior de la iglesia.

trucción del panteón y, posiblemente, la iniciación de una nueva iglesia. Todas estas obras corresponderían ya al románico pleno. Desde los primeros años del siglo XII se trabajaría en la obra de la iglesia, que no se concluiría hasta la consagración de 1149.

Si se acepta esta secuencia meramente hipotética, la primera obra románica sería el panteón regio que se dispuso a los pies del templo. Su cronología tiene que corresponderse con las dos décadas finales del siglo XI. Es una dependencia de nueve tramos ubicada a los pies de la actual iglesia. No es una obra que parezca unitaria en su forma actual; seguramente se ampliaron los tres tramos más occidentales. La visión más aceptada de este conjunto, donde reposan los restos de los monarcas castellano-leoneses, es considerar que se trata de una estructura similar a la torre pórtico de la iglesia abacial de Saint-Benoit-sur-Loire. En esta comparación se ha buscado, ademas de la misma ubicación ante la fachada occidental del templo, la división en dos pisos, pues en León sobre el panteón se construyó una tribuna que se abría hacia el interior de la nave central, y, sobre todo, ha influido que ambos conjuntos con sus respectivas cronologías ocupan un puesto decisivo en la conformación de la escultura monumental románica en su entorno geográfico.

Si el monumento francés es un pórtico monumental ante la puerta del templo, el leonés no funciona así, no comunica la calle con la iglesia. En San Isidoro lo que se hizo fue ampliar un viejo cementerio rcal de tradición hispana tal como se ha podido constatar en el

230

San Isidoro de León. Brazo
meridional del crucero.

panteón de los reyes asturianos de Oviedo. La
continuidad de estas formas asturianas y su readaptación con formas románicas es práctica
bastante habitual en construcciones de los
siglos XI y XII.

Los capiteles responden a varios prototipos;
la mayoría adopta el esquema corintio com-
pletándolo con vegetales, animales e historiados. En el centro del espacio principal se sitúan
dos columnas de grandes capiteles vegetales
con piñas. Son también interesantes los dos de
la puerta que comunica con la iglesia, en los que
se representa la curación del leproso y la resurrección de Lázaro. Los temas han sido sabia-

mente elegidos en función del espacio funerario en el que se encuentran. Las obras siguieron después con un pórtico lateral que se pro-
longaba por la fachada septenrional de la primitiva iglesia. Ya en pleno siglo XII se dispuso
la tribuna sobre el panteón.

La iglesia como conjunto arquitectónico no
ha sido estudiada monográficamente; se han
dedicado la mayoría de los trabajos a analizar
la riquísima colección de capiteles. Tiene tres
naves, con un amplio crucero acusado sobre las
colaterales y una cabecera de tres ábsides
semicirculares; el central ha sido sustituido por
un gran presbiterio gótico. Se aprecia claramente que ha habido varios proyectos románicos reaprovechando la vieja fábrica prerrománica. En los seis tramos de las naves a partir del crucero vemos que pilares y muros se
han reordenado por lo menos con dos criterios
diferentes. Crucero y cabecera tampoco responden a un plan que armonice sincrónica-
mente con las naves. Los abovedamientos son
de aristas para las colaterales, mientras que la
nave central lo hace con un cañón; hay ciertas
irregularidades en su apeo que denuncian que
esta solución no estaba prevista en el proyecto original.

La organización de los muros laterales de la
nave central presenta una de las soluciones más
maduras de la arquitectura románica española
para edificios de tres naves sin tribuna: una

San Isidoro de León.
Detalles de la Portada
del Cordero.

233

San Isidoro de León.
Tímpano de la Portada del
Cordero.

arcada separando las naves y, sobre ella, un orden de grandes ventanas enmarcadas arriba y abajo por sendas impostas de tacos. Si comparamos esta fórmula con la aplicada en San Martín de Frómista, se verá la intención del arquitecto por conseguir una altura conveniente para crear un espacio más solemne y alto, evitando la excesiva gravidez que producen las bóvedas de cañón cuando descansan sin una altura razonable sobre la línea de impostas primera, la que se corresponde con el trasdós del intercolumnio. Los grandes arcos que comunican con los brazos del crucero son de una gran diafanidad y altura, pero, sobre todo, producen una agradable sensación de exotismo con su forma polilobulada de claro origen hispanoandaluz.

Exteriormente la iglesia también acusa la

introducción del orden de ventanas altas, lo que le confiere una proporcionada y armónica distribución de los tres volúmenes de las naves, percibiéndose nítidamente la central.

En el muro meridional se realizaron las dos grandes portadas monumentales del templo, la del Cordero y la del Perdón. Debe tenerse en cuenta que, al no disponer de posibilidades de una puerta occidental, hay que proyectar aquí la parte más importante del programa iconográfico.

La más antigua es la del Cordero, así denominada por estar dedicada al "Agnus Dei". Se abre en el cuarto tramo de las naves a partir del Occidente. Fue concebida en un cuerpo en resalte sobre la fachada, coronado por una cornisa y teniendo a los lados sendos relieves representando a dos de los patronos, Isidoro y

234

Pelayo, pisando protomos de animales. Una remodelación moderna ha dejado sólo la parte de las arquivoltas y columnas, mientras que la cornisa ha sido deshecha aprovechándose algunas piezas. En el tímpano se dispusieron varios temas de gran tradición en la iconografía hispana: el cordero en el interior de una mandorla portada por ángeles. Parece como si se hubiese tenido la intención de subrayar el mensaje eucarístico con el doble anuncio de la redención. Es bien sabido que el sacrificio de Isaac es un tipo veterotestamentario del de la cruz, mientras que el cordero del Apocalipsis también será un anuncio de la divinidad en su segunda parusía. Junto a los dos protagonistas del sacrificio, Isaac y Abraham, podemos ver el cordero que será utilizado como víctima sustitutoria y el ángel que detiene el sacrificio. El resto de personajes han sido interpretados como las dos descendencias del patriarca

San Isidoro de León. Detalles de la Portada del Perdón.

235

San Isidoro de León.
Tímpano de la Portada del
Perdón.

Abraham, representadas por su esposa Sara y la esclava Agar de la que procederán los ismaelitas.

J. Williams ve en una segunda lectura una visión de connotaciones políticas: la presencia de los hijos de Agar, los ismaelitas, y los de Sara, los cristianos, sería una manera de representar el antagonismo de la Reconquista entre moros y cristianos.

En el extremo del brazo del crucero se colocó la segunda puerta, la del Perdón. Se trata de un escultor diferente al de la anterior; se le ha supuesto formado en uno de los talleres que han trabajado en la puerta de Plarerías de la catedral compostelana. Conservamos la fachada completa en su estado original, perfectamente organizada en dos niveles: abajo la puerta propiamente dicha, con las figuras de Pedro y Pablo a los lados, mientras que arriba, sobre un alero, una triple arcada. La composición se inspira claramente en la típica organización de algunas portadas monumentales romanas. Centrándonos en el tímpano podemos ver cómo con un carácter narrativo se nos narran tres escenas en secuencia, un verdadero ciclo cristológico sintético, pero de una gran expresividad: Muerte, Resurrección y Ascensión. En el centro, el Descendimiento; a la izquierda, las Marías ante el sepulcro vacío, y a la derecha, la Ascensión. Un rótulo no deja lugar a la duda para la comprensión de esta última escena: Asciendo a mi Padre, Padre vuestro (ASCENDO AD PATREM MEUM PATREM VESTRUM).

DECORACIÓN PICTÓRICA DEL PANTEÓN

El cementerio real se completó con una decoración de pintura al fresco, cuya realización debe corresponder a la primera mitad del siglo XII, sin que se pueda precisar con argumentos documentales o plásticos. Al restaurarse estos frescos han aparecido debajo indicios de una decoración previa que debe corresponder a las pinturas que se harían nada más terminar la obra. La presencia de una pareja real a los pies de la Crucifixión, teniendo él la indicación de Fernando (FREDENANDO REX), nos hace suponer que se trata de una alusión conmemorativa del monarca con el que se relaciona la fundación del panteón.

Sobre las bóvedas se dispuso un programa redentor, con una marcada intención escatológica, debido al carácter funerario del lugar. El ciclo da comienzo con la Anunciación y concluye con la Crucifixión. De todas las composiciones merece mención especial la del Anuncio a los pastores, verdadera obra maestra de toda la pintura románica europea.

Sobre un fondo blanco dos pastores reciben el mensaje del ángel, uno alimenta una cría mientras que otro se entretiene tocando un ins-

Decoración pictórica del Panteón de San Isidoro de León.

237

Decoración pictórica del
Panteón de San Isidoro de
León.

Decoración pictórica del
Panteón de San Isidoro
de León.

trumento musical de viento, y el tercero hace sonar un cuerno. Por distintos sitios se encuentran los animales que pastorean. No existe apenas paisaje, reducido a la mínima expresión de unos sencillos árboles con unas ramas casi peladas. El pintor significa al mínimo los colores de tonos ocres y azules sobre un blanco puro que recorta las figuras transmitiendo cierto sentido etéreo. Un letrero nos indica quiénes son los protagonistas: ANGELUS PASTORES. Esta imagen es tan excepcional que rompe con la teoría tópica de la pintura románica del período pleno, produciendo unos efectos ilusionistas que desde la época carolingia no se veían en la pintura occidental. Igualmente resulta conmovedor el aire bucólico que muestra el conjunto, pese a ciertos convencionalismos, diríase arrancado de una ilustración romana.

Las distintas figuras que componen los doce medallones del calendario figurando los meses del año son una verdadera ilustración de las faenas y entretenimientos del campesino según la temporada. Estos mensarios medievales no han olvidado sus modelos romanos, de tal manera que enero sigue estando representado por Jano, el de las dos caras, con una despide el año viejo, mientras que la otra mira ya hacia el futuro del nuevo.

La capacidad compositiva del artista se aprecia en la no repetición de los esquemas en las grandes composiciones, denunciando modelos de inspiración muy diferentes, a veces siguiendo la vieja iconografía de origen hispano. Aunque algo deteriorada, resulta fascinante la glorificación de Cristo en el Apocalipsis. Pero donde el pintor ha creado unas escenas con una intrincada escenografía arquitectónica, en la que las figuras se adecuan perfectamente dentro del marco correspondiente, son la Última Cena y la Matanza de los Inocentes.

Sobre este artista ignoramos absolutamente todo, no ya de su personalidad, que es lo normal, sino sobre su arte, un verdadero *"unicum"* sin parangón.

SAN MARTÍN DE FRÓMISTA

Situado en el camino de Santiago, fue realizado por varios talleres de escultores de los que contribuyeron decisivamente a la definición de la escultura monumental del románico pleno por tierras leonesas, haciendo su influencia sobre un número considerable de edificios de la primera mitad del siglo XII. Su importancia de ejemplo paradigmático no sólo estriba en las características del estilo escultórico, sino en la organización del orden de los muros con la forma de vanos, puertas y cornisas. Ha sufrido una importante restauración durante el siglo XIX, que Gómez Moreno criticó así: "Se desmontó y rehízo

desde los cimientos toda la iglesia, excepto la nave lateral de hacia el Norte con su torrecilla, reponiendo en su sitio antiguo los elementos estructurales... Fueron renovados hasta 86 modillones, muchos trozos de cornisa, 11 capiteles, 46 basas y 12 cimacios, copiando y completando lo antiguo con más o menos acierto."

El aspecto actual del edificio tiene, debido a esta radical intervención restauradora, un cierto aire de pastiche histórico; sin embargo, se puede asegurar que desde el punto de vista estructural no se ha falseado la visión del conjunto con respecto a lo que se había proyectado. Nos encontramos ante un edificio con una gran unidad de estilo, en el que los volúmenes y los muros responden a una concepción uniforme, ejecutada por varios talleres de cante-

ros, pero con absoluta continuidad de las formas arquitectónicas y escultóricas, aunque se aprecia una menor calidad en los últimos escultores.

El inicio de su construcción está perfectamente confirmado por un documento de la condesa doña Mayor, esposa y viuda del rey Sancho III de Navarra, quien testaba el 13 de junio de 1066 siendo testigos el obispo Bernardo de Palencia y Jimeno de Burgos, a favor del monasterio benedictino de San Martín que ella había creado y comenzaba a edificar *("aedificare coepit in Fromesta")*.

A partir de este año se debieron suceder las obras de construcción rápidamente, pues antes de que acabe la centuria ya se aprecia su influencia en muchos templos al norte y sur del reino leonés.

La iglesia adopta la planta basilical de tres naves con otros tantos ábsides semicirculares. La nave central sobresale ligeramente en altura sobre las colaterales, pero no lo suficiente para permitir introducir un orden de ventanas. Tiene una nave de crucero que se marca en altura y en una mayor profundidad del tramo, pero no se aprecia sobre los laterales. En el centro de este transepto se ubica el cimborrio octogonal, con cúpula interna sobre trompas. La fachada posee dos graciosas torres de planta circular en los extremos.

San Martín de Frómista (Palencia). Detalle del interior del cimborrio.

241

San Martín de Frómista (Palencia). Detalle del alero y capiteles del interior.

Estas sencillas formas arquitectónicas, perfectamente dispuestas en volúmenes equilibrados y articulados, se completan con una riquísima decoración escultórica aplicada a cornisas y vanos. El artista principal denota un gran dominio de sus recursos plásticos aprendidos de modelos antiguos. Como ya hemos indicado, los escultores que impulsaron la renovación del románico pleno se inspiraron principalmente en sarcófagos paleocristianos; el de Frómista sabemos, gracias a Serafín Moralejo, que tomó como modelo el conocido sarcófago de Husillos, hoy conservado en el Museo Arqueológico Nacional. Cuando contemplamos algunas de sus figuras, captamos un sentido plástico de su concepción de movimiento y del tratamiento de su anatomía que denucia con claridad la génesis de su inspiración. En estos detalles percibimos la proximidad con algunos de los capiteles que hemos visto en la catedral de Jaca y, aún, podríamos seguir viendo la continuidad de un lenguaje común con otras obras ultrapirenaicas que nos confirman el carácter itinerante de estos talleres.

La fantasía derrochada en los aleros es extraordinaria; buscando la originalidad se suceden los temas en los que se adivinan intenciones moralizadoras en las actitudes de los per-

sonajes, o meramente ornamentales en los tipos de fauna. La forma de los canecillos es siempre la misma, recortados en una nacela se aplican los motivos esculpidos sobre ella: flores y cogollos, bustos humanos y de animales, figurillas enteras de monos, leones, lobos, patos, etcétera.

Todos los capiteles muestran igual composición, los temas vegetales, zoológicos o historiados se disponen sobre un esquema corintio de volutas y muñones. En el interior contemplamos una importante serie donde se representan escenas veterotestamentarias, como las dedicadas a Adán y Eva; didáctico moralizadoras, las conocidas ilustraciones de las fábulas y temas que podríamos considerar referidos a costumbres de la época, pero cuya exacta interpretación se nos escapa totalmente (me refiero, en este apartado de motivos, a capiteles del tipo de personajes luchando o los que se encuentran en una ceremonia religiosa).

San Martín de Frómista (Palencia). Capitel del interior.

Iglesia de Santiago de Carrión de los Condes (Palencia). Detalle del friso.

Iglesia de Santiago de Carrión de los Condes (Palencia). Detalle de la portada.

Iglesia de Santiago de Carrión de los Condes (Palencia). Detalle de la «Maiestas».

IGLESIA DE SANTIAGO DE CARRIÓN DE LOS CONDES

Con esta imagen del Salvador, cuyas formas han recordado a algunos historiadores los valores plásticos de la escultura antigua, nos encontramos con otra de las obras maestras no ya del estilo, sino de toda la historia del arte hispano.

Muy poco es lo que se conserva de esta iglesia de Santiago, que debió pertenecer a la orden del Temple. Su remodelación en el siglo XIX hace muy difícil seguir las formas arquitectónicas del conjunto; sin embargo, su gran portada mantiene el esquema original. La puerta tiene una arquivolta historiada sobre un par de columnas, en cuyos fustes se representó una Anunciación. Por encima, un friso centrado por la "Maiestas" rodeada del tetramorfos y el colegio apostólico bajo una composición arquitectónica de arcos trebolados.

La obra principal del conjunto es el Cristo central con las representaciones de los símbolos de los evangelistas. Desde el punto de vista iconográfico su composición es muy tradicional; pero su plástica, mostrándonos la imagen de un hombre-dios, mediante la concepción monumental de la figura como si se tratase de la imagen de una divinidad clasica, responde al nuevo espíritu de la época.

El protagonismo que el hombre va adquiriendo en la realidad religiosa —la fe no se impone desde la autoridad de la divinidad, sino que asciende desde los seres humanos, por el amor que Dios nos enseñó como hombre, hacia una divinidad paternal— va imponiéndose en una progresiva laicización de la iconografía, aumentando el número de imágenes profanas junto a las religiosas. Siguiendo esta tendencia podemos ver en la arquivolta la representación de diversos oficios que nos transmiten todo un cuadro de costumbres del siglo XII: zapateros, herreros, forjadores, fundidores, ceramistas, monederos y un largo etcétera de veintidós figuras que, a veces, resulta problemático descifrar su actividad dado su estado de conservación.

El conjunto de las piezas escultóricas de la fachada denuncia varias manos, seguramente un artista principal y su taller. El maestro está dotado de un gran virtuosismo técnico, que le permite abordar con precisión la definición de los más mínimos detalles de su anatomía y atuendos. A este respecto, obsérvense el tratamiento dado a las guedejas de la barba o a los innumerables pliegues de las ropas. Si su arte se caracterizase solamente por esto, estaría dentro de los buenos artistas del tardorrománico hispano, pero es que además ha sabido superar el convencional lenguaje de la abstracción románica concibiendo una figura de idealizada belleza, muy próxima a la concepción de la escultura gótica.

San Pedro de Moarbes
(Palencia). Portada
meridional.

SAN PEDRO DE MOARBES

El arte de la fachada de Carrión dejó impresionadas a las gentes de la época y pronto los artistas más populares intentaron reproducir su esquema y los detalles de su iconografía, seguramente presionados por las demandas de los clientes que querrían obtener una "reproducción" del modelo. Iglesias palentinas como las

de Moarbes, Zorita del Páramo e incluso la santanderina de Santillana aplicaron portadas monumentales con la consiguiente representación de la "Maiestas" y el apostolado. De estos tres monumentos, será en Moarbes donde nos encontraremos todavía con el conjunto íntegro.

La fachada presenta una composición similar, puerta abajo y, arriba, el friso escultórico; sin embargo, en seguida percibimos que sí, se ha copiado el modelo, pero no se ha captado

algo tan simple como las proporciones. Todo se muestra rígido y compacto, con una manifiesta tendencia a gravitar pesadamente sobre el suelo. ¡Qué lejos de la verticalidad de Carrión!, donde la imagen de Cristo, pese a su monumentalidad, se muestra etérea allá arriba en lo alto. Al fijarnos cómo se ha producido la representación de la anatomía y los vestidos, vemos que se trata de un artista que trabaja minuciosamente, pero que su arte es más torpe y que por ello sus formas adquieren la sensación de un cierto primitivismo.

No tenemos aquí la arquivolta con la figuración de los oficios que acabamos de ver en Carrión; sin embargo, existe una buena serie de capiteles con bailarinas y músicos, no faltando el habitual tema del tardorrománico de Sansón desquijarando al león. Podemos decir que estamos ante la obra de un artesano con oficio, muy lejos de la calidad de Carrión, pero capaz de transmitirnos, con la ingenuidad que lo popular tiene a veces, la imagen de una teofanía triunfal.

En una de las grandes metopas que soportan el friso vemos una figura de guerrero luchando con un dragón; el motivo es bastante corriente en el románico del norte de Burgos y Palencia, pero bajo la forma del arcángel San Miguel, ¿Se podría tratar de San Jorge? Es obra de cierta calidad, realizada por una mano distinta a la que esculpió el friso superior.

San Pedro de Moarbes (Palencia). Metopa y detalle del friso.

247

Catedral de Zamora.
Cimborrio.

Catedral de Zamora.
Fachada meridional del
crucero.

LA CATEDRAL DE ZAMORA

Los datos históricos no nos suministran referencias sobre el proceso de la edificación material de la iglesia, sino que hablan de ella en forma teórica como sede catedralicia. Las obras debieron empezar mediada la duodécima

centuria, se proyectó la construcción de un templo de forma muy convencional, tres naves y otros tantos ábsides semicirculares; éstos han desaparecido con una reforma posterior. Durante el último cuarto de siglo se llevaría a cabo la conclusión de casi toda la estructura de soporte, erigiendo por entonces el cimborrio.

La decoración escultórica muestra una clara y contradictoria evolución. Las primeras fases presentan una escultura de capiteles de hojas rizosas y carnosas, típicamente tardorrománicas, que parecen corresponderse con los relieves que se conservan en los dos tímpanos de la portada meridional del crucero, también conocida como puerta del Obispo. La continuación muestra unos grandes capiteles de cesta lisa y una regleta dentada, que contrastan vivamente con la riqueza escultórica de la primera fase.

En uno de los tímpanos se esculpe, bajo un marco de turgentes motivos vegetales, una representación de la Virgen sentada con el Niño, teniendo dos ángeles a cada lado; evidentemente se trata de la conocida iconografía de "María sedes sapientiae". En el otro figuran dos apóstoles, San Pablo y San Juan Evangelista, conversando entre ellos a la vez que andan. En el libro que lleva en la mano Pablo podemos leer: PAULUS APOSTOLUS/SERVUS XRISTI.

El autor de estos relieves parece conocer las primeras soluciones de la escultura protogótica francesa, aunque por formación demasiado conservadora o falta de recursos no ha conseguido nada más que unos buenos resultados en los vegetales, mientras que los personajes todavía permanecen, pese al sentido dinámico de los apóstoles, algo arcaizantes por su esquematismo. Se trataría de un escultor cuyo estilo cuadraría bien con el arte de algunos de los maestros tardorrománicos; su carácter arcaizante se asemeja al del autor del apostolado de la Cámara Santa de Oviedo.

El cimborrio se levanta sobre el centro del crucero, apeándose en cuatro pechinas, que facilitan el paso del cuadrado de base al tambor de la cúpula, organizada mediante gallones y nervaduras. Lo más original es su forma exterior, donde cuatro torrecillas angulares disfrazan la forma circular del conjuto. La cubierta se concibe como un escamado pétreo. Este tipo de cubierta y las torrecillas denuncian un lejano modelo en las construcciones cupuladas del Poitou.

Catedral de Zamora.
Detalles de la
fachada meridional.

MONASTERIO DE SANTA MARÍA
DE MORERUELA

De lo que fue la iglesia de planta románica más importante de tierras zamoranas, sólo queda como testimonio de su gran fábrica la cabecera y los muros perimetrales de las naves. La iglesia desde el momento mismo de la exclaustración comenzó a sumirse en un proceso de deterioro que ya en la década de los años ochenta del siglo pasado había acabado con las estructuras abovedadas de la nave central. En la actualidad presenta un aspecto de ruina controlada.

Era un viejo monasterio de tradición hispana dedicado a Santiago. Desde 1143 pertenece al noble Ponce de Cabrera que impulsó a la comunidad para que se afiliase al Císter. El proceso se dilataría a lo largo de un período que sólo podemos señalar en su cronología posible más amplia: entre 1158, año en que figura por última vez bajo la advocación de Santiago, y 1163 en el que el papa Alejandro III recibe bajo su protección el monasterio de Santa María de Moreruela (*"ordo monasticus qui secundum Deum et Beati Benedicti regulam et institutionem cisterciensium fratrum"*). A partir de estos

años es cuando se dan las circunstancias económicas más favorables para que se inicie la construcción del templo, cuyas obras se prolongarían aún bastante en pleno siglo XIII, introduciendo un sistema de abovedamientos ya góticos. Conocemos el nombre de su principal maestro de obras, un converso llamado Pedro Moro.

Como vemos en esta imagen del exterior de la cabecera, el presbiterio surge en el centro sobreelevándose por encima del anillo del deambulatorio y de las siete capillas tangenciales que se abrían a éste. Tan elevado número de absidiolas se acrecentaba con dos más, una en cada brazo del crucero. Nos hemos referido en varias ocasiones cómo este tipo de planta respondía a un viejo modelo benedictino que fue reasumido por los cistercienses. Los problemas de oscuridad que había en otras construcciones de esta clase se solucionan aquí, en parte, con la colocación de unas saeteras que iluminan el deambulatorio por encima de las capillas. Los constructores de Moreruela, muy enraizados en los usos arquitectónicos de su medio geográfico, realizaron una iglesia con girola que debía tener sus capillas pegadas una al lado de la otra siguiendo la solución de la iglesia de Claravall II. Sin embargo, es patente que el constructor no

conocía directamente el modelo borgoñón. Parece lógico pensar que aquí, los monjes venidos de la casa madre indicaron la idea de la tangencialidad, y el constructor realiza el tipo de capilla que está acostumbrado a ver, articulándolas sobre un esquema usual de las girolas que el podía conocer.

Del monumental aspecto que tendría la iglesia nos dan una idea las grandes columnas que contorneaban el presbiterio, con sus capi-

teles reducidos a la mínima expresión. La sencillez de su forma supera cualquiera de los planteamientos teóricos del orden columnario románico y, aún, gótico; se diría que el autor que las proyectó ha dado con la fórmula de "atemporalidad" o de la modernidad constante.

De las dependencias claustrales se conservan algunos restos de la panda de la sala capitular.

Monasterio de Moreruela (Zamora). Detalle del presbiterio de la iglesia.

251

Colegiata de Santa María
la Mayor de Toro
(Zamora).

COLEGIATA DE SANTA MARÍA LA MAYOR DE TORO

La noticia más antigua que conocemos de un templo dedicado a Santa María en la villa de Toro corresponde a una donación del monarca Alfonso VII en 1139. En el documento sólo se habla del templo como fundado; con toda seguridad, si es que por entonces existía ya una iglesia material, no puede corresponderse con el que actualmente contemplamos. A lo largo del siglo XIII consta la existen-

cia de obras que se prolongarían hasta finales de siglo, pues la portada de los pies, una bella obra de la escultura gótica, pertenece ya a la segunda mitad de centuria. Al finalizar la Edad Media los Reyes Católicos la convirtieron en colegiata.

Como la catedral de su diócesis adopta una convencional planta de tres naves y otros tantos ábsides semicirculares, con una nave de crucero, en cuyo centro se levanta un volumen tremendo correspondiente a un cimborrio que interpreta el de Zamora.

El material empleado nos da una primera pista sobre las etapas de la construcción. Las

Colegiata de Santa María la Mayor de Toro (Zamora).
Interior del cimborrio.

Colegiata de Santa María la Mayor de Toro (Zamora).
Cimborrio.

partes bajas de los muros exteriores y los ábsides han sido realizados en una caliza basta, de época terciaria y llena de fósiles traída de Villalón. Obsérvese cómo a partir de cierta altura cambia el material y comienza a emplearse una arenisca fina de un agradable tono rojizo.

La cabecera de la iglesia muestra unos ábsides de gran tamaño, de esbeltas proporciones, pero un tipo muy conservador. Se ha dado un especial tratamiento al central, con la aplicación de columnas de capiteles lisos, iguales a los de la catedral de Zamora y monasterio de Moreruela, y dos órdenes de arcos.

Lo más importante del templo es el cimborrio, demasiado macizo pese a los dos niveles de ventanas. Marcado por cuatro torrecillas, entre las cuales se disponen tres paños. Un delirante sentido de la decoración abigarrada ha llevado a los constructores a rellenar toda la superficie mediante canaladuras de bolas y vanos de arquillos.

El cimborrio se sustentaba sobre el caballete de los cuatro brazos del crucero, que para dar una mayor estabilidad se cubren con cañón los del transepto y el tramo recto del ábside. El paso del cuadrado de base al cimborrio se produce mediante el empleo de pechinas. El tambor sigue el modelo de la catedral salmantina, con los dos correspondientes órdenes de vanos y las columnas que apean los nervios de la cúpula.

Aunque se trata de una obra de bellos efectos, no consigue las calidades que tienen los dos cimborrios que le han servido de inspiración, resulta demasiado compacto y voluminoso. Su arquitecto se muestra más obsesionado por buscar unos efectos ornamentales de tipo epidérmico, la acumulación y monótona reiteración de motivos de simple elaboración escultórica, sin saber enfrentarse con una torre que levite sobre las alturas del conjunto. La obra del templo empezaría en el tercio final del siglo XII y no se concluiría hasta muy entrada la centuria siguiente.

MONASTERIO DE SANTO
DOMINGO DE SILOS

En este famoso monasterio burgalés nos vamos a encontrar con algunos de los testimonios más significativos para comprender cuáles fueron los momentos claves en la definición de los diferentes románicos. Su antigua iglesia corresponde a la etapa inicial del estilo pleno en tierras castellanas, y, en su claustro, tenemos algunos de los ejemplos paradigmáticos del devenir del estilo.

Por lo menos desde el siglo X conocemos la existencia de un monasterio en este lugar dedicado a San Sebastián. Protegido por las familias condales castellanas fue sobreviviendo hasta que durante el reinado de Fernando I entró en una penosa crisis. Este monarca designó para su gobierno a un monje riojano, Domingo Manso, que había tenido ciertas dificultades por enfrentarse con el rey García de Navarra. El abadiato de Domingo se prolongó treinta y tres años (1041-1073); su influencia se notó de inmediato, pasando entonces el monasterio a tener un cierto prestigio entre las comunidades de la época. Fruto de este renacimiento fue la necesidad de ampliar la iglesia, un reducido edificio de una nave, que terminó convirtiéndose

en una basílica de tres naves y una cabecera de tres ábsides. Todas estas obras respondían a un arte arquitectónico absolutamente tradicional; incluso lo que parece deducirse de los indicios arqueológicos es que correspondía a una distribución funcional todavía acorde con la liturgia hispana.

Muerto Domingo en olor de santidad, fue enterrado en el interior del claustro monástico. Como seguían en vigor los preceptos del concilio de Braga, no podía ser inhumado dentro de la iglesia. Ya en 1076 se construye una capilla funeraria en la nave septentrional del templo. Su sucesor al frente del monasterio, Fortunio, tuvo que emprender una nueva ampliación de la iglesia; para ello dispuso la obra hacia el Este. Como es normal los trabajos se iniciaron por la parte oriental, y sólo se procedió a derribar los antiguos ábsides cuando se produjo la unión entre la obra primitiva y la nueva. La consagración del nuevo templo tuvo lugar en una ceremonia solemnísima en 1088 en presencia de las principales dignidades de la Iglesia hispana. A principios del siglo siguiente fue necesaria una nueva ampliación, las condiciones del terreno aconsejaron que se procediese a añadir al cuerpo de la iglesia dos brazos de crucero que tendrían una absidiola cada uno. Durante la segunda mitad de ese siglo volverá a ser necesario acrecentar de nue-

Claustro de Santo Domingo de Silos (Burgos). Panda de la sala capitular.

255

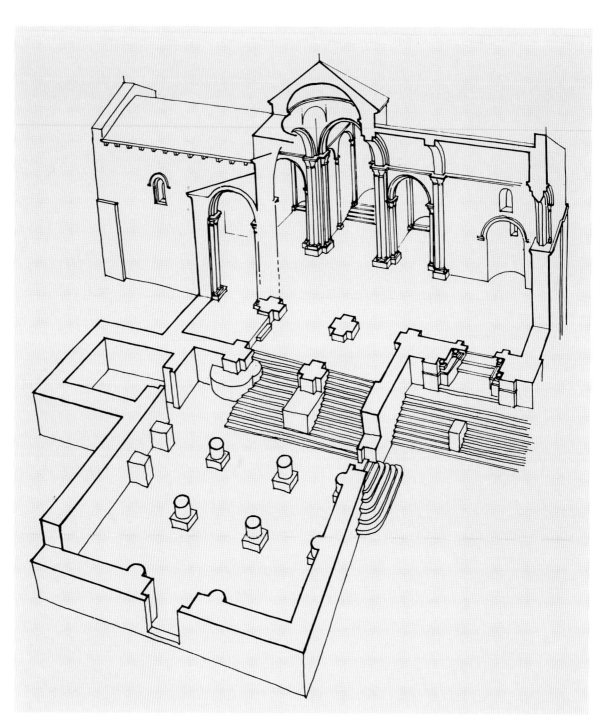

vo la superficie del templo; esta vez se prolongarán las naves del viejo Santuario de Domingo hacia el Oeste, surgiendo entonces los tramos de obra tardorrománica, que, durante los años finales de la Edad Media, serán remodelados para colocar allí un coro y bóvedas.

El resultado de todas estas ampliaciones fue una compleja edificación que poseía detalles escultóricos importantes, pero que resultaba muy incómoda para una comunidad moderna. Por todo ello se procedió a su demolición en 1750 y a la construcción de una nueva iglesia proyectada por Ventura Rodríguez. De la fábrica románica sólo se conserva el brazo meridional del crucero, algunos restos escultóricos e indicios arqueológicos en el subsuelo del templo actual.

Claustro de Santo
Domingo de Silos.
Ángulo NO.

Veamos en la perspectiva que aquí reproducimos cuáles eran las formas que lo definían. Abajo en primer término podemos ver la iglesia prerrománica de Santo Domingo; las escaleras estarían sobre los ábsides. Arriba, las tres naves del templo de Fortunio. Los brazos del crucero son los añadidos del primer cuarto del XII. No figura aquí la ampliación tardorrománica que iría a continuación de la puerta que vemos a los pies.

El brazo del transepto meridional es lo único que conservamos. Como apreciamos en el dibujo, se abre en él una puerta que, mediante unos escalones, permitía el descenso al claustro. La serie de capiteles de esta portada están configurados con una estructura propia del momento, primer cuarto del siglo XII. El escultor muestra un buen oficio, reproduciendo sus imágenes en acusado volumen y sometiéndolas

al esquema de la cesta del capitel. Junto a temas bien conocidos como la lucha de hombres y leones, aparecen algunos de iconografía extraña, tal como podemos ver en este capitel que representa el prendimiento de un extraño personaje. La sencilla forma de definir la indumentaria, con la serie de pliegues semicirculares repetidos hasta la saciedad, ha sido ejecutada con tal precisión que logra un bello efecto que no transmite sensación de monotonía.

La gran aportación de Silos a la arquitectura románica es su claustro. Ubicado en el lado meridional de la iglesia adopta una forma ligeramente trapezoidal. Todas sus pandas tienen dos pisos; ésta es una modalidad que la mayoría de los claustros medievales terminarán adquiriendo, pero siempre con una manifiesta diferencia estilística. Se comienzan en románico y, sólo al final de la Edad Media, se le aña-

257

Claustro de Santo Domingo de Silos. Columnas
y un capitel del piso bajo.

de la planta superior. En Silos el proceso de construcción fue relativamente lento, pero no tanto, pues la ampliación superior todavía pudo ser realizada en un románico inercial. Para la historia del claustro carecemos de información documental. Existe un epígrafe referido al abad Domingo que ha producido graves errores de interpretación, al considerarlo el autor del mismo. El análisis de las formas demuestra claramente que no pudo ser cierto. La escultura de la primera etapa no es anterior al último cuarto del siglo XI. Otra cosa bien diferente es que los especialistas se pongan de acuerdo sobre la cronología exacta. Las últimas tendencias investigadoras podrían estar reflejadas en la tesis del profesor Yarza, que considera que la cronología más adecuada para la primera fase del claustro debe situarse entre 1095-1100 para el inicio y 1103-1108 para el final. Después se sucederían las obras hasta completar el cierre de todas las pandas; durante el tardorrománico trabajó un importante taller que introduce en el monasterio la renovación estilística. A partir de 1200 varios talleres de escultores, dotados de un arte más popular, completaron la obra del claustro alto.

El primer taller será el que proyecte la organización de las arcadas. Arcos semicirculares sobre capiteles dobles de fustes de pronunciado énfasis. En las esquinas se colocaron grandes relieves historiados que constituyen una de las grandes originalidades del mismo.

Sin entrar en disquisiciones muy especializadas, la parte más antigua corresponde a las obras de la panda norte del claustro y la oriental. Sin duda se pueden apreciar ciertas particularidades propias de diferentes manos de obra, pero desde luego todo dentro de un estilo con cierta homogeneización. Los relieves de los machones representan los siguientes temas: Descendimiento de Cristo de la cruz, las Marías ante el sepulcro, Cristo con los discípulos de Emaús, Duda de Santo Tomás, Ascensión de Cristo, Pentecostés, Árbol de Jesé y Anunciación. Estos dos últimos responden ya a la actividad de talleres tardorrománicos.

Cuando contemplamos relieves nos damos cuenta de la gran capacidad de creación de estos escultores; en cada uno de ellos nos encontramos con soluciones, a veces de composición iconográfica bien conocida, pero que la personalidad del artista ha sabido interpretar dándole un toque distintivo. En la escena de

Claustro de Santo Domingo de Silos. Tres capiteles del
piso bajo y uno del piso alto.

Claustro de Santo Domingo de Silos. Pentecostés.

Claustro de Santo Domingo de Silos. Anunciación.

Los capiteles de esta etapa son un verdadero prodigio. Las figuras de animales fabulosos —arpias, grifos, centauros, sirenas, etc.— muestran una fantasía iconográfica sin parangón en la escultura monumental coetánea; diríase que sus modelos podrían proceder de las artes de las telas y la eboraria oriental. El trabajo ha sido realizado meticulosamente; gracias a la blandura de la piedra, ésta se puede trabajar con un instrumental casi propio de orfebres. Pero estas supuestas formas orientales no requieren una mano de obra de este origen; los modelos se encontraban entre los objetos de la vida diaria de la sociedad cristiana de la época.

El relieve de la Anunciación denuncia la presencia en Silos de un artista dotado de un nuevo sentido plástico; se ha pasado de las imágenes solemnes, mayestáticas y convencionales de los otros relieves a un naturalismo idealizado y sensual. Si la sonrisa de la Virgen y de los ángeles refleja una cierta frialdad estereotipada, sus recursos plásticos se desbordan en el sinnúmero de pliegues que definen las ropas y las cortinas, cuya materialidad se hace sensible en la sensación de peso que reflejan. La iconografía presenta la novedad de la coronación de la Virgen, verdadero anuncio de un cambio de espiritualidad y de criterio estético.

Los capiteles del piso superior carecen del valor vanguardista que, en cada momento, supusieron los diferentes maestros que participaron en el piso bajo; sin embargo, dentro de su arte popular son muy interesantes por la riquísima iconografía, especialmente en ciertas escenas que podríamos considerar "costumbristas".

De las dependencias claustrales que originalmente se disponían en el entorno de las pandas, muy poco es lo que subsiste. La sala capitular con su arcada comunicando con la galería del claustro es la más antigua del románico español, de principios del siglo XII. En ella podemos ver uno de los temas usuales de las primeras manifestaciones de la escultura monumental, los monos atados con cuerdas, en clara alusión a ciertas prácticas penitenciales. Encima corría el antiguo dormitorio, del que restan unas saeteras abiertas al piso superior del claustro. Del refectorio no queda más que la estructura perimetral. Siguiendo la organización más tradicional, la panda occidental está ocupada por una cilla o almacen, de planta rectangular y cubierta con una bóveda de cañón apuntada.

las Marías ante el sepulcro, una serie de diagonales permite disponer los cuerpos de los personajes en una variedad de actitudes de movimientos contrapuestos que resaltan frente a la quietud del cuerpo yacente de Cristo. El mensaje del relieve del encuentro de Jesús con sus discípulos adquiere mayor fuerza por la monumentalidad de las tres figuras, concebidas como auténticos iconos. La duda de Tomás, que ha sido reproducida muy convencionalmente en tres órdenes de figuras, rompe la frialdad de la composición con la representación de los músicos que ha colocado en el tejado del marco arquitectónico. Se ha dicho con razón que parece una escenificación dramatizada con el acompañamiento de los músicos. El iconógrafo que ideó el programa nos dejó una muestra de su inquina hacia el dubitativo Tomás, al que denomina con sarcasmo "uno de los doce".

SAN PEDRO DE ARLANZA

Este monasterio benedictino llegó a alcanzar en su tiempo más importancia que el próximo de Santo Domingo; sin embargo, la incuria sufrida desde la exclaustración lo han convertido en una verdadera ruina. Las pinturas de su sala capitular en varios museos, algunas esculturas románicas en el Museo Arqueológico Nacional y, a través del comercio, multitud de obras de todas las épocas en diferentes lugares públicos y colecciones particulares.

Su gran iglesia presenta este desolador aspecto, con su cabecera de tres ábsides, las tres naves de las que sólo se conservan los muros laterales y las basas de los grandes pilares, y su gran torre cuadrada que le servía de defensa por el único flanco débil de su conjunto monástico.

La parte más antigua fue contemporánea a la fábrica de la ampliación que llevó a cabo Fortunio en Silos. La presencia de dobles columnas en los arcos triunfales atestiguan idénticos recursos de plástica paramental que hemos visto en la obra silense. Un calco que reproduce un viejo epígrafe nos confirma la fecha de comienzo de las obras:

"En el año de 1081 se inició esta obra (ERA / CXVIII / SUMSIT INI / CIUM HANC OPERAM).

No obstante, cuando los trabajos sólo habían alcanzado una cierta altura, por debajo de la línea de capiteles, se interrumpieron, y, al reanudarse, ya hubo un cambio radical de proyecto. Las dobles columnas fueron continuadas con una sola según la fórmula más usual del románico pleno.

Las condiciones del terreno, en fuerte pendiente sobre el curso de un río, obligaron a concebir el claustro de una manera poco habitual, y tendiendo a elevar en pisos las dependencias. De la sala capitular que se construyó junto a la fachada meridional de la iglesia, conservamos parte del perímetro de su espacio cuadrado, con los muros cubiertos por arcos ciegos apeados en columnas. A principios de este siglo todavía se podían ver *in situ* composiciones pictóricas románicas; en el interior de uno de estos arcos había una borrosa "Maiestas".

Sobre esta sala existía un piso en el cual había una riquísima decoración mural, que en la actualidad se encuentra distribuida por diferentes museos y colecciones particulares de América y España. Varios frisos corrían alrededor de los muros, el más ancho disponía de manera simétrica parejas de animales fabulosos teniendo en medio, como si se tratara de un eje, las ventanas y puertas de la estancia. Estos animales responden al tipo que vemos en los leones emblemáticos de los reyes de los "Tumbos" de Santiago o en la decoración de la sala capitular de Sijena. Todos ellos propios de un bestiario fantástico que es reproducido por la miniatura "1200" que se difunde por toda Europa fundamentalmente en escritorios ingleses muy influenciados por un apreciable bizantinismo. En absoluto se puede suponer que las obras hispanas corresponden a un único pintor; en ellos sólo hay en común un determinado sentido plástico propio de una misma época, el primer tercio del siglo XIII, y un repertorio de imágenes que corresponden a los mismos ambientes culturales.

Esta monumental imagen de grifo, mitad águila y mitad león, habla por sí sola de la calidad de la obra que nos recuerda la fantasía de los iluminadores ingleses a la hora de llenar las páginas de sus códices con figuras fabulosas.

San Pedro de Arlanza (Burgos). Detalle del abovedamiento de la absidiola septentrional.

San Pedro de Arlanza (Burgos). Cabeza de grifo (Museo de Arte de Cataluña).

SAN PEDRO DE TEJADA

Tenemos aquí el más bello ejemplar conservado de un tipo de iglesia muy difundido por la provincia burgalesa durante el segundo cuarto del XII. Mutilado el templo de San Quirce, que podría ser el primero de la serie, este de Tejada nos ofrece una perfecta imagen de la configuración del conjunto.

Un templo de una sola nave, con un ábside semicircular y una torre cimborrio. El contraste cromático entre la cálida piedra de la nave con la oscura de la torre se debe al empleo en ésta de una toba que aligere el peso de la misma. La importancia dada aquí a este tipo de torre, que confiere a la iglesia un cierto aspecto de fortaleza, no debe ser ajena a una función de reducto defensivo-militar cuando la ocasión lo requiriese. Su aislamiento con material pétreo impedía que las personas parapetadas arriba pudiesen ser expugnadas por el fuego.

El tratamiento dado a las aplicaciones de escultura monumental es de una gran riqueza: capiteles y canecillos reproducen un amplísimo repertorio iconográfico. Sin duda, donde se

San Pedro de Tejada
(Burgos). Aspecto
meridional de la iglesia.

puso un mayor cuidado compositivo fue en la fachada occidental. Concebida según una fórmula característica de las primeras manifestaciones de las portadas del románico pleno, adelantando un cuerpo perfectamente rectangular, la puerta y su entorno, éste quedó enmarcado por las arquivoltas y el alero superior. En la metopa central se dispuso la imagen de Cristo; a su lado, en los canecillos, los símbolos de los evangelistas; abajo, en sendos frisos, los apóstoles. Se representó con estas figuras el tema de la Ascensión. En un relieve más pequeño podemos contemplan una imagen simplificada de la Última Cena, reducida

a los personajes básicos: Cristo, Judas recibiendo el bocado y agarrando el pez —ya hemos aludido a esto como significación del mal— y el discípulo amado, Juan.

En alguna ocasión se ha querido ver en los relieves y en los canecillos ciertas diferencias debidas no sólo a distinta mano, sino a cronología diferente. Pienso que no hay más distinciones que las que impone el soporte material: el mayor volumen corresponde a los canecillos concebidos para un bloque, mientras que los relieves se labran en una simple losa; por lo demás, su caracterización y definición plástica responde a una factura muy similar.

265

Ermita de Clunia (Burgos).
Aspecto meridional.

Ermita de Clunia (Burgos).
Detalle del ábside.

ERMITA DEL CRISTO
DE CORUÑA DEL CONDE

En un lugar como éste los hombres del medievo no tuvieron grandes dificultades para erigir sus edificios: la piedra aparecía amontonada en grandes campos de ruinas. En esta ermita apreciamos cómo los edificios de la tardorromanidad fueron la cantera que suministraron el material para su construcción. La imagen que se reproduce nos muestra cómo los sillares son reaprovechados, bajo el esquemático capitel se colocó una gran piedra con decoración de círculos propia de una obra tardorromana o prerrománica. En su afán utilitario no dudaron en emplear en otra parte del templo un trozo de escultura como si fuese un sillar más.

Varias iglesias de este tipo, ábside cuadrado y pequeña nave rectangular cubierta con una sencilla armadura de madera, nos indican cómo fue al principio la adecuación al románico en ambientes populares. Aquí la planta sigue siendo la prerrománica; incluso la plasticidad del paramento mediante el empleo de arcos es tradicional, será el empleo de este tipo de cornisa y la variante de capitel la que corresponda al afán innovador. La puerta es ya una creación totalmente propia del nuevo estilo.

Ermita de Clunia (Burgos).
Detalles del ábside.

Nuestra Señora de la Llana de Cerezo de Riotirón (Burgos). Portada.

Nuestra Señora de la Llana de Cerezo de Riotirón (Burgos). Detalle de la portada.

NUESTRA SEÑORA DE LA LLANA DE CEREZO DE RIOTIRÓN

La portada procedente de este templo se encuentra en los jardines del Paseo de la Isla de Burgos. Parte del tímpano de la misma está en el Museo de los Claustros de Nueva York.

Las robustas proporciones del conjunto se acentúan aún más al haber sido cortados los fustes de la columnas, ofreciendo un cierto aire achaparrado. Notamos aquí, en las dos arquivoltas profusamente decoradas, el deseo del artista de cubrir toda la superficie con motivos que, más que transmisores de un determinado mensaje, pretenden ser formas ornamentales. El descuido de la interpretación puntual de la iconografía hace que no importe el que, en la arquivolta del medio, los ancianos del Apocalipsis no sean más que veintitrés en lugar de los veinticuatro de rigor. Toda la serie zoológica que se reproduce en la arquivolta externa carece de una disposición compositiva lógica; no existe un criterio de interrelación entre ellos, ni de proporción ni de actitud. Pienso que el escultor ha reproducido aquí una serie de animales según el orden y forma que tenía en lo que llamaríamos su "cuaderno de apuntes". Obsérvese en el detalle que ofrecemos la variedad zoológica representada, entremezclándose los animales reales con los fantásticos.

Si en Coruña del Conde hemos visto lo que es el arte románico popular durante los primeros años del siglo, con un léxico que todavía mezcla la tradición con la renovación, en esta portada lo vemos con respecto a lo que ocurre en el cuarto final de la centuria.

Iglesia de Moradillo de Sedano (Burgos). Detalle y fachada meridional

IGLESIA DE MORADILLO
DE SEDANO

La renovación iconográfica del tardorrománico, con la introducción de una nueva visión del mensaje divino y su significación, propiciando un amplio desarrollo de los temas narrativos, es una de las características que más desarrollo tendrá sobre las grandes portadas del último tercio del XII y gran parte del siglo siguiente. A veces resulta muy difícil separar lo que corresponde a una estética propiamente gótica de una interpretación con recursos plásticos todavía románicos de la misma.

En la portada del templo de Moradillo nos encontramos con el mismo arte que hemos visto en Cerezo de Riotirón; seguramente es uno más o el mismo taller que trabajó por toda esta zona burgalesa. Se concibió la portada teniendo como núcleo focal la "Maiestas" del tímpano, rodeada de ángeles portadores de los símbolos de los evangelistas y dos figuras sedentes

269

Iglesia de Moradillo de
Sedano (Burgos). Detalle
de la portada meridional.

a los lados. Sobre la mandorla se escribe el verdadero significado de esta teofanía:

VICIT LEO DE TRIBU DE JUDA
RADIX DAVID ALLELUIA

Es evidente que se trata de una referencia a la victoria de Jesucristo "radix David" tomada del Apocalipsis. Sí, los ancianos en torno a la Majestad confirman la cita, estamos ante el Supremo Juez. En la arquivolta exterior el espíritu narrativo del programa nos transporta a un amplio ciclo cristológico –en el que podemos ver entre otras escenas la Anunciación, Visitación, Sansón y el león, Matanza de los inocentes, Huida a Egipto, etc.–, algo confuso en su discurrir al entremezclarse con animales fabulosos.

Se suele explicar la filiación estilística de este taller poniéndolo en relación con el maestro de la Anunciación de Silos, y es evidente que la concepción de los pliegues de los vestidos puede coincidir con él, pero la forma de interpretarlos, así como el canon de las figuras, responde a otro modo de hacer coincidente con una corriente que procede de Aragón y de la que se aprecia su rastro por tierras sorianas y segovianas. Las similitudes con lo silense en este detalle sólo se debe a la unidad estilística de época.

El conjunto del templo muestra una curiosa articulación de su fachada meridional, pero no es la original. El antiguo pórtico con sus arcadas fue derribado y éstas se corrieron hasta el muro de la nave.

270

Iglesia de Rebolledo de la
Torre (Burgos). Galería.

IGLESIA DE REBOLLEDO
DE LA TORRE

El mismo sentido de la plasticidad que
acabamos de señalar en Moradillo para la
escultura, como en la manera de articular el
muro con un gran orden de columnas en las
esquinas de la fachada a la que no nos hemos
referido, es el que podemos apreciar en esta
galería porticada. Pero si los principios son los
mismos, su materialización no es idéntica;
corresponde a una corriente diferente que se
puede detectar por el norte de Palencia y
Santander desde los años sesenta de la centuria. Estas coincidencias parecen lógicas si
tenemos en cuenta que ambas obras fueron
realizadas en la misma década, la de los
ochenta.

Una larga inscripción con diversas inter-
polaciones nos da amplia relación de las circunstancias históricas que hicieron posible su

construcción. Según traducción de Carmona
dice así: "El abad Domingo pobló este solar
de Vallejo con sus fincas en unión de mi hermano Pelayo en la era 1224 —año 1186—.
Cuando fue poblado este solar era behetría de
Gonzalo Peláez. En la era de 1224, en el señalado día nono de las calendas de diciembre (22
de diciembre) hizo este portal el maestro
Juan de Piasca." Ya hemos hecho referencia
a este maestro al hablar de la iglesia de su
lugar de origen. La semejanza de los capiteles de Rebolledo con los de Piasca es evidente, mucho más en los detalles de los ábacos,
se puede decir, sin lugar a dudas, que el maestro Juan se formó o colaboró en la obra de
Piasca.

Los capiteles representan toda una teoría
iconográfica muy característica de los programas populares del último tercio del XII: luchas
de animales fantásticos, los vicios humanos y la
incitación diabólica, el torneo como símbolo de
la discordia y una serie de jugosos vegetales de
hojas rizadas.

BEATO DE SILOS

Los viejos comentarios sobre el Apocalipsis, los célebres "beatos", todavía se siguieron reproduciendo en la España románica. Este de Silos, compuesto en el monasterio durante un período de tiempo que va desde el abadiato de Fortunio hasta el de Juan en 1109, fue iluminado siguiendo los modelos tradicionales e introduciendo ciertas variantes estilísticas que se van adecuando a la renovación plástica de la época. Será la gran ilustración del infierno la que muestre una mayor identificación con lo que se consideraría una estética románica. Los especialistas consideran que esta imagen no corresponde al beato y que fue añadida posteriormente.

Una imagen central, de forma tetralobular, preside la ilustración. En su interior se aprestan los diablos a castigar a los condenados. Fuera del ambiente infernal, San Miguel con su balanza procede al peso de las almas, Barrabás se agarra de uno de los platillos para vencerla a su favor.

Lo primero que nos llama la atención es que una escena tan diabólica haya sido coloreada con un cromatismo nada estridente y elegantemente equilibrado, de tonos verde oliva, azul plomizo y un burdeos claro, con mínimos toques en rojo y amarillo. El interior se compuso disponiendo las figuras con un sentido de rotación que contribuye a crear la sensación de caos centrífugo.

Frente a las dinámicas actitudes de los feroces demonios, contrasta la pausada imagen de Miguel, que tuerce los pies como dando los conocidos pasos de danza de muchas de las figuras de las primeras manifestaciones del románico pleno, y que en el mismo claustro silense tenemos ejemplos paradigmáticos.

Resulta curiosa la enseñanza moral de la ilustración se reducen los pecados a dos: la avaricia representada por la figura central DIVES, portador de dos sacos de dinero y atacado por los diablos y por animales telúricos, batracios y serpientes; la lujuria, presente en la pareja que yace en una cama mientras que recibe la mofa de la concupiscencia dotada de unos grandes atributos masculinos. Seguramente la reducción del número de los pecados, teniendo que adaptarse a un marco restringido, se debe al tipo de lector al que iba dirigido, los monjes de la comunidad.

BEATO DE BURGO DE OSMA

Se considera que es el primer beato románico. Los datos de su realización nos son perfectamente conocidos. Fechado en 1086 (ERA MCXXIII). Su escriba fue el clérigo Pedro, mientras que de las imágenes se debió encargar un pintor laico llamado Martín. Las dudas surgen cuando intentamos saber cual fue el lugar donde se compuso. Se han barajado diversas hipótesis que van desde el monasterio de Carracedo al de Fitero. En la actualidad hay una cierta coincidencia en considerarlo original del mismo León.

Véase cómo Martín concibió la ilustración de este párrafo del Apocalipsis (VI, 2-7):

"Ven. Miré y vi un caballo blanco, y el que montaba sobre él tenía un arco, y le fue dada una corona, y salió vencedor, y para vencer aún.

Cuando abrió el segundo sello, oí al segundo viviente, que decía: Ven. Salió otro caballo, bermejo, y al que cabalgaba sobre él le fuee concedido desterrar la paz de la tierra y que se degollasen unos a otros, y le fuedada una gran espada.

Cuando abrió el sello tercero, oí al tercer viviente, que decía: Ven. Miré y vi un caballo negro, y el que le montaba tenía una balanza en la mano. Y oí como una voz en medio de los cuatro vivientes que decía: Dos libras de trigo por un denario, y seis libras de cebada por un denario; pero el aceite y el vino, ni tocarlos.

Cuando abrió el sello cuarto, oí la voz del cuarto viviente, que decía: Ven. Miré y vi un cabayo bayo, y el que cabalgaba sobre él tenía por nombre Mortandad, y el infierno le acompañaba."

Sobre el fondo amarillo se recortan las figuras de los jinetes que han sido ordenados en escuadra, interpretando el texto de manera jerarquizada de arriba abajo para transmitirnos la secuencia de su aparición.

BIBLIA DE BURGOS

Debemos a Joaquín Yarza el conocer cada día mejor la producción de un escritorio importante en el monasterio de San Pedro de Cardeña. La llegada de un pintor inglés produjo una renovación del arte pictórico de la zona a partir de 1170-1175. Procede de este centro la gran Biblia que se conserva en la Biblioteca Provincial de Burgos.

La brillantez del colorido y las influencias bizantinas son dos de las principales caracterizaciones de las pinturas de esta obra. Su importancia radica en la riquísima iconografía, entre cuyas imágenes destacan dos grandes ilustraciones a toda página. De éstas reproducimos aquí la que corresponde al Génesis, en la que se representa todo un ciclo de caída, desarrollando las escenas de Adán y Eva y sus hijos.

Arriba vemos a la primera pareja ante el árbol del Paraíso y después la expulsión. Resulta muy curiosa la entrega que Dios hace de las ropas a Adán y Eva en clara referencia a que han perdido la ingenuidad original y deben cubrir sus vergüenzas. Abajo, se desarrolla la ilustración de las consecuencias del pecado: Adán y Eva, con los atributos de su trabajo, cuidan de su prole; los hijos, Caín y Abel, se dedican a sus respectivas labores y hacen ofrendas de los frutos de su trabajo a Dios, que aparece dentro de una mandorla tetralobulada; centrando este registro inferior, un tema que se ha considerado capital, la discordia plasmada en el enfrentamiento entre los dos hermanos.

Si la delicadeza del trabajo se muestra en la estilizada imagen de los personajes, la ornamentación se hace caprichosamente afiligranada en las cenefas, empleando en su elaboración palmetas, labor de cestería y una laberíntica lacería.

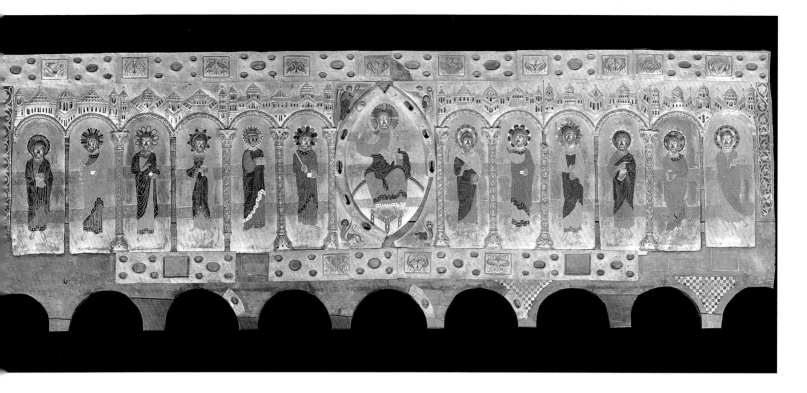

URNA DE SANTO DOMINGO
DE SILOS

Urna de Santo Domingo de Silos, conjunto y detalle (Museo Provincial de Burgos).

La obra más excepcional salida del taller de esmalte de Silos es la urna funeraria del titular, Santo Domingo. Compuesta por dos piezas: una, posiblemente la tapa, de cobre grabado, barnizado y dorado; la otra, el frente, en cobre esmaltado, con figuras de cabezas en altorrelieve. La primera todavía se conserva en el monasterio silense, la segunda en el Museo Arqueológico de Burgos.

La pieza del museo burgalés, considerada tradicionalmente como frontal de altar, fue identificada por Gómez Moreno como la parte delantera de la urna que, entre 1165-1170, se realizó para cubrir el sepulcro pétreo del santo, trasladado desde el claustro a la iglesia para facilitar su veneración por un número creciente de los peregrinos.

Aunque se combina una técnica de formas planas y otra de altorrelieve, el efecto que nos produce esta imagen de Cristo tiene la misma monumentalidad que podemos apreciar en alguna de las grandes "Maiestates" que se colocaron como decoración escultórica de las portadas coetáneas.

Si comparamos esta pieza con la de la catedral de Orense, veremos la destreza del orfebre silense: la rigurosidad del dibujo de los tabiques que marcan con seguro trazo el campo que contiene el esmalte de brillantísimos colores. Estamos ante una de las obras maestras de la esmaltería medieval.

275

SAN MIGUEL DE SAN ESTEBAN DE GORMAZ

San Esteban de Gormaz, después de múltiples vicisitudes de expugnaciones y pérdidas por los cristianos, pasó a dominio castellano con la conquista llevada a cabo por Rodrigo de Vivar en 1054, quien se la arrebató al emir de Toledo. Con la toma de Toledo por Alfonso VI en 1085, se consolidó definitivamente este territorio en el reino castellano.

Desde finales de la centuria de su reconquista y durante la primera parte de la siguiente se procedió a erigir modestos templos románicos que sirviesen de parroquias a los diferentes barrios.

Este de San Miguel marcará la pauta tipológica de buen número de edificios de su entorno geográfico. Un sencillo templo de una nave y un ábside semicircular, construido con modesto material de mampostería encintada en los paramentos con refuerzo de sillares en las esquinas. Se prestó una mayor atención a los materiales del pórtico, construido todo él en sillares, aunque de una fea arenisca roja de grano grueso.

La galería se colocó en la fachada meridional, justamente delante de la puerta que los fieles utilizaban cuando se dirigían al templo
ascendiendo desde sus viviendas ubicadas en la
ladera de la colina. El número de sus vanos
alcanza la cifra de siete, tres a cada lado de la
puerta central.

Si el material confiere al conjunto un aspecto ciertamente pobre, no mejora la imagen
cuando nos fijamos en el arte de sus esculturas.
Columnas rechonchas, de fustes cortos en relación con los capiteles. Éstos, labrados de manera muy sumaria, reproducen figuras de animales y hombres de formas simplificadas y primitivistas, empleando unos groseros billetes como
ábaco. Serpientes, pavos reales y personajes
con indumentaria morisca son los protagonistas principales de su decoración. Se ha afirmado que estos tipos morunos se deben a la
población de esta etnia que vivía en San
Esteban; frente a los islamismos hay formas que
se alejan de este origen. La ciudad representada en uno de los capiteles, posiblemente la
Jerusalén celeste, se reproduce con unas formas
de almenas que responden a una vieja tradición
de la España cristiana.

San Miguel (San Esteban
de Gormaz, Soria). Interior
de la galería.

San Miguel (San Esteban
de Gormaz, Soria).
Aspecto meridional
y capitel.

277

Santa María del Rivero (San Esteban de Gormaz, Soria). Detalle de la galería.

Santa María del Rivero (San Esteban de Gormaz, Soria). Capiteles de la portada meridional.

Santa María del Rivero (San Esteban de Gormaz, Soria). Canecillo y capiteles de la galería (página siguiente).

SANTA MARÍA DEL RIVERO DE SAN ESTEBAN DE GORMAZ

Esta iglesia del Rivero mantiene una tipología en líneas generales muy similar a la anterior, aunque se puede apreciar un cierto avance en el dominio de la labra de la piedra y en la introducción de una iconografía más nítidamente románica. Se ha dicho siempre que la galería y el muro meridional del templo son más antiguos que el resto del conjunto, siendo las partes antiguas coetáneas a San Miguel, mientras que todo lo demás correspondería ya a mediados de siglo. Sin embargo, como ya he apuntado, una renovación de la iconografía y una mejor técnica en la escultura sugieren, al menos, un arte más moderno o de artistas más avanzados. Como perviven algunos motivos ya vistos antes y la galería responde a una fórmula característica de tipos más recientes, pienso que se construiría a continuación de las primeras etapas de San Miguel.

La forma de trenza que se aplica en la arquivolta y los fustes de la portada meridional del templo son muestra de la tradición prerrománica que los maestros hispanos todavía no han olvidado.

La galería conserva seis arcos en su fachada principal, que, sin duda, podría doblar su número cuando se encontraba íntegra. Esta prolongada arquería rompe con la fórmula de siete vanos que caracteriza los pórticos más antiguos o arcaizantes del románico castellano. Los arcos, aunque se mantienen algo achaparrados, adquieren una proporción más armónica y de perfil más correcto. Podemos ver en los capiteles los personajes morunos que ya hemos contemplado en San Miguel, verdaderos prototipos humanos que podríamos considerar propios de una iconografía local. Muchos temas corresponden al bestiario, ya fabuloso como las sirenas, ya reales como las aves haciendo presa. La cornisa tiene muchos canecillos con figuras de personajes realizados de forma tosca, pero fácilmente identificables por sus atributos, como el obispo que podemos ver en uno de ellos que reproducimos aquí.

En la puerta meridional del templo, a la que aludimos antes por sus elementos prerrománicos, nos encontramos con dos tipos de temas, a simple vista no relacionados. En unos capiteles se esculpen un mono y una sierpe, signos telúricos que referencian el mal; en el otro, un violinista y una danzarina, iconografía que también alude al mal, en este caso las torpes costumbres que se adueñaron de la humanidad desde la caída en pecado de nuestros primeros padres.

SAN MIGUEL DE ALMAZÁN

La riquísima serie de cimborrios de la arquitectura peninsular tiene en éste soriano de Almazán una variante más que nos demuestra la gran experiencia que en este campo alcanzaron los maestros de obras hispanos.

La antigua Almazán de los musulmanes –el lugar fortificado– fue conquistado de manera efímera por Alfonso VI en 1098, tan sólo será definitivamente cristiana tras la toma de la fortaleza por Alfonso I el Batallador en 1128. La villa pasó por manda testamentaria de este monarca a manos de las órdenes miltares que se establecieron en ella. Con el beneplácito del monarca castellano terminaría incluyéndose en la sede episcopal de Sigüenza. En el siglo XIII Almazán contaba con doce iglesias que lógicamente debían ser románicas.

La iglesia de San Miguel ocupa un lugar relevante en la historia del románico hispano por la curiosa estructura de su torre-cimborrio. El

San Miguel de Almazán (Soria). Aspecto de la cabecera.

San Miguel de Almazán (Soria). Detalle del cimborrio.

San Miguel de Almazán
(Soria). Interior del
cimborrio.

resto del templo, aunque extraño en las naves, no deja de ser vulgar. De éstas sólo conservamos dos tramos. Parece que se han organizado en función del cimborrio que se quería erigir en el centro. Las laterales son muy estrechas con respecto a la central, y las tres juntas no son mucho más anchas que la de los edificios de una sola nave.

Exteriormente el cimborrio tiene forma octogonal coronado por una cornisa de arquillos; el suplemento de la fábrica de ladrillo corresponde a una intervención muy posterior. Internamente tiene también un pequeño tambor octogonal al que se llega mediante cuatro trompas de arquillos escalonados. A partir del tambor se desarrolla un casquete esférico cuya plementería se articula sobre arcos que, arrancando de capiteles ménsulas, se entrecruzan en el centro dejando en medio la figura de un octó-

gono. El proyecto bien concebido como tal fue replanteado mal en la obra, la irregularidad del polígono es manifiesta.

Cornisas y capiteles-consola son formas que corresponden a una escultura propia del románico tardío, acorde con la fecha de su construcción, en torno a 1200. La forma de la cúpula nervada responde a una lejana tradición que arranca en las conocidas cúpulas de época califal en la mezquita de Córdoba y en la de Bid al Mardun en Toledo. No se trata de una copia directa, sino de una solución que poco a poco se fue integrando en las construcciones cristianas del Norte, primero en el arte de repoblación, después en las primeras soluciones del románico pleno. Iglesias como las navarras de Torres del Río y Eunate presentan fórmulas muy parecidas que responden a las mismas tradiciones y experiencias.

281

IGLESIA DE SAN PEDRO
DE SORIA

Se discute el año de la reconquista de la ciudad de Soria durante los inicios del siglo XII. Sea como fuere, en 1126 no hay duda de que la ciudad tenía ya como gobernador a Garcia Enneci "qui tenebat Soriam". Al principio permanecería bajo el dominio de Alfonso el Batallador, pero desde 1136 pasó ya a incorporarse al reino castellano.

En los primeros momentos existía un templo dedicado a San Pedro que, en 1148, la ciudad de Soria donó al obispo de Osma. Ya en 1152, Juan, obispo de Osma, regaló esta iglesia a una comunidad de canónigos que tenían que vivir en ella bajo la regla de San Agustín. A partir de entonces se procedió a derribar el antiguo edificio y empezar a levantar un nuevo conjunto monástico, compuesto por iglesia y claustro.

La canónica habitó aquí hasta el siglo XV, en que se secularizó. Poco después, al realizarse unas obras de supresión de uno de los pilares, se vino abajo todo el templo (1520). En este mismo siglo se procedió a construirlo de nuevo.

Del conjunto románico conservamos el claustro, que se edificó en la fachada septentrional de la iglesia, y los hastiales del crucero de ésta.

El claustro ha perdido el arquerío meridional, el que discurría paralelo al muro del templo, y todas las dependencias de la canónica, aunque rehechas, se conservan las arcadas que comunicaban la panda con la sala capitular. Las galerías claustrales o pandas se cubrían con una armadura de madera.

Las arcadas se agrupan en series de cinco y cuatro separadas por machones. Parejas de columnas de fustes independientes y aislados apean los arcos semicirculares.

En la panda occidental los capiteles han sufrido mucho a causa de la humedad. Capiteles vegetales de primorosos acantos, no faltando los que representan sirenas, grifos y guerreros como jinetes de animales fabulosos, también se representan la Anunciación y la Epifanía a los Magos.

El ala norte, en muy buen estado de conservación, es la única que hoy podemos contemplar en su estado primitivo.

La escultura de estos capiteles responde a la actividad de diferentes talleres que trabajan aquí desde finales del XII, prolongándose su presencia durante gran parte de la centuria siguiente. Un epígrafe funerario del año 1205 sirve de referencia indirecta para señalar un momento a lo largo de este proceso de construcción. El letrero es curioso por el contenido, donde se nos informa de cómo se recaudaban los medios necesarios para la "obra", no faltando entre éstos, como ya aludimos a ello en la introducción, las ofrendas más o menos muebles:

OBIIT REIMUNDO DIE BEATE CECI-LIE QUI RELIQUIT NOBIS QUENDAM TABULAM QUE EST IN MACELLO PRO ANNIVERSARIO SUO ERA MCCXLIII.

Su traducción sería: Murió Raimundo en el día de la bienaventurada Cecilia, que nos legó cierto puesto en el mercado de carne en beneficio de sus aniversarios. Año 1205.

Las características escultóricas e iconográficas denuncian diversas fuentes de inspiración e influencia. Mientras que son evidentes los contactos con el arte silense de los últimos talleres del claustro, también se aprecian formas que corresponden al románico aragonés que se difunde a partir de mediados del siglo XII. Este cruce de tendencias parece lógico si tenemos en cuenta la situación de la provincia soriana, verdadero enclave geográfico entre Aragón, Castilla y La Rioja.

Iglesia de San Pedro, Soria. Capitel del claustro.

San Juan de Rabanera,
Soria. Exterior del ábside.

SAN JUAN DE RABANERA

De esta iglesia, que adoptaba una forma muy interesante por su rareza, de cruz latina, teniendo un ábside principal semicircular y sendas absidiolas embebidas en los brazos del crucero, sólo las formas de la cabecera con el transepto han pervivido hasta nuestros días. Obras de restauración muy radicales han suprimido los postizos modernos y han añadido algunas partes de otras construcciones románicas de la ciudad.

Reproducimos aquí la imagen exterior del ábside por la belleza de los efectos ornamentales tan inusuales del conjunto. Buscando un acusado decorativismo se estrían los fustes y se suprimen las ventanas para crear campos decorativos. Dos arquerías ciegas a cada lado, divididas en tres zonas: la primera, con decoración de nenúfares; la de en medio, de grandes rosetones de botón central; y la inferior, con estrías.

Desconocemos quién fue el maestro de tan original composición, pero no hemos conservado otra creación de este tipo.

San Juan de Duero.

SAN JUAN DE DUERO

La forma de este claustro, tan extraña en la planta como en la organización de sus arqueríos, constituye uno de los misterios de nuestra arquitectura. De su historia tampoco conocemos gran cosa, salvo un dato que nos permite conjeturar con la fantasía, pertenecía a la orden de San Juan de Jerusalén o de Acre. Con tan sugerente propietario y las exóticas formas de sus arcadas, los historiadores, carentes de argumentos documentales, especulan con la influencia de lejanos edificios orientales. Se ha llegado a decir que se trata de un monasterio-mezquita. El entrecruzamiento de estos arcos, así como los apuntados en perfil de herradura, denuncian no tanto un mundo bizantino como la arquitectura islámica más próxima a nuestra realidad histórica. Dentro de la tradición arquitectónica que contemplamos antes, en el trazado del cimborrio de Almazán, no debe sonar muy rara, pues en el fondo se trata de los mismos principios estético-arquitectónicos.

La construcción de este fantástico claustro no debe ser anterior a 1200.

Santo Domingo, de Soria.
Detalles de la portada
occidental.

SANTO DOMINGO, DE SORIA

El viejo templo del barrio soriano de Santo Tomé ha pasado por tales circunstancias que ha llegado a perder su propio nombre. Durante el reinado de Alfonso VIII (1158-1214), empezó a ser renovado con una construcción ambiciosa de tres naves que nunca llegaron a ser concluidas; a este amplio período corresponde la fachada que actualmente contemplamos. En el siglo XVI se estableció en sus proximidades un convento de dominicos, utilizando este templo como conventual, lo que terminó por inducir a los fieles a denominarlo Santo Domingo en vez de su nombre original de Santo Tomé.

El conjunto de su fachada, con su articulación de dos filas de arcadas y un tercer piso central con un gran rosetón, es una obra de una gran belleza y rareza en lo castellano. En su gran puerta se esculpe un amplísimo programa iconográfico que resume en imágenes toda la teoría de la Redención cristológica, explicada con la sencillez y fantasía popularizada entre las gentes del románico.

La historia de la Redención del género humano se narra desde la Anunciación hasta la Resurrección, recogiendo toda una serie de escenas anecdóticas y humanas que los apócrifos explicaban de acuerdo con la mentalidad de la época. Vemos que el iconógrafo que programó las imágenes prestó especial atención en subrayar aquellas acciones que, por su expresividad de los sentimientos, estaban más cerca de los corazones de las gentes sencillas. Obsérvese cómo el dramatismo de la matanza de los inocentes debía impresionar de tal manera, que el autor dispuso que diversos pasajes de la misma explicasen de la manera más truculenta posible el tema, ocupando para ello toda una arquivolta.

El tímpano aparece centrado por la representación de la Trinidad, flanqueada por ángeles con los símbolos de los evangelistas, y las figuras sedentes de la Virgen y San Juan (como intercesores).

A su alrededor cuatro arquivoltas historiadas, cuyos temas, iniciando su lectura de dentro hacia afuera, son: la primera de las arquivoltas, los ancianos del Apocalipsis; la segunda, la matanza de los inocentes; la tercera, un ciclo de infancia; la cuarta, escenas de la Pasión. El afán narrativo se aprecia en el considerable número de escenas tratadas, en un desarrollo lineal como siguiendo los característicos frisos "fílmicos" de las viejas biblias. La búsqueda de un verismo naturalista lleva al escultor a describir con minuciosidad los detalles de los atuendos y utensilios, al igual que el pintoresquismo de las escenas. Todo esto responde al nuevo espíritu de una sociedad que está más próxima a la divinidad y su mensaje porque realmente siente que se hizo hombre como ellos, con los mismos sentimientos de alegría y dolor.

SAN BAUDELIO DE BERLANGA

El edificio prerrománico recibió una decoración de frescos románicos durante los primeros años del siglo XII. En la actualidad estas pinturas han sido arrancadas y distribuidas en diversos museos americanos y en el del Prado. Todavía en el edificio son visibles rastros importantes de la antigua decoración. Especialmente se aprecian dos Epifanías a los Magos, una en el ábside, la otra en el pequeño santuario de la tribuna.

Un repertorio amplísimo de temas cubría todo el templo. Se pintaron aquí, en la parte más alta, diversas escenas de un ciclo cristológico relacionado con la vida pública, entre las que podemos señalar, por su monumentalidad, la Entrada de Jesús en Jerusalén y la Santa Cena. En un friso inferior los motivos representados se refieren a animales, escenas cinegéticas y elementos meramente ornamentales. Entre los temas de cacería cabe destacar por la fidelidad a la vieja iconografía de tradición tardorromana, el cazador del ciervo y el jinete que cabalga por un bosque en pos de su jauría. Reducidas ambas escenas a los elementos imprescindibles tienen la fuerza necesaria para transmitirnos el dinamismo de los perros y el jinete, o la expectación tensa del arquero que apresta su arma para rematar al animal que contempla.

El artista responde a las formas que caracterizan al arte pictórico del primer cuarto del siglo XII, sin que sea necesario, como tantas veces se ha insistido, identificarlo con un determinado pintor catalán. El convencionalismo de estas formas de pintar hace que las creaciones de una misma época alcancen una gran afinidad, haciéndonos incurrir muchas veces en una tremenda simplificación de la nómina de pintores.

Decoración pictórica de la Vera Cruz de Maderuelo
–Segovia– (Museo del Prado).

LA VERA CRUZ
DE MADERUELO

Coincidiendo en cronología con el taller de Berlanga, otro pintor, con unas características estilísticas de época similares, decora el ábside rectangular de la iglesia segoviana de la Vera Cruz de Maderuelo. Las pinturas se encuentran ahora depositadas en el Museo del Prado.

A los pies se coloca un luneto que representa la Creación de Adán y a este mismo y Eva a los lados del árbol del Paraíso. Los desnudos se muestran esquemáticos y lineales sobre el fondo claro. En el muro de enfrente, el del testero del ábside, se efigia una visión gloriosa de la advocación del templo, la santa cruz y sobre ella el Cordero. A ambos lados, dos personajes del Antiguo Testamento que aluden al mensaje eucarístico del sacrificio de la cruz, Caín con su ofrenda y Melquisedec con la suya. Bajo esta composición hay otros dos temas flanqueando la saetera: la Magdalena y Cristo, y la Epifanía a los Magos.

Sobre la bóveda de cañón que cubre todo el ábside, una "Maiestas". A ambos lados, símbolos de los evangelistas, ángeles, serafines turiferarios, la Virgen y una figura de obispo desconocido que constituyen la corte celestial que acompaña a la divinidad. En los muros que sirven de soporte, se dispone el colegio apostólico.

Lo reducido del espacio y la gran cantidad de pintura conservada crea una sensación única como referencia al sentimiento sacralizado que se conseguía en estos lugares. Todavía percibimos el ambiente de la época. La majestad divina gravitando sobre los fieles que se encontraban bajo la bóveda, éstos podían acceder al mundo celeste por medio de las imágenes que se jerarquizaban en los muros para indicar los grados de la "accesis". Otro de los principios moralizadores del momento, la contraposición de ideas para obtener una enseñanza, aparece aquí de manera muy explícita: frente a la caída de nuestros primeros padres se encuentra la recuperación por la redención de la cruz. Si el protagonismo principal del pecado fue desempeñado por una mujer —Eva—, otra mujer, la Virgen, será el medio que disponga Dios para reparar el mal.

289

SAN SALVADOR DE SEPÚLVEDA

Sobre Sepúlveda se levanta la imponente mole de la iglesia del Salvador. Por si el montuoso enclave no fuese bastión suficiente frente al enemigo, el Salvador parece que ha sido pensado como una sólida masa, sin apenas vanos, dispuesta a convertirse en los momentos de peligro en el baluarte final que defienda a los sepulvedanos de posibles invasores.

La iglesia consta de un ábside semicircular y una gran nave cubierta por una elevada bóveda de cañón sobre arcos fajones y apeada en muros robustecidos al interior con arcos. En las fachadas meridional y occidental tiene una galería porticada bastante recompuesta en su forma original.

La torre, siguiendo modelos muy antiguos dentro del estilo y seguramente como continuidad de una tradición prerrománica en tierras castellanas, se sitúa en un lateral, a veces, como en este caso, separada de la nave. En el último piso se dispone una cúpula esquifada sobre dos arcos cruceros demostrando, también en esto, cierta continuidad de las formas de tradición hispana ajenas al renovador estilo románico.

La decoración de los capiteles y canecillos muestra un riquísimo repertorio en el que se funden formas que podríamos considerar románicas con motivos muy apegados a la inercia decorativa de carácter prerrománico. Y, aún podríamos añadir en relación con las pervivencias, la presencia de un arco de herradura.

Una inscripción en una de las columnas del ábside, donde se puede ver ERA MCXXXI (AÑO 1093), podría servirnos de referencia cronológica para señalar la primera fase de construcción. Dato que queda confirmado si comparamos este templo con el cercano de San Frutos de Duratón que se fecha también explícitamente en un epígrafe del año 1100. Las relaciones estructurales y estilísticas son muy semejantes, no se puede negar que responden a los mismos impulsos constructivos de una época.

Iglesia de San Salvador, Sepúlveda (Segovia). Ábside.

Iglesia de San Salvador, Sepúlveda (Segovia).

291

Nuestra Señora de la Peña, Sepúlveda (Segovia). Detalles de la portada meridional.

SANTUARIO DE NUESTRA SEÑORA DE LA PEÑA

En la misma Sepúlveda se levanta este santuario, cuya iglesia románica se remonta a la primera mitad del siglo XII. De la torre, que siguiendo el criterio de ubicación del Salvador se situó en el flanco septentrional, sabemos, por un epígrafe funerario, lo siguiente: "Esta torre comenzó a ser edificada en la era 1182 –año 1144–, cuyo maestro fue Domingo Julián, que fue de San Esteban (HECTURRIS COEPIT EDIFICARI SUB ERA MCLXXXII MAGISTER HUJUS TURRIS FUIT DOMINICUS JULIANUS QUI FUIT DE SANCTO STEFANO).

Lo más importante de este templo se encuentra en su fachada meridional, bajo un pórtico transformado en el siglo XVI, una portada con tímpano historiado. Enmarcada en su conjunto por un par de columnas que contribuyen al apeo de unas toscas ojivas que cubren el tramo de pórtico en que se encuentra. En este marco de pretensiones monumentales se desarrolla un claro mensaje alusivo al Juicio Final.

Un tímpano semicircular sobre un dintel corrido, todo ello limitado por una arquivolta que efigia en torno a la mano de Dios los ancianos del Apocalipsis. Entre el tímpano y la arquivolta se encuentran representados seis ángeles con cartelas. La visión teofánica aparece jerarquizada de arriba abajo: en lo alto, Dios Padre, simbolizado por la mano ("Dextera Domini"); en medio, la "Maiestas" del Hijo, emblematizado con los símbolos de los evangelistas; abajo, sobre el dintel, un Crismón de significación trinitaria transportado por ángeles, teniendo a los lados la conocida imagen de San Miguel pesando las almas y un jinete con lanza montando un dragón. La idea parece clara para el fiel que por esta portada entraba en el templo, le recordaba que su comportamiento terreno sería juzgado ante aquella corte celestial que se representaba sobre sus cabezas.

Teniendo presente lejanos motivos ornamentales y compositivos aragoneses, parece ya obra de un taller experimentado, de los años próximos a 1200.

Ermita de Nuestra Señora
de las Vegas de Pedraza
(Segovia). Galería.

Ermita de Nuestra Señora
de las Vegas de Pedraza
(Segovia).

ERMITA DE NUESTRA SEÑORA DE LAS VEGAS DE PEDRAZA

En este modesto templo, tan característico del románico popular segoviano, nos encontramos con una de las galerías porticadas cuya tipología, una fachada de siete vanos, responde a una fórmula tradicional muy antigua, posiblemente la modalidad que dio origen a la serie de pórticos románicos castellanos. Su arquitectura también se muestra muy conservadora, aunque debemos tener cierto cuidado no atribuirle una cronología demasiado antigua dado su carácter eminentemente popular.

Una vieja leyenda recogida por Menéndez Pidal, en la que se narraban las aventuras de los infantes de Lara, veía en una de estas galerías porticadas las siete puertas por las que las ayas de los condes de Lara entraron en el templo para cristianar a los infantes. Gaya Nuño ha querido ver también un cierto sentido simbólico relacionable con la representación de las siete iglesias referidas en el Apocalipsis.

IGLESIA DE SOTOSALBOS

Tenemos aquí la imagen tópica de un templo segoviano: ábside, torre y pórtico. Elementos que durante los siglos XII y XIII permanecerán como una verdadera invariante castiza.

Como la anterior galería porticada corresponde a una manera de construir bastante popular, sin embargo sus formas ornamentales y arquitectónicas son ya de un estilo más avanzado, en el que las proporciones y el sentido de la decoración han cambiado sensiblemente.

La puerta principal, con su curiosa arquivolta en boceles que describen dientes de sierra, sigue una solución muy difundida por su entorno geográfico llegando hasta las mismas tierras regadas por el río Duratón.

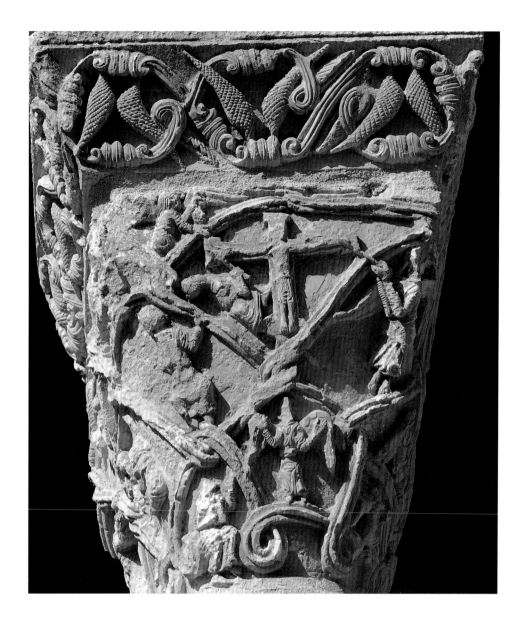

Iglesia del Arenal
(Segovia). Capitel
de la galería.

IGLESIA DEL ARENAL

El primitivo templo románico sufrió durante el barroco múltiples transformaciones y mutilaciones. Hasta hace poco tiempo su galería porticada permaneció cegada. Como en tantos de estos pórticos castellanos nos encontramos con toda una teoría iconográfica que va desde lo meramente ornamental a las enseñanzas más populares de la catequesis teológico moralizadora de la época. El detalle del capitel que aquí reproducimos muestra una de las composiciones más curiosas y originales del románico popular segoviano.

Antes de proceder a la lectura de las imágenes, obsérvese la diferencia de tratamiento entre el ábaco y la cesta del capitel. Las piñas y los carnosos tallos que las sustentan parecen salidos de una obra eboraria de arte islámico. La composición, muy equilibrada y correcta,

también ha sido materializada con una gran delicadeza y finura, todo lo contrario de los temas de la cesta, donde tallos y figuras parecen ejecutados por otra mano menos diestra.

El tema representado corresponde a un descendimiento de la cruz idealizado, los que proceden a desclavar a Cristo son un grupo de ángeles. El capitel se completa con la representación de una teofanía con los símbolos de los evangelistas y otro tema del ciclo de la pasión de Cristo, las Marías ante el sepulcro vacío de Cristo.

La forma de reproducir los personajes en medio de un entrelazo de vástagos es algo que se introduce entre los escultores castellanos por influencia del claustro de Silos. En este mismo cenobio burgalés existen precedentes iconográficos para el resto de las composiciones, aunque no creo que la referencia haya de tomarse directamente, sino que ya forman parte de un repertorio muy popularizado entre los artistas de finales del siglo XII y gran parte del primer tercio de la centuria siguiente.

297

SAN MILLÁN DE SEGOVIA

Los *Anales Toledanos* al referirse a la ciudad de Segovia nos dicen lo siguiente sobre su repoblación: "Fue por mucho tiempo yerma, y después pobláronla en la era MCXXVI –año 1088–". Pronto se iniciaría una etapa de adecuación de lo existente a la nueva población cristiana. De principios del siglo XII son las primeras referencias de barrios en torno a iglesias parroquiales: San Miguel, Santa María y San Martín. La diócesis hasta el 25 de enero de 1120 no fue restaurada.

En estos primeros momentos del XII la intervención de Alfonso el Batallador, como monarca consorte en la corona castellano-leonesa, fue muy importante, aunque menos de lo que algunos historiadores han sugerido al atribuirle cuantas relaciones existen en la cultura segoviana de la época con el área aragonesa.

La iglesia de San Millán surgiría en la parte baja de la ciudad durante la primera mitad del siglo XII, completándose a lo largo de mucho tiempo la fábrica total del edificio que contemplamos en la actualidad.

Se trata de una construcción de tres naves de tipo basilical y una cabecera de tres ábsides (el cuarto que observamos en la imagen corresponde a un añadido del período tardorrománico). Sobre el crucero se levanta un cimborrio de sección cuadrada con una cúpula sobre nervios pareados según forma muy acorde con la tradición prerrománica hispana cuyo empleo se manifiesta en varios edificios de los primeros momentos del románico pleno, pero que, en algunos lugares como aquí en Segovia, todavía se mantendrá en el siglo XIII.

La forma de organizar los ábsides –columnas, alero, chambranas e impostas– es una constante en las principales construcciones del románico de Segovia capital. Se diría que se creó aquí el modelo referencial para casi todo el siglo XII. Las fachadas laterales tienen sendos pórticos debido a que se empleaban las dos puertas laterales y la aproximación de los fieles al templo era tanto por el norte como por el sur. Existen en la capital iglesias que llegan a tener pórticos en tres de sus frentes.

Aunque la torre que vemos en el flanco septentrional aparece cubierta con revocos que nos impiden ver la formación material de sus muros, obsérvese que su ubicación es la que ya indicamos al hablar de las torres sepulvedanas. Todos los indicios parecen indicar que pudiera tratarse de una torre reaprovechada en su base de un edificio anterior.

SAN ESTEBAN DE SEGOVIA

De la antigua iglesia románica sólo conservamos la torre y el pórtico acodado que se disponía por las fachadas occidental y meridional. La torre es uno de los ejemplares más bellos del románico hispano.

Situada en un lateral del templo, próxima a la cabecera siguiendo lo habitual en territorio castellano y, muy especialmente, en tierras segovianas. Si comparamos esta torre con la que acabamos de ver en el Salvador de Sepúlveda, veremos cómo en poco menos de un siglo se ha progresado en el sentido de una estética que busca su principal efecto en la consecución de la verticalidad de los volúmenes y no en la contundente masa compacta de los mismos.

Partiendo de un robusto zócalo se suceden cinco órdenes de arcadas que corresponden a otros tantos pisos de la torre. Posiblemente desde el origen, los dos primeros pisos tuviesen las arcadas cegadas para dotarla de mayor consistencia y estabilidad. Las aristas matadas con el acodillamiento de una columna que sin inte-

Iglesia de San Esteban, Segovia. Torre y detalle de la misma.

rrupción emerge desde abajo hasta la cornisa, de esta manera la interminable elevación de estos fustes de esquina enfatizan aún más la esbeltez de la torre.

Carecemos de noticias documentales sobre el proceso de construcción de una obra tan excepcional, pero, si nos atenemos a las formas ornamentales y a la esbeltez de las proporciones, tendremos que considerar que se trata de una creación que no debió iniciarse antes de los primeros años del siglo XIII.

299

San Justo, Segovia. Torre

IGLESIA DE SAN JUSTO
DE SEGOVIA

En uno de los barrios periféricos de la Segovia románica se construyó el templo de San Justo. Aunque modificado por las vicisitudes de las modernizaciones de épocas posteriores, todavía podemos contemplar su torre, que sólo llegó a alcanzar dos pisos de arcos, parte de los muros laterales de la nave (veíamos en la introducción un bonito tímpano policromado con una composición referida a la vida de San Justo) y un ábside semi-

circular con una decoración de pinturas al fresco.

En el ábside se dispuso una visión teofánica, que muestra a Dios sedente en una mandorla rodeada por los ancianos de la Apocalipsis y por los correspondientes símbolos de los evangelistas. Como podemos comprobar en la imagen, la figura divina se muestra refulgente y atrayente por la brillantez de su indumentaria roja. En el hemiciclo, bajo esta teofanía, se representaban la Crucifixión y el Descendimiento. En la bóveda del tramo recto podemos ver una serie de escenas muy movidas en torno a la figura del Cordero. De estas composiciones destacan las referidas a la

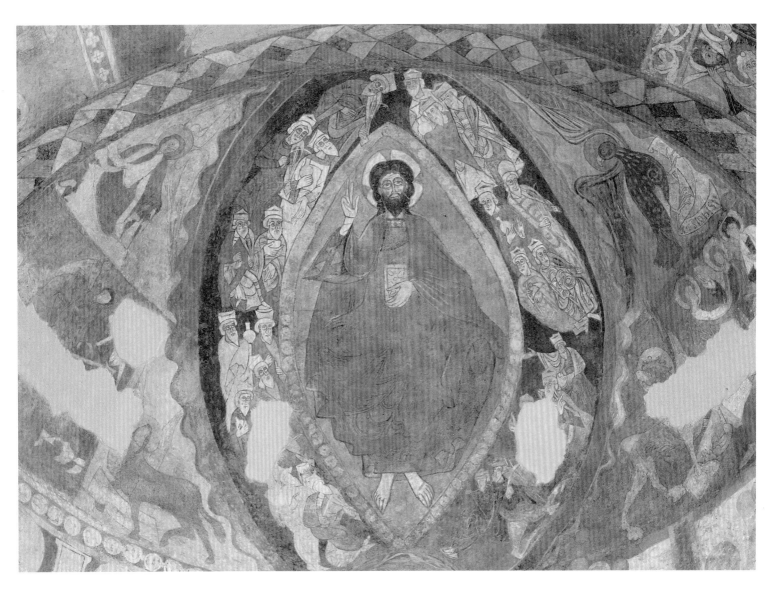

Última Cena y al Prendimiento de Jesús. Ambos temas han sido tratados en forma de friso corrido enmarcado por cenefas vegetales.

El grupo de imágenes del Prendimiento es de lo mejor conservado del conjunto. De éstas hemos reproducido aquí la que representa el beso de Judas y el momento en que Pedro procede a asestar el mandoble que corta la oreja de Malco. Es de resaltar la habilidad del artista escalonando las figuras para poder reproducir ambas escenas juntas y, de esta manera, transmitirnos la idea de simultaneidad de los dos momentos: para conseguirlo no duda en sacar los pies de Malco del encuadre de la composición.

En el interior de la embocadura del presbiterio se dispusieron en registros varias escenas la mejor conservada es la que representa a Adán y Eva. Reproducidos a los lados del árbol del Paraíso en el que se enrosca una gigantesca serpiente; las hojas tapando sus genitales nos indica que el pecado ya se ha cometido. Si nos fijamos en las manos, nos daremos cuenta de la falta de sentido de la proporción que tiene el pintor. El fondo rojo sirve para subrayar la fuerza de icono emblemático de las figuras.

San Justo, Segovia.
Detalles de la decoración pictórica.

San Justo, Segovia.
Detalles de la decoración
pictórica.

Sin entrar en demasiados detalles la lectura conjunta de las pinturas de este templo, vemos que responde a un esquema muy convencional. El pecado que marca la historia de la humanidad en el arco triunfal, el ciclo de Pasión de la bóveda y hemiciclo como referencia al camino de redención que nos enseñó Cristo, terminando en una clara alusión al Juicio Final con la representación de la gran "Maiestas" de la bóveda de horno.

La semejanza que reiteradamente se indica de estas pinturas con las ilustraciones de la "Biblia de Ávila", que veremos más adelante, nos puede servir de punto de referencia para hacernos una idea del arte de la pintura que, a finales del siglo XII, se generalizó por las tierras de Castilla. Es una pena que se haya perdido la firma del autor (DA PINTOR FE...), pero las palabras que dejó en el Descendimiento son muy expresivas sobre la brusca interrupción de la obra: "...no puedo hacer estas pinturas" (NON POTEO FACERE PINTURAS). También pudiera interpretarse este último letrero como un simple *grafitti*.

VERA CRUZ DE SEGOVIA

Conservamos una inscripción de problemática interpretación, pero que, en lo que se refiere a la cronología, no ofrece ninguna duda: Dedicación de la iglesia del Santo Sepulcro el 13 de abril de 1208 (DEDICATIO ECCLESIE BEATI SEPULCRI ERA MCCXLVI). Como vemos la advocación del templo al Santo Sepulcro parece dato muy claro para explicar lo que en principio nos parecería una fórmula de templo muy diferente a la norma general. El historiador de la ciudad de Segovia Diego de Colmenares consideró que se trataba de una iglesia de los templarios, justificándolo en un breve pontificio de Honorio III que, en 1224, enviaba a éstos una reliquia de la Verdadera

Cruz. La crítica moderna ha demostrado que se trataba de un documento realizado a fines del siglo XVI, lo que necesariamente no tiene por qué desmentir la realidad de que hubiese pertenecido a dicha orden.

El edificio concebido de forma central, de planos rectos, teniendo en su interior una estructura igual de doce lados (el perímetro exterior no tiene doce lados por que en su parte oriental se han dispuesto tres ábsides semicirculares). Este núcleo central se divide en dos pisos. El superior, cubierto con la característica cúpula sobre parejas de nervios, tenía en su centro un altar en el que se conservaba una imagen de un Cristo sedente.

La interpretación de este conjunto ha dado lugar a múltiples disquisiciones; sin embargo, es evidente que estamos ante un templo que quiere rememorar con su forma la rotonda

303

funeraria del Santo Sepulcro, tal como su nombre indica en el epígrafe que conmemora su dedicación. Esta planimetría central, con una estructura concebida a dos niveles, es una solución que la arquitectura prerrománica utilizaba ya como referencia al monumento martirial levantado en el sepulcro de Cristo durante la época constantiniana. La veneración de la imagen yacente en el piso superior no deja lugar a dudas.

Si una vieja y carismática tipología es la que se construye aquí, el léxico empleado en su materialización responde a las características formas constructivas y ornamentales del románico tardío segoviano.

Vera Cruz, Segovia. Piso inferior del núcleo central

Vera Cruz, Segovia. Cúpula del piso superior del núcleo central.

Vera Cruz, Segovia. Altar.

Iglesia de San Vicente, Ávila. Aspecto exterior de la cabecera.

SAN VICENTE DE ÁVILA

La historia del románico abulense tiene en este templo el principal centro de creación del continuado devenir del estilo a lo largo de los siglos XII y XIII. En él nos encontraremos definidas las primeras formas del románico pleno en el proyecto de la cabecera y los muros sustentantes de las naves, mientras que las grandes portadas y el cenotafio que contiene los restos de los patronos de la ciudad corresponderán ya a la fase final del estilo, la del tardorrománico.

De la historia del templo sólo tenemos noticias ciertas de épocas tardías, las referencias anteriores a éstas corresponden a datos basados en la tradición, o muy indirectas y en documentación de creación relativamente moderna.

Se sabe que Ávila no comenzó a ser repoblada sistemáticamente hasta que Alfonso VI conquistó Toledo, en 1085. Dos años después de este suceso el monarca encomendó a su yerno, Raimundo de Borgoña, que se ocupase del territorio abulense. Una inscripción antigua en

San Vicente de Ávila. Detalle del ábside meridional.

San Vicente de Ávila. Capitel de una de las ventanas.

307

San Vicente de Ávila.
Portada meridional.

San Vicente de Ávila.
Detalle de la portada
meridional.

caracteres latinos, no conservada en la actualidad, nos suministra algunos detalles de esta repoblación:

"Hacia el año MXCV Alfonso VI Rey, viendo casi destruida la Ciudad de Ávila, que venía a ser como el extremo de su reino, determinó restaurarla. Encomendó el asunto a su yerno Raimundo de Borgoña, quien, vestido de prerrogativas reales trajo a Ávila varones nobles del monte Subeba, de donde procede la nobleza de Ávila. Entre ellos vinieron monjes que restauraron la capilla de Santa María, destruida por los moros, con monjes de San Benito. De ahí conserva el nombre de Santa María la Antigua."

Aunque un tipo de información como ésta debe ser empleada con cuidado, no hay en ella nada que esté en contra de lo que con certeza conocemos y que no corresponda a la lógica del momento. Monjes benitos colaborando con el borgoñón Raimundo no sólo en la repoblación, sino en la renovación de los usos de la iglesia secular y en las comunidades monásticas. A este impulso primero, pero iniciada ya la centuria siguiente, se debe la primera fase de la iglesia de San Vicente. Los diferentes estudiosos que se han ocupado de la historia de este edificio recogen la cita del año 1109 como indicación que entonces se produjo un parón en las obras; desconozco qué tipo de fundamento avala este dato. Durante lo que resta de siglo no volvemos a tener noticias de la marcha de las obras. Muy avanzada la decimotercera centuria todavía faltaba bastante para acabar, tal como demuestra esta carta de Alfonso X de 1279:

"Dn Alfonso por la gracia de Dios.... Al concejo e a los Alcaldes de Avila, salud y gracia: Bien sabedes, que cuando yo fuí en Abila, que fuí a la Yglesia de Sn. Vicente, e fallela mal parada en muchas demaneras. E yo por saber de facer servicio de Dios e a Sant Vicente, e bien merced a vos el Concejo, tove por bien sin los cinco mil mrs. de la moneda de guerra, que antes havia dado del servicio de la Puebla de Arañuelo, que oviese demas para que se acabase esta labor, las mis tercias que yo he en Sant Vicente e en esta Puebla sobredicha, fasta que fuese acabada."

A esta donación real seguirán varias más, e incluso, en la centuria siguiente, se intentará que pasen a formar parte de una renta estable.

De estos datos sueltos y del análisis de la arquitectura que ha llegado hasta nosotros se puede trazar una aproximación al proceso y cronología que siguieron las obras. Se debe tener una cierta precaución en el reconocimiento de las diferentes partes del edificio por que sufrió diversas remodelaciones y transformaciones desde el fin de la Edad Media hasta el presente, muy especialmente la radical restauración de Repullés y Vargas.

Las obras se comenzarían por la cabecera. Como se iba a situar sobre una superficie de terreno con un cierto desnivel, dado que había que aprovechar un lugar de origen martirial –donde Vicente y sus hermanas habían recibido el sacrificio–, se realizó una cripta, que fuese también santuario venerado. La forma de este espacio sería la de tres ábsides semicirculares. Sobre éstos se dispuso una cabecera de idéntica estructura. En la fotografía podemos contemplar la considerable altura que alcanzan los ábsides a partir de las saeteras inferiores que corresponden a la cripta. Su forma es la característica del pleno románico. Una gran nave de transepto se situó delante, sobrepasa el ancho de la cabecera y de las tres naves que se prolongan hacia Occidente. Las naves se separan con pilares cruciformes que apean arcos semicirculares y doblados. El muro de la nave central se organiza en tres los niveles clásicos: arcuación del intercolumnio, piso de tribuna y un orden de ventanas. Las naves laterales se cubrían con bóvedas de aristas, mientras que la central lo hará con ojivas.

Menos las ojivas de la nave central todo responde a una concepción plenamente románica. Muy bien puede corresponder a un proyecto que se fuese edificando a lo largo de la primera mitad del siglo XII. Ya en la segunda mitad, se procedería a esculpir las portadas.

En la puerta meridional, que, como en tantos otros lugares, estaría dedicada a la Virgen y, en especial, bajo la fórmula de la Anunciación, se conservan varias esculturas románicas, alguna de ellas retocada y recompuesta como se aprecia fácilmente.

La más antigua corresponde al personaje femenino que se suele identificar con Santa Sabina. Es de un volumen plano, ataviada con ricas indumentarias, cuya capa y tocas aparecen primorosamente recamadas con un hermoso galón. Puede ser obra del tercer cuarto del siglo. De una concepción plástica diferente, con más volumen, se muestra la imagen que

San Vicente de Ávila. Detalles de la portada meridional.

San Vicente de Ávila. Detalles de la portada meridional.

se conoce como San Vicente. Desde luego, no puede corresponder a un mismo conjunto que la anterior, ni por estilo ni formato. Frente a éstas, la Anunciación, que en origen daría nombre a esta puerta. Mientras que de este grupo la figura de la Virgen presenta ciertas dudas de relabrado, el ángel es una de las creaciones más soberbias de la escultura 1200 en España. Si el conjunto es de formas muy correctas y de elegante esbeltez, cuando observamos con detalle cómo ha sido tratada la cabeza, apreciamos que la factura llega a delicadezas propias de orfebre.

Por estos mismos años se estaría trabajando en la gran portada occidental, donde se representa el colegio apostólico en torno a la figura de Cristo en el parteluz. Por desgracia,

esta parte se encuentra en muy mal estado de conservación.

Desde lo proyectado en pleno románico, hasta el piso de la tribuna en la nave central y las bóvedas de arista en las colaterales, pasó mucho tiempo sin avanzar en la fábrica arquitectónica, parte se dedicaría a las grandes obras escultóricas a las que acabamos de referirnos. Faltarían las bovedas de la nave central y, posiblemente, las partes altas por encima de la tribuna cuando fue visitada por Alfonso X, procediéndose entonces a su realización gracias al gran impulso económico imprimido por el soberano. Ya en el siglo XIV se debió realizar el cimborrio, lo que seguramente obligó a ciertas remodelaciones de los pilares inmediatos a la zona sustentante.

CENOTAFIO DE LOS SANTOS VICENTE, SABINA Y CRISTETA

Una vieja y legendaria tradición sitúa en la ciudad de Ávila el martirio de Vicente y sus hermanas, Sabina y Cristeta. Ya vimos como la iglesia se levanta sobre el lugar donde ocurrió el suceso.

La historia de estos santos se puede resumir en los siguientes temas hagiográficos, que serán recogidos en la decoración de su monumento funerario: Enfrentamiento del joven Vicente con el gobernador romano Daciano, que le obliga a que venere los ídolos; Vicente, al pisar el lugar de la divinidad pagana, las piedras se descomponen; Vicente y sus dos hermanas se unen ante la adversidad del pérfido gobernador romano; Daciano ordena a sus soldados que persigan a los hermanos; éstos huyen; apresados son desnudados para ser torturados; los tres son descoyuntados con artificios; sus cuerpos son abandonados; un judío, que había acudido para

Cenotafio de los santos Vicente, Sabina y Cristeta (San Vicente de Ávila). Detalle y conjunto.

Cenotafio de los santos Vicente, Sabina y Cristeta (San Vicente de Ávila). Detalle.

burlarse de estos cuerpos, es apresado por la serpiente que los protege, implorando a Dios que le libere; el judío, convertido a la fe, se pone a labrar los sepulcros para los cuerpos de los santos.

El sentido narrativo de estas escenas fue perfectamente captado por un escultor que las dispuso bajo un marco arquitectónico a lo largo de dos frisos en los laterales altos del cenotafio. Éste tenía la forma de baldaquino, a la manera de la estructura de un edificio de tres naves, la central más alta con tejado a dos aguas, mientras que las colaterales sólo tienen una vertiente; todo sobre doce columnas. En las caras estrechas se representaron una "Maiestas" y un ciclo de imágenes sobre los Magos. En las esquinas se disponen, bajo arcadas, parejas de apóstoles, mientras que sobre las columnas de los laterales pequeños relieves representan diferentes santos y personajes veterotestamentarios como el rey David que reproducimos aquí.

La obra fue concebida para poder ser observada en todo su alrededor, de esta manera se podía contemplar el programa completo que estaba destinado a adoctrinar a los fieles que acudían a venerar a los santos patronos.

Las escenas hagiográficas han sido interpretadas con un afán de verismo naturalista siguiendo los sentimientos del humanismo del momento. Para darse cuenta de la evolución de la interpretación plástica del románico pleno y del tardorrománico al que pertenece esta obra, basta comparar el desnudo que hemos visto en la creación de Adán en las pinturas de Maderuelo con los desnudos de los hermanos. La delectación por el sufrimiento que observamos en la matanza de los inocentes de la arquivolta de la iglesia soriana de Santo Domingo es la misma que apreciamos en el rigor puesto en la definición puntual de los detalles del martirio de los santos. En la escena del judío trabajando en la labra de los sepulcros podemos contemplar el efecto de perspectiva que ha logrado el escultor: las arcadas en primer término, tumbas de diferentes tamaños y ubicación del judío entre los sepulcros contribuyen a crear un sentido de la espacialidad que se aleja de los planteamientos teóricos de la realidad estilística del románico.

Cenotafio de los santos
Vicente, Sabina y
Cristeta (San Vicente
de Ávila). Detalles.

SAN PEDRO DE ÁVILA

Situada esta iglesia también en un barrio extramuros como San Vicente, nos ilustra sobre las formas románicas que se popularizaron en la ciudad.

Basta la simple comparación entre esta imagen con la que hemos reproducido de San Vicente para darnos cuenta de la dependencia de aquélla. Los tres ábsides, el gran desarrollo del transepto, incluso el cimborrio tardío, y la disposición de las tres naves son detalles puntuales de elementos concretos imitados; la mímesis alcanzará la misma secuencia constructiva.

Los constructores de San Pedro pensaron los tres ábsides como los de San Vicente, algo más bajos por no tener cripta. Lo más curioso es la aplicación estricta de la teoría decorativa del estilo que rara vez se emplea: el chaflán de los aleros de los ábsides laterales se prolonga a manera de imposta por el central, mientras que las impostas de los capiteles de las ventanas lo hacen por las capillas colaterales.

San Pedro comenzado en la primera mitad del XII, una vez construida la cabecera, las obras avanzarán lentamente. Se tiene noticia de una consagración antes de acabar la centuria.

LAS MURALLAS DE ÁVILA

En Ávila nos encontramos con una de las contadas ciudades amuralladas que se conservan de la Europa del románico. Su historia sólo está avalada por una serie de noticias carentes de fundamento documental, que se confunden con lo legendario.

Se sabe que sus constructores fueron los maestros de geometría Casandro, Florín de Pituenga y el navarro Alvar García, natural de Estella. Otras noticias nos informan que las obras debieron empezar en 1090 y participaron en su construcción dos mil obreros durante los nueve años que duraron los trabajos.

El recinto amurallado mide 2.516 metros de perímetro. Formado por 2.500 almenas con merlones de ripio en punta de diamante. Los cubos son ochenta y ocho. En algunos lugares se emplean frisos de esquinillas de ladrillo.

Se ha especulado mucho sobre el origen de las formas que configuran las murallas de este impresionante conjunto. Dividiéndose los expertos entre la adjudicación al oriente bizantino o islámico, o el occidente cristiano y francés. La forma casi rectangular recuerda claramente la planimetría de las viejas ciudades castramentales romanas. Detalles importantes islámicos no hay ninguno, se ha dicho lo del friso de esquinillas como signo de andalucismo que creo no debe tenerse en cuenta. Los merlones en forma puntiaguda responden a la vieja tradición romana conocida en España, similares los vemos reproducidos en uno de los capiteles de la galería porticada de la iglesia de San Miguel de San Esteban de Gormaz.

Es muy probable que se comenzasen a construir las murallas durante el gobierno del conde Raimundo, pero una obra de este tamaño, aunque sea cierto que fueron dos mil los trabajadores, se debió prolongar más tiempo que los nueve años referidos, salvo que se aprovechasen unas murallas previas.

Murallas de Ávila. Detalles.

Iglesia de la Lugareja
(Ávila).

IGLESIA DE LA LUGAREJA

En un paraje de las cercanías de Arévalo denominado el "Lugarejo" se elevan los volúmenes de la iglesia que por efecto metonímico del topónimo se denominará la "Lugareja". Se trata de la cabecera de una iglesia inacabada perteneciente a una comunidad de monjas cistercienses.

Las monjas habitaron aquí hasta que Carlos V les cedió el palacio real de Arévalo. Parece ser que fue fundación de los hermanos Gómez Román, habitantes del lugar, uno de ellos abad. Una inscripción que llegó a ver Quadrado en la casa de Arévalo decía que esta iglesia había sido fundada en 1237.

El templo fue proyectado con tres ábsides semicirculares, los esbeltísimos cubos que todavía contemplamos, con profundos tramos rectos ante ellos. Encima del central se levantó una cúpula sobre pechinas, teniendo un tambor intermedio con un friso de arcos; los correspondientes a los puntos cardinales se perforan en ventanas. Esto es así por que al exterior el cilindro está embebido en un prisma de sección cuadrada.

Como tantas otras iglesias de monjas iniciadas con grandes pretensiones, nunca fue acabada. El edificio es una chapucera interpretación de los cimborrios de Zamora, Toro y Salamanca, que exteriormente, dada la limpieza de concepción de sus volúmenes, masivo arriba en el prisma del cimborrio, ligero abajo en los esbeltos cubos de los ábsides, resulta de una increíble belleza que sólo la espontaneidad de algunas creaciones, más o menos populares, es capaz de alcanzar.

Mientras que en los modelos la cúpula se levanta sobre el caballete de las cuatro grandes arcadas que configuran el crucero, disponiéndose a partir de esta estructura las tres naves, aquí, al igual que en otras construcciones de ladrillo, la cúpula se construye sobre dos muros seguidos que ofrecen más garantías de estabilidad. Es evidente que falta seguridad técnica en el proyecto para poder garantizar el equilibrio del conjunto.

BIBLIA DE ÁVILA

En la Biblioteca Nacional de Madrid se conserva una Biblia procedente de Ávila. Se trata de un ejemplar con ilustraciones italianas que fue completado durante la segunda mitad del siglo XII en el área castellana, posiblemente en la misma Ávila, en algún escritorio relacionado con la catedral.

Su autor, como podemos comprobar por esta gran ilustración, es un pintor de maneras torpes, con figuras toscas y desgarbadas que reproducen modelos compositivos ajenos. Siguiendo el característico sentido narrativo fílmico, es decir, lo que podríamos llamar tiras de "comics", que las viejas biblias carolinas habían difundido por el románico, las escenas se suceden en registros rectangulares. Arriba, la Entrada de Jesús en Jerusalén. En el centro, la Santa Cena, Judas en primer término arrodi-

llado recibiendo el bocado de mano de Cristo y tocando con una mano el pez (típica iconografía románica aludiendo al traidor). Abajo, el lavatorio de los pies.

Joaquín Yarza ha señalado la estrecha relación que existe con las pinturas de la iglesia segoviana de San Justo: la desgarbada forma de moverse los personajes, las fisonomías y la manera de salirse del marco que vemos en el Cristo del lavatorio.

Estos tres temas y otros no reproducidos aquí muestran fórmulas iconográficas de clara raigambre hispana y, si es evidente la relación señalada por Yarza para el campo de la pintura, también podemos apreciar la utilización de toda esta iconografía en la decoración de la escultura monumental coetánea en tierras castellanas, demostrando así, en cierto modo, cómo se popularizan por medio de la escultura aquellos temas de un público más restringido, como es el que tiene acceso a los códices.

317

Sección del ábside de San Juan de Amandi,
según *Monumentos Arquitectónicos de España.*

318

ASTURIAS

El románico asturiano, salvo en algunas obras relacionadas con la catedral ovetense, verdaderas joyas del estilo en España, acusa el aislamiento y cierta precariedad de medios que el territorio sufrió durante toda la etapa románica.

Al trasladarse la corte a León, la región asturiana se sumió en un cierto letargo económico y demográfico del que tardará en salir. Habrá que esperar al reinado de Alfonso VI para que algunas zonas abandonen su aislamiento y se intergren en el devenir del reino castellano-leonés.

La importancia del arte que se había desarrollado durante la monarquía astur permitirá que, de una manera inercial, las técnicas constructivas antiguas sobrevivan. Por lo que podemos ver en algunos edificios del siglo XII, verdaderos remedos de obras asturianas de la época de Alfonso III, las construcciones de las que tenemos constancia a lo largo de la primera mitad de la undécima centuria serían de formas muy similares. Ábsides de testeros rectos, teniendo como máximo exponente decorativo arquerías ciegas alrededor de los muros interiores, tal como todavía podemos apreciar en la iglesia de San Salvador de Fuentes. En este mismo templo se conserva un epígrafe que se refiere a una iglesia consagrada en 1023; su traducción dice así:

"En la era de 1059 —año de 1021—, día 25 de mayo, nosotros, Diego Pépico y Mansuara y mi madre doña Vistrildi, concedemos a la casa del Señor que hemos edificado lo que tenemos allí, con toda su heredad y hacienda de Cembias para el remedio de nuestras almas. Era de 1061 —año de 1023—, día 24 de febrero, don Adenagao, obispo de la sede ovetense consagró esta basílica en honor de San Salvador."

Si la forma de los capiteles de este templo no corresponde con el arte inercial de origen astur, sino al románico pleno, es evidente que la estructura sí parece deudora de esa tradición. Así debemos considerar que la iglesia construida en Fuentes, durante el primer cuarto del siglo XI, respondería a una tipología muy parecida aunque con un léxico todavía propio del prerrománico astur.

Será en el último tercio de la centuria, durante esa integración que acabamos de atribuir a Alfonso VI, cuando empecemos a notar una renovación de las viejas fábricas prerrománicas. Al principio, como en San Pedro de Teverga, se mantedrán los tipos arquitectónicos y se renovará lo constructivo y ornamental. Los impulsos inspiradores proceden del arte leonés, acusándose en obras como la ampliación de la torre de la catedral o en San Pelayo de Oviedo. La primera mitad del siglo XII aparece centrada por la importante figura del obispo don Pelayo, obispo efectivo entre 1101 y 1130, aunque vivirá hasta 1153, año en que es enterrado en Santillana del Mar.

Don Pelayo será el verdadero renovador de toda su diócesis impulsando la modernización del cabildo y de los monasterios. Siguiendo la

Catedral de Oviedo. Arca
Santa (detalle).

la total renovación del patrimonio arquitectónico y mobiliar, lo que propiciará la implantación definitiva de las formas del románico pleno. Un taller de miniaturistas, procedente de León, se establecería en el escritorio catedralicio para trabajar en las grandes empresas políticas emprendidas por el obispo. Ya antes, la generosidad de Alfonso VI había introducido en el patrimonio astur una obra de orfebrería tan carismática como la célebre decoración metálica del Arca Santa.

El mayor número de edificios asturianos fue construido durante el tardorrománico; incluso sus formas estereotipadas pervivirán siglos amalgamadas con algunas pobres soluciones del gótico. Son edificios de espacios simples y una pobre decoración escultórica, donde adquirirán una gran popularidad los motivos de rollos y arcos polilobulados tan característicos del románico leonés y zamorano, las cabezas de pico y los motivos geométricos. Tan sólo se conoce en Asturias una puerta con tímpano, en la que se representa una "Maiestas" rodeada de los símbolos de los evangelistas, en San Juan de Priorio. Es obra de un maestro popular mal dotado, que incluso intenta completar el conjunto con la aplicación de unas groseras estatuas-columna. El gran artista del período será el refinado maestro que esculpió la bella serie del apostolado de la Cámara Santa, que, desgraciadamente, careció de seguidores en la región.

La cabecera de San Juan de Amandi ha sido diseñada por un maestro que, escapando de la reiterativa vulgaridad, busca una mayor complejidad ornamental que las simples formas habituales; dos órdenes de nichos articulan todo el paramento interno produciendo una efectista morbidez del muro.

Los cistercienses se implantaron tardíamente en el territorio y sus fundaciones no alcanzaron una gran importancia. Será ya en el XIII cuando se inicie la construcción de la iglesia de Santa María de Valdediós, un gran templo por su tamaño, pero de un arte incluso muy conservador aunque sea cisterciense. En tierras del Occidente se levantó otra fundación en los Oscos; su iglesia no supera las formas de la modesta arquitectura popular.

norma del Concilio de Coyanza impulsó la difusión de la regla benedictina. Está presente en San Salvador de Cornellana para asistir a la confirmación solemne de la entrega de este monasterio a Cluny, en 1122. Todo esto supuso, como en tantas otras regiones peninsulares,

EL ROMÁNICO ASTURIANO EN LA HISTORIOGRAFÍA ARTÍSTICA

Dejando a un lado las obras de carácter general del románico hispano a las que ya hemos aludido en su apartado correspondiente, señalamos aquí unos cuantos títulos que han tenido un interés especial para el conocimiento del románico asturiano en conjunto o alguna de sus obras en particular.

En el año 1877 se publicaban cuatro fascículos de la colección *Monumentos Arquitectónicos de España* que, aunque dedicados en su mayor parte a los famosos monumentos de la época astur, contienen una serie magnífica de dibujos de obras románicas en el Principado. Recientemente se ha editado un libro conteniendo una edición casi facsímil de ellos (*Monumentos Arquitectónicos de España. Principado de Asturias,* Fundación de Cultura del Ayuntamiento de Oviedo, 1988).

Será en la obra de don Manuel Gómez Moreno, *El románico español,* donde se aborde de una manera "moderna" el análisis de la Torre Vieja de la catedral de Oviedo y, sobre todo, las piezas mobiliares que se conservan en la Cámara Santa.

Helmut Schlunk y Joaquín Manzanares realizaron a mediados de esta centuria un minucioso y sistemático estudio de la interesante iglesia de San Pedro de Teverga, poniendo en conocimiento de la comunidad científica un edificio que mostraba una curiosa y popular forma de trabajar la escultura monumental en los primeros momentos del románico pleno, en un área geográfica alejada de los principales centros de poder de la época ("La iglesia de San Pedro de Teverga y los comienzos del arte románico en el reino de Asturias y León", en *Archivo Español de Arte*, núm. 96, 1951, págs. 277-305).

Sobre la importancia de la escultura de la Cámara Santa se ocupó August L. Mayer. M. Gómez Moreno se cuidó de que se llevase a cabo una cuidadosa restauración del conjunto después de su voladura en el año 1934 (*La destrucción de la Cámara Santa de Oviedo,* Madrid, Academia de la Historia, 1934). José Manuel Pita Andrade supo clasificar al autor dentro del contexto de la escultura castellano-leonesa del tardorrománico (*La escultura románica en Castilla. Los maestros de Oviedo y Ávila,* Madrid, 1955).

Una primera visión de conjunto, muy breve, pero fijando inteligentemente algunas de las características del románico asturiano, fue la de Juan Antonio Gaya Nuño, que lo valoraba así: "Dentro del panorama general del arte románico español, el asturiano constituye grupo considerable en cuanto a personalidad, tanta de ella derivada de normas prerrománicas, otra más debida a un constante afán de norma, de medida, de perfección, de obra bien hecha, siempre en proporción con las fragmentaciones de población rural" ("El románico asturiano dentro del español", en *Boletín del Instituto de Estudios Asturianos,* núm. 59, 1966, págs. 1-18).

Magin Berenguer inició un corpus sobre el románico asturiano escribiendo un primer volumen que contenía diez monografías, que lamentablemente no tuvo continuidad (*Arte románico en Asturias,* vol. I, Oviedo, 1966).

Un grupo de edificios asturianos fue estudiado por Antonio Viñayo González en el volumen dedicado por la serie "La nuit des temps" a León (*L'ancien royaume de Leon Roman,* La Pierre-qui-vire, 1972 —existe trad. española—).

Doce años después aparecerá, por fin, una obra, escrita por María Cruz Morales y Emilio Casares, que recogerá el más amplio catálogo del románico asturiano (*El románico en Asturias. Zona Oriental,* Oviedo, 1977; *El románico en Asturias. Centro y Occidente,* Oviedo, 1978).

Etelvina Fernández González ha dedicado una buena parte de su labor investigadora al estudio del románico del área de Villaviciosa, ofreciéndonos diversas monografías sobre aspectos estilísticos e iconográficos. Su tesis doctoral, obra de imprescindible consulta, se publica con el título de *La escultura románica en la zona de Villaviciosa (Asturias),* Colegio Universitario de León, 1982. Vidal DE LA MADRID, *Arte románico del Cabo de Peñas,* Oviedo, 1988.

Sobre la excepcional obra del "Libro de los Testamentos" se ha ocupado en reiteradas ocasiones Joaquín Yarza (véase muy especialmente "El Obispo Pelayo de Oviedo y el ¡Libro de los Testamentos!", en *Vescovi e commitenti,* Lucca, 1987 –en prensa–). Para el significado histórico de esta obra es de un gran interés el libro de F. J. FERNÁNDEZ CONDE, *El Libro de los Testamentos de la catedral de Oviedo,* Roma, 1971.

Germán Ramallo Asensio recientemente se ha ocupado de unos restos conservados en Oviedo que se refieren a las primeras manifestaciones de la arquitectura del románico pleno ("El hipotético pórtico de San Pelayo de Oviedo", en *V Congrés Espanyol d'Historia de l'Art,* vol. I, págs. 249-253).

San Pedro de Teverga.

SAN PEDRO DE TEVERGA

En esta iglesia, también conocida como colegiata de Teverga, se produjo, en el último tercio del siglo XI, la adecuación de un antiguo edificio de estilo prerrománico a las formas de las primeras manifestaciones del románico en Asturias.

Una donación de la condesa Eldoncia, del año 1092, es la primera noticia que tenemos de este templo como perteneciente a una comunidad monástica. Se trataba de un viejo monasterio propio que, cinco años después, será entregado por Mummadonna a la iglesia de Oviedo, el 20 de febrero de 1097.

El conjunto del edificio muestra una clara tendencia longitudinal, apegada al suelo, muy acusada sobre la escasa verticalidad. Tres cuerpos bien diferenciados denuncian la compartimentación de espacios internos: en primer término, la cabecera de testero recto que por dentro

tro corresponde a una extraña estructura tripartita; en el centro, las dos alturas con sus correspondientes líneas de aleros delimitan la masa de las tres naves; a continuación volvemos al nivel único del panteón occidental (el cuerpo sobreelevado y la torre son obra moderna). Todos los vanos rectangularizados que observamos no corresponden al proyecto original. En el interior hay señales evidentes de los muros del antiguo templo asturiano, que fueron recortados hasta una cierta altura en algunas partes, sirviendo de base a la sobreestructura de características románicas. La cabecera prerrománica, tal como han demostrado los cimientos que se conservan, era algo más corta que la actual.

Desde el punto de vista de la tipología, el templo sigue manteniendo un esquema muy conservador: tres naves estrechas y cubiertas con cañones longitudinales, soportadas por un intercolumnio apoyado en columnas que ocupan el lugar de los viejos pilares del templo anterior. Esta solución de naves y bóvedas res-

ponde a la que en territorio astur ya se había aplicado en San Salvador de Valdediós en torno al 900. A los pies se dispuso un panteón siguiendo el modelo de San Isidoro de León que, a su vez, es una continuación del que tenían en Oviedo los reyes. Mucho más tarde se construyó una tribuna sobre este panteón, completándose la parte occidental con una torre porche.

Si estas estructuras son totalmente tradicionales, el léxico ornamental y constructivo muestra las formas de una nueva concepción plástica de la arquitectura. En la embocadura del presbiterio se erigieron dobles columnas al igual que en las primeras fases de edificios como la iglesia de Fortunio en Santo Domingo de Silos, San Pedro de Arlanza, San Martín de Frómista o la catedral de Jaca. Aleros e impostas bajo las bóvedas se decoran con el conocido taqueado. El mismo recurso ornamental es empleado en la chambrana de la puerta cegada que aún se conserva en la fachada septentrional de la iglesia. Los abovedamientos exigieron articular sobre los muros laterales unos contrafuertes.

Verdaderamente la máxima novedad reside en la utilización de una abundante escultura monumental aplicada a capiteles y cornisas. Podemos ver, en las nacelas de los canecillos, todo un repertorio de cabezas de animales feroces y alguna humana. Podría pensarse que en un agreste territorio montañés como el de

San Pedro de Teverga. Detalle de la fachada meridional.

323

Teverga la presencia de cabezas de lobos y osos estaba más que justificada; sin embargo, son los mismos tipos que observamos en templos coetáneos edificados en zonas urbanas.

Los capiteles se decoran con vegetales muy esquemáticos y motivos geometrizantes. El mayor empeño fue puesto en la composición de los dos capiteles de las naves. Con un gran deseo narrativo se labraron figuras de personas y animales formando una extraña iconografía que no somos capaces de entender exactamente, pero en la que parece desprenderse una intención moralizadora en la que no faltan recursos ancestrales de carácter mágico como las imágenes de cuerpos humanos con cabeza de lobo u oso. Un ser fantástico de este tipo podemos ver en el capitel en el que también se representan una mujer con un asno, y un guerrero, con escudo, montado a caballo. Compárense la ingenua interpretación que el escultor hace de los personajes con los solípedos, dispuestas las personas de igual manera,

el jinete deja los pies suspendidos en el aire para indicarnos que va montado, mientras que se nos quiere señalar que la mujer va andando. Personajes danzando y luchando son esculpidos junto a cuadrúpedos en el otro capitel. El tema es bastante corriente dentro de la iconografía románica, se trata de reproducir las torpes y licenciosas costumbres del género humano desde el momento mismo de la Creación.

Si el arte rudo e ingenuo que caracteriza la labor de este taller podría hacernos pensar en un tipo de creación popular y localista, alguno de sus tipos iconográficos coincide con modelos bien conocidos de las primeras experiencias de la escultura monumental que se realiza en Francia e, incluso, en Inglaterra. Motivos figurados y recursos plásticos perdurarán de manera inercial en el territorio durante varios siglos, todo ello propiciado por el aislamiento natural que imponen las dificultades orográficas del terreno.

San Pedro de Teverga.
Capiteles.

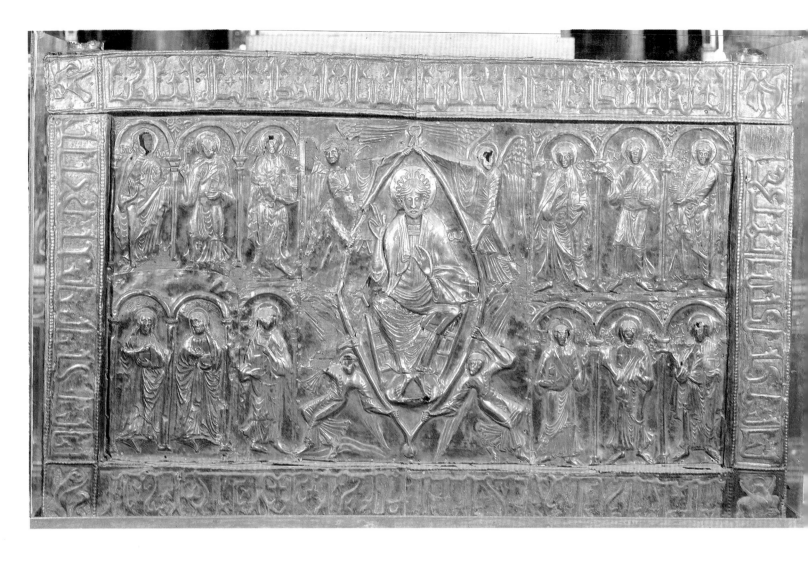

ARCA SANTA

Conservada en la catedral de Oviedo, es una de las creaciones más importantes de la orfebrería española.

La sede ovetense tenía entre sus más preciadas reliquias una vieja arca de madera que alcazó gran devoción en Asturias. En el año 1075, ante Alfonso VI, su hermana la reina Urraca y la corte, se procedió a abrirla, produciéndose toda suerte de beatíficos prodigios. La munificencia de los egregios hermanos permitió recubrir el arca con una hermosa enchapadura de plata.

Su tapa reproduce una crucifixión grabada y nielada, mientras que en tres frentes, el posterior se diseña con una cuadrícula, se cubre con una riquísima imaginería repujada y dorada. En los laterales se desarrolla un ciclo de Infancia —Anunciación, la Visitación, el Aviso a los pastores, el Nacimiento y Huida a Egipto— en uno, y la Ascensión en el otro. La cara principal ha sido concebida como un frontal en el que se representa una "Maiestas" rodeada de los apóstoles bajo arcadas.

Las figuras, de formas elegantes, se mueven dentro de una correcta composición en la que no está ausente un cierto sentido del movimiento; todo ello parece inspirarse en miniaturas propias de la ilustración libraria. La preocupación del orfebre por evitar rigideces y monotonía compositiva le lleva al autor a representar a los apóstoles en actitudes variadas y diferenciadas. El mismo sentido de variedad se aprecia en los ángeles que portan la mandorla; compárese el sentimiento de esfuerzo que transmiten los ángeles inferiores con la actitud estática de los superiores. Una inscripción cúfica, realizada por alguien que parece que sólo intenta reproducir un tema decorativo, recorre los tres frentes del arca. La presencia de este gusto por el exotismo ornamental corresponde muy bien con el espíritu del propio monarca, tan aficionado a la pultura islámica.

Libro de los Testamentos
(Catedral de Oviedo).

EL «LIBRO
DE LOS TESTAMENTOS»

El obispo Pelayo de Oviedo, entre 1101 y 1130, emprendió una extraordinaria actividad en defensa de los intereses de su sede frente a las reivindicaciones de monasterios próximos y lejanas ambiciones del metropolitano Bernardo de Toledo; para ello organizó un amplio dosier documental en el que se recogían todos los diplomas que atestiguaban sus derechos. Esta obra, conservada en la catedral ovetense, es conocida como *Libro de los Testamentos*. Sus ilustraciones han sido realizadas por un miniaturista buen conocedor de la pintura leonesa de su época, de la que toma buen número de formas, aunque es evidente que está atento a cualquier fuente de inspiración inmediata, tal como indicamos más ade-

lante. Una escueta, aunque brillante, gama cromática nos transmite la calidad de una obra digna de ser considerada áulica.

Sus imágenes principales corresponden a la ilustración de los testamentos de los monarcas, donde éstos son representados en composiciones grandilocuentes que ensalzan la figura regia en función de sus piadosas ofrendas a San Salvador de Oviedo.

En esta composición, que corresponde al testamento de Alfonso II el Casto, vemos cómo el artista ha combinado una original representación del Arca de las reliquias con la actitud orante del monarca. Junto al rey, su escudero, mientras que la Virgen y el San Miguel alanceando el dragón aparecen como intercesores. Vemos en las figuras de los apóstoles el mismo afán por la variedad de actitudes que apreciábamos en el Arca de las reliquias, el pintor no duda en que sus figuras rompan el marco arquitectónico que las encierra.

327

Torre Vieja
de la catedral
de Oviedo.

TORRE VIEJA DE LA CATEDRAL DE OVIEDO

La antigua catedral de San Salvador, construida en la época de Alfonso II, recibirá algunos añadidos románicos que transforman o completan viejas estructuras de las construcciones llevadas a cabo por la monarquía astur, entre los que merecen mención especial por su relevancia dentro de la historia del estilo la llamada Torre Vieja y la transformación del piso superior de la Cámara Santa. Ambas obras nos ilustran de manera paradigmática sobre las

características de los dos grandes períodos del románico asturiano, mientras que la primera correspondería al pleno románico, la segunda es obra ya tardorrománica.

La Torre se encuentra situada en el lado meridional del templo catedralicio, con el que se comunica por el crucero. La cálida tonalidad de sus sillares contribuye a favorecer una hermosa imagen de este conjunto románico, que contrasta con el gris de la fábrica de la catedral que contemplamos a través de los arcos del cuerpo de campanas.

Sobre una estructura cuadrada de seis por seis metros, realizada en un sillarejo irregular con refuerzo en las esquinas, todo ello típi-

Torre Vieja de la catedral de Oviedo. Interior del piso alto.

329

camente prerrománico, se subieron los muros, ahora con buena y concertada sillería, hasta completar una torre de veinte metros de altura.

La parte prerrománica correspondía a una serie de construcciones defensivas que los monarcas asturianos se vieron obligados a erigir para defender el palacio y la Cámara Santa; con el paso del tiempo todas las dependencias quedaron englobadas en el conjunto catedralicio.

La Torre, interiormente, se divide en dos cuerpos, separados por una bóveda de aristas que sirve de base al superior, donde se disponen dos vanos por fachada. La parte inferior, muy alta y hueca, debió de tener pisos de madera a los que se ascendía por escaleras de mano siguiendo una costumbre bien atestiguada en las tradicionales torres hispanas. En la bóveda de aristas se abre un hueco cuadrangular sobre la clave que permite el acceso al piso superior. Exteriormente el primer nivel románico no presenta decoración esculpida, limitándose su ornamentación a un sencillo y equilibrado trazado de líneas. Cada fachada aparece centrada por una gran arcada ciega de abajo arriba, que tiene en su eje una ventana con una chambrana de simple moldura que se prolonga todo alrededor coincidiendo con la misma línea de impostas de la arcada decorativa.

El último cuerpo ha sido concebido no sólo diferente por los vanos necesarios para las campanas, sino con un concepto plástico distinto e incluso con señaladas variantes constructivas. Por el interior se cubre con una bóveda esquifada sobre dos arcos cruceros apeados en columnas. Los vanos son de arcos semicirculares peraltados, en algunos casos con marcada forma de herradura. Las caras exteriores tienen en su centro un contrafuerte prismático apoyado en consolas decoradas con cabecitas de lobos. Distintas restauraciones nos han privado de la cornisa románica que debía coronar el conjunto.

Las columnas son rechonchas, de capiteles entregos, mientras que fustes y basas sólo están arrimadas a los muros. Los capiteles muestran un rudo y variado repertorio que no son otra cosa que la interpretación, por manos no excesivamente hábiles, de temas bien conocidos

Torre Vieja de la catedral de Oviedo. Capiteles.

entre las primeras manifestaciones de la escultura monumental del pleno románico que, desde fines del siglo XII, se difunde por tierras castellano-leonesas.

En uno de estos capiteles podemos apreciar los motivos prerrománicos del sogueado. En otros dos vemos como el esquema del capitel vegetal ha quedado reducido a una sumaria interpretación de las hojas y de los caulículos. Las aves apicadas son representadas dos veces, prestando un especial cuidado en el tratamiento de unas vistosas colas. Unas cabezas de animales con sus patas delanteras sobre un cordel son reproducidas en otro de los capiteles.

En un primer momento se podría pensar que los constructores de la Torre no contaron con buenos especialistas en la labra de los capiteles, pues podría considerarse que toda la obra románica es fruto de una sola campaña. Cuando analizamos más en detalle la fábrica del último piso, vemos que constructivamente tampoco parece realizado por los mismo canteros, la bóveda esquifada no ha sido tan bien aparejada como la de aristas y el cuidado tratamiento de los recursos articuladores de los paramentos del primer nivel románico está muy lejos de la desmañada técnica que aparejó arcos y columnas. Ahora bien, si ambas etapas no son obra de un mismo taller, su trabajo se debió suceder sin un gran desfase cronológico.

La documentación conservada no nos ofrece información sobre la época y los protagonistas de esta obra. Los especialistas que se han ocupado de su estudio sólo han aventurado propuestas de datación carentes de sólidos argumentos, fluctuando su cronología entre considerarla una obra del siglo XI o del XII. La importancia que la sede ovetense adquirió durante la primera mitad del siglo XII, en la que descuella la figura del obispo don Pelayo, tan preocupado de defender el patrimonio y prestigio de su diócesis, inclina a muchos a fijar en este tiempo su construcción. Desde el punto de vista de las formas tampoco habría graves inconvenientes para aceptar esta cronología, pues, aunque el repertorio iconográfico de los capiteles podría ser indicio de una mayor antigüedad, su factura, ciertamente grosera, le confiere una caracterización arcaizante, seguramente propia ya de un arte que empieza a ser popular e inercial.

Torre Vieja de la catedral de Oviedo. Capiteles.

San Salvador de Fuentes.
Exterior del ábside.

TEMPLOS POPULARES

El tipo de templo popular más generalizado por la geografía asturiana responde a unas formas muy simples; de volúmenes rotundos y muy nítidos, dos grandes prismas, uno correspondiente al ábside, el otro a la nave, el primero más corto, estrecho y bajo que el segundo. La sillería se cubriría totalmente por una capa pictórica, aplicando la escultura a la decoración de la cornisa y las columnas que enmarcarían los vanos. Mientras que la nave tenía una modesta cubierta de madera, en el presbiterio se aparejaría una bóveda de cañón.

Este templo de San Salvador de Fuentes es uno de los monumentos conservados que pueden representar la fase más antigua de la readaptación de la tradición asturiana. Una interesante inscripción, a la que ya hemos aludido, nos refiere noticias históricas del edificio durante el siglo XI.

San Andrés de Valdebárcena puede representar el mismo tipo de edificio durante el tardorrománico. Una inscripción nos dice que la iglesia fue consagrada por el obispo Rodrigo el primer domingo de agosto del año 1189 a petición del presbítero Martín.

San Salvador de Fuentes.
Sección del ábside, según
*Monumentos
Arquitectónicos de España.*

Díptico del obispo
don Gonzalo (Catedral
de Oviedo).

DÍPTICO RELICARIO DEL OBISPO
DON GONZALO

Es otra de las grandes obras conservadas en
la Cámara Santa. Un letrero nos informa sobre
su cronología, pues en él se dice que se trata de
un encargo mandado realizar por el obispo
Gonzalo Menéndez, que ocupó la sede ovetense entre 1162 y 1175. Aunque el díptico ha sufrido ciertos deterioros y pérdidas, viejas descripciones y fotografías nos permiten reconstruir su
ordenación original. Las figuras de marfil han
sido talladas con una iconografía y unos recursos plásticos que, pese a su cronología, todavía
aparecen muy sometidos a los esquemas del
románico pleno, sin la más mínima concesión a
las innovaciones tardorrománicas.

Se compone de dos portezuelas enchapa-
das en plata con filigranas y cabujones, representando, con piezas de marfil, en una cara
la Crucifixión y, en la otra, a Cristo en
Majestad en medio de los símbolos de los
evangelistas.

La Crucifixión representa a Cristo con corona flanqueado por San Juan y la Virgen, mientras que, a sus pies, como en el crucifijo de
Fernando I, Adán surgiendo del sepulcro vivi-
ficado por la sangre eucarística del sacrificio de
Cristo. Arriba, las representaciones del sol y la
luna a los lados de una imagen de la Virgen con
el Niño. Aunque existan algunos indicios que
referencien los primeros marfiles del románico hispano, el paso de más de un siglo se aprecia claramente, la plasticidad de las figuras así
como la composición se aproximan mucho a la
imaginería leñosa del románico pleno.

Pienso que esta obra podría corresponder a
una dotación de don Gonzalo con motivo de la
conclusión de las obras de remodelación de la
Cámara Santa.

APOSTOLADO DE LA CÁMARA SANTA

Superada la primera mitad del siglo XII, se procedió a una remodelación del conjunto de la cripta de Santa Leocadia y Cámara Santa; conjunto realizado por Alfonso II como capilla palatina de su residencia, con el paso del tiempo se convirtió en una dependencia de la catedral ovetense.

La Cámara Santa se situaba sobre la cripta, era un espacio rectangular dedicado a nave que tenía un presbiterio de testero recto; mientras que la nave se cubría con una armadura de madera, el ábside lo hacía con una bóveda de cañón. Las obras románicas afectaron principalmente a la nave que, ahora, sería cubierta con un cañón sobre arcos que apean en seis pares de columnas que llevan adosadas parejas de apóstoles. La remodelación arquitectónica fue muy sencilla; el máximo empeño se puso en una exuberante decoración escultórica manifestada no sólo en las estatuas de los apóstoles, sino en capiteles y basas.

En este dibujo de la serie *Monumentos Arquitectónicos de España* nos damos cuenta del exquisito cuidado que se puso en la concepción del orden columnario, buscando, dentro de un interés desbordante por la decoración, un elegante equilibrio de todas las partes canónicas del estilo: arriba, el capitel con la representación de las Marías ante el sepulcro, con un ábaco de carnosos vegetales; sobre los fustes, San Pedro y San Pablo, de estilizadas figuras y pies descalzos (en señal de respeto por el lugar santo en que se encuentran); en la basa, un tema moralizador inspirado en las viejas fábulas, la raposa y el ave; por último, un molduradísimo plinto.

Se ha dicho muchas veces por los diferentes especialistas que se han ocupado del estudio de este conjunto que se trata de un espacio que ha sido concebido como un relicario arquitectónico, realmente es una visión que encaja perfectamente con la función de este edificio, la de un auténtico contenedor de reliquias. El colegio apostólico estaría presidido por una gran composición pintada de la Crucifixión que, siguiendo la iconografía más tradicional, estaría flanqueada por la Virgen y San Juan. Estas figuras pintadas, que no se conservan, ten-

Cámara Santa.

drían las cabezas esculpidas que aún se guardan depositadas en la Cámara.

Si esta obra muestra un importante interés iconográfico, su realización plástica corresponde a uno de los artistas más cualificados del tardorrománico hispano. Las parejas de apóstoles, en entretenida conversación, y la animación de los diferentes temas representados, no ya en los evangélicos, sino en los fabulados, corresponden a un arte novedoso que anuncia lo que terminará convirtiéndose en el naturalismo gótico. El maestro, junto a estos aspectos innovadores, se muestra dotado de un arte refinado y, a veces, dotado de intencionados arcaísmos. Es evidente que el iconógrafo que programó el conjunto tuvo un especial cuida-

do en representar el tema de los apóstoles, verdadera constante en las principales obras relacionadas con la sede ovetense: desde su advocación en la fundación de época astur, su representación en el Arca de las reliquias y en la imagen de Alfonso II en el *Libro de los Testamentos.* Inspirándose en la variedad que imprimieron todos los artistas que representaron estos apostolados, volvió a buscar una clara individualización de cada uno de sus personajes.

Las tristes circunstancias de los conflictos de 1934 provocaron la voladura de la Cámara Santa, procediéndose a una radical restauración que todavía hoy nos permite hacernos una correcta idea de su aspecto original.

Cámara Santa (Catedral de Oviedo). Columna, según *Monumentos Arquitectónicos de España.*

335

Santa María de Valdediós.

SANTA MARÍA DE VALDEDIÓS

De este monasterio cisterciense sólo se conserva de época medieval su iglesia, el templo más monumental conocido de toda la Asturias románica; sus dependencias claustrales corresponden ya a la Edad Moderna.

Se encuentra en Valdediós junto al célebre "Conventín" —así denominado al comparar su minúscula fábrica con la inmediata de los cistercienses—, la iglesia de San Salvador fundada por Alfonso III. Los cistercienses acudieron a este valle desde el monasterio de Sobrado de los Monjes convocados por Alfonso IX y doña Berenguela. Aunque el privilegio de fundación fue otorgado en Santiago de Compostela el 27

Santa María de Valdediós según *Monumentos Arquitectónicos de España.*

de noviembre de 1200, sabemos que la iglesia no fue comenzada hasta el año 1218 según consta en un epígrafe. En esta misma inscripción se nos informa sobre el maestro que la construyó, Gualterio; por su nombre parece que se trataba de un artista extranjero. Un documento del año 1202 recoge la referencia de un "Don Gualterio maestro del puente de Gradefes" confirmando una escritura del monasterio de monjas cistercienses de Santa María de Gradefes. Estos datos podrían confirmar la presencia de un maestro de obras foráneo trabajando en distintos cenobios del Císter; no obstante, para la cronología avanzada de este monasterio asturiano, no parece que el arte de Gualterio pueda considerarse nada novedoso y avanzado.

La iglesia corresponde al tipo de basílica de tres naves divididas en cinco tramos, un crucero acusado sobre las colaterales y una cabecera de tres ábsides. Son varios los detalles que denuncian en estos momentos que, en plena decimotercera centuria, la orden ha perdido rigidez en la concepción obligatoria de muchos criterios funcionales y ornamentales. En la fachada occidental, en contra de la costumbre de los templos cistercienses, se construyeron portadas monumentales. La simple contemplación de canecillos y capiteles, en los que no se evita los motivos figurados, también nos confirma cómo ya se ha producido la relajación de

los principios bernardos que recomendaban que sus iglesias debían limitarse a líneas arquitectónicas, sin la más mínima concesión a la ornamentación vegetal o animal.

Este edificio muestra dos criterios constructivos bien diferenciados, la estructura de los muros de soporte y la mayor parte de los abovedamientos. La primera, pese a su cronología avanzada, es absolutamente románica, mientras que las bóvedas de toda la iglesia, menos la cabecera y los tramos extremos del crucero, que son todavía románicos, pertenecen ya al gótico. Los muros muestran un conservadurismo tan a ultranza que verdaderamente deberían considerarse arcaizantes; en ellos los arcos semicirculares perviven en todos los vanos. Incluso la aplicación de las bóvedas góticas corresponde ya a un período muy tardío para poder considerarse una primicia del estilo dentro de su difusión por el territorio hispano.

En esta fotografía podemos apreciar un detalle de la fachada meridional, donde vemos la importancia que se ha dado a la nave del crucero, que alcanza un volumen y altura similares a la central. En el centro del hastial se encuentra la puerta denominada de difuntos; por ella salía el cortejo fúnebre que transportaba el cadáver del monje para ser enterrado en el cementerio que se ubicaba en este lado del conjunto monasterial, justamente en el extremo opuesto al de las dependencias claustrales.

CANTABRIA

Desde finales del siglo XI la geografía santanderina correspondía prácticamente a la diócesis de Burgos. Precisamente será la adscripción definitiva a la sede burgalesa lo que condicione la renovación monástica de la región, implantándose las comunidades de monjes negros de San Benito, por lo general mediante la proyección de los principales monasterios burgaleses, leoneses y palentinos. Entre éstos nos es bien conocida la actuación del célebre cenobio cluniacense de Sahagún; incluso nos encontramos dominios de los monasterios riojanos de Santa María de Nájera y San Millán de la Cogolla.

El siglo XII se inicia con el suelo cántabro dividido en diferentes mandaciones o señoríos. Alcanzaron especial resonancia los nombres de los siguientes señores: Lope Sánchez, Rodrigo Muñoz, el conde Osorio de Liébana, Rodrigo Gómez, etc.

Durante el reinado de Alfonso VIII adquiere especial interés el desarrollo de los puertos para fortalecer la actividad comercial. Para ello se procede a una repoblación de la vieja Cantabria, favoreciendo el señorío de los monasterios y el poder de los municipios.

¿Cuándo se produjo la sustitución de la vieja arquitectura prerrománica por los modernos edificios del románico? Unos capiteles muy primitivos, similares a algunos de los que hemos visto en Leyre, colocados en la antigua iglesia de la Serna de Iguña, dedicada a Santa María, San Pedro y San Juan, consagrada en 1067, podrían ser un bárbaro intento de renovación de la tradición aplicando fórmulas relacionadas con las experiencias primitivistas que hemos

señalado en Navarra. De otras iglesias que sabemos que fueron consagradas por Gómez, obispo de Burgos, antes de concluir el siglo XI nada conocemos salvo los epígrafes: la iglesia de Pesquera, cerca de Reinosa, en 1085; la iglesia del Pueblo de San Mateo, valle de Buelna, cerca de Torrelavega, en 1093.

Con el cambio de siglo, al comienzo del XII, se producirán las primeras experiencias de un románico que adopta las estructuras arquitectónicas y la decoración escultórica propias del románico pleno. Las naturales vías de penetración hacia la meseta son las que facilitan el trasiego de las formas y de los artistas que las hacen posible; su comunicación más directa son las tierras palentinas y leonesas. En la gran colegiata de Santillana del Mar nos encontramos con una de estas primeras manifestaciones de este románico pleno. Las primeras fases de Santillana ya son asumidas por otras construcciones que las interpretan con cierta libertad, tal como vemos en San Martín de Elines. Esta manera de hacer se termina por convertir en un lenguaje formal estereotipado y rudo en manos de diferentes cuadrillas que, mediada la centuria, levantan multitud de edificios. En la iglesia de Cervatos podemos ver una muestra de este arte, que, en algunos aspectos, como en el gran tímpano tapizado de hojas y tallos, adquiere la frescura compositiva de los artistas populares cuando no tienen que someterse a un rígido modelo. Una serie importante de edificios se podrían incluir en esta tendencia popularizada: San Martín de Quevedo, San Juan de Raicedo, Silió y muchas iglesias de la cuenca del Besaya.

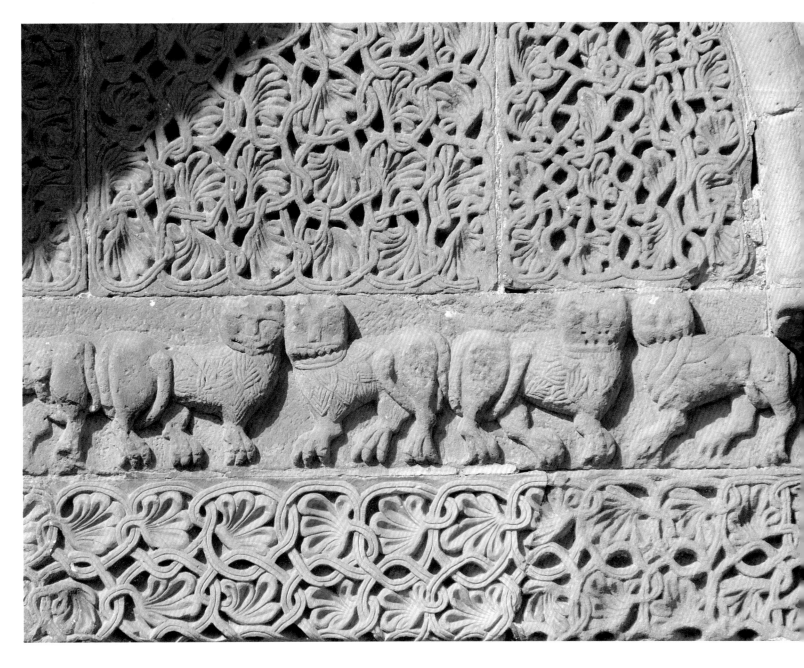

San Pedro de Cervatos.
Detalle del tímpano de la
portada meridional.

La renovación del tardorrománico se produce fundamentalmente en el campo de la escultura monumental; una vez más, la inspiración procede de tierras palentinas y burgalesas, focos como Carrión, Aguilar de Campoo y Moradillo de Sedano, entre otros. Los relieves de la fachada occidental de Santillana o la decoración de las portadas de la la iglesia de Piasca son un buen ejemplo. A veces los maestros cántabros, una vez asimiladas las novedades, marchan a tierras meridionales, difundiendo por ellas su arte. En este sentido debemos entender la actividad de Juan de Piasca en la galería porticada de Rebolledo de la Torre (Burgos).

Como en tantos otros lugares, el románico tardó en desaparecer de la geografía cántabra; muy entrado el siglo XIII todavía se realizan edificios en un románico inercial en el que se introducen algunos motivos que son propios del gótico.

De la ornamentación pictórica mural que decoraba los templos tan sólo nos han llegado unos mínimos restos en el interior del ábside de San Martín de Elines. Se trata de dos figuras masculinas portadoras de un libro en la mano derecha, muy maltratadas; seguramente formaban parte de un colegio apostólico que contorneaba el hemiciclo "absidal", bajo una representación de la "Maiestas", siguiendo la más característica y tópica de las composiciones del fresco románico. Aunque su estado de conservación es muy deficiente, todo parece indicar que se trata de una obra de mediados del XII.

ESTUDIOS SOBRE EL ROMÁNICO CÁNTABRO

Edificios como la colegiata de Santillana, San Martín de Elines, colegiata de Piasca han sido estudiados monográficamente en varias ocasiones. Siempre encontraremos referencias sobre ellos en todas las obras generales del románico español. Entre los estudios específicos recogidos en artículos de principios de siglo se podrían citar como títulos orientativos los siguientes: A. FERNÁNDEZ CASANOVA, "Monumentos románicos en el valle del Campoo de Enmedio", en *Bol. de la Soc. Española de Excursiones,* 1905, págs. 189-201; del mismo autor, "La iglesia de Castañeda", en *Revista de Archivos, Bibliotecas y Museos,* 1914, págs. 396-399; Conde de CEDILLO, "Una excursión a San Martín de Elines", *Bol. de la Soc. Esp. de Exc.,* 1925, págs. 1-18.

La primera y más completa visión de conjunto sobre el románico en Cantabria corresponde a Miguel Ángel GARCÍA GUINEA, *El románico en Santander,* 2 vols., Santander, 1979. Se recoge aquí más de un centenar de edificios que son estudiados con gran rigor, intentando ser exhaustivo en el empleo de las fuentes documentales y en el análisis de las formas, que suelen estar muy bien ilustradas.

Colegiata de Santillana del Mar. Detalle del cimborrio y crucero.

Colegiata de Santillana del Mar. Detalle de la cabecera.

COLEGIATA DE SANTILLANA DEL MAR

Es el más importante conjunto del románico cántabro. De este estilo se conserva la iglesia y el claustro que se sitúa en su flanco septentrional.

El lugar de Santillana corresponde a una zona donde los hombres asentaron su hábitat desde los tiempos más remotos. La primera cita del monasterio corresponde al siglo X. Se dedica a Santa Juliana de Bitinia. La denominación de Santillana corresponde a la contracción de Sant'Illana (Illana es el nombre medieval de Juliana). La historia del monasterio arranca con seguridad en el pacto que el abad Indulfo firma con los monjes de su comunidad en el año 980. Durante el siglo XI los condes castellanos incrementan el patrimonio del monasterio con numerosas donaciones. La inmunidad o fuero le será concedida por Fernando I y Sancha en 1043. Durante el siglo XII conocemos la existencia de una comunidad monástica perfectamente constituida. Su importancia irá decreciendo a partir del siglo XIII, figurando ya en el XIV como colegiata, a la que sus abades no

acuden y el peso de la nobleza local termina por someter a su dominio.

Sobre el proceso de construcción del templo carecemos de referencias concretas, salvo un arruinado epígrafe en la puerta que García Guinea interpreta y traduce así: "Aquí yace Pedro...3 calendas...Era 1129 (año 1081)». Como vemos, se trata de una inscripción de carácter funerario que podía indicar una datación en la marcha de las obras, pero con este tipo de letreros no se puede tener nunca la segu-

ridad que no corresponda a una "memoria" posterior transferida en cualquier momento aquí.

El templo adopta la forma basilical con tres ábsides semicirculares, completándose con tres naves que alcanzan cinco tramos hacia el Oeste. Una nave de crucero se dispone ante los ábsides, marcándose en altura y por un cimborrio de sección cuadrada. Una bonita torre circular, que recuerda las de la iglesia de Frómista, se dispone en la fachada meridional junto al extre-

Colegiata de Santillana del Mar. Detalle del ábside meridional.

343

Colegiata de Santillana del Mar. Relieves de la fachada meridional.

mo del crucero. Importantes reformas modernas han desfigurado en parte la estructura original del edificio. Las bóvedas son góticas. Del siglo XVI al XVIII se levantó el frontón de la portada meridional, la graciosa logia que corre por encima de la nave lateral, la gran sacristía y la casa del abad. Como todos los sillares se labraron en el mismo tipo de arenisca, el efecto cromático exterior alcanzó un aspecto agradablemente unitario.

Al contemplar el conjunto de la cabecera desde el Oriente, percibimos los cubos de los ábsides articulados en el crucero, con sus volúmenes perfectamente jerarquizados bajo la imponente masa de la torre-cimborrio. El paramento de los ábsides es roturado por líneas y curvas como buscando dejar la menor superficie posible sin articular. Las columnas son abundantemente empleadas, llegando a una falsa formulación de la superposición de órdenes columnarios; partiendo del zócalo se suceden tres columnas —las dos primeras carecen de capitel— hasta alcanzar la cornisa. La decoración de billetes se enseñorea de las líneas de impostas y chambranas. Capiteles y cornisas reproducen labores de cestería, vegetales y todo un repertorio de animales y personajes característicos del románico pleno. La manera de hacer de los escultores es de formas bastante sumarias.

En la fachada meridional se abre la actual puerta principal. La portada románica, como en otros ejemplos castellano-leoneses, avanzaba sobre la fachada formando un robusto cuerpo perforado por las arquivoltas. Todo ha sido muy removido y erosionado. Numerosos relieves se encastran sobre sus muros, representan diversos tipos de personajes entre los que se distinguen algunos por su traje talar, pero el que mejor se reconoce es la representación de una "Maiestas" dentro de una mandorla transportada por cuatro ángeles. La rudeza de estas imágenes y lo desgastadas que están parecen indicar un primitivismo que se suele atribuir a una cronología temprana. Es muy difícil poder asegurar esta datación dada la precariedad de su conservación, pero me parece que nos encontramos ante una producción excesivamente popular.

Mejor aspecto tienen unos cuantos relieves que se conservan en el claustro y formando parte de un altar. De ellos, los más destacados son los que representan una imagen sedente de un

Pantócrator y una Virgen con el Niño. Podrían formar parte de una composición en friso en lo alto de la fachada occidental, hoy transformada, siguiendo soluciones de portada como hemos visto en Carrión o Moarbes. Precisamente la manera de concebir la plasticidad de los pliegues de las ropas, la decoración de libro que tiene el Pantócrator o la arquitectura que enmarca a la Virgen responden a una interpretación de los modelos palentinos que acabamos de citar por parte de un artista no demasiado dotado.

La decoración escultórica del interior de la iglesia se centra en los capiteles de ventanas y pilares cruciformes. Los más antiguos responden a un esquema que hemos visto en los pri-

meros edificios del románico pleno leonés, posiblemente de formas algo más simplificadas. Si la torrecilla que hemos señalado en el exterior nos recordaba las de la fachada occidental de Frómista, algunos de estos capiteles presentan iguales afinidades, aunque evidencian una factura mucho más torpe. Las referencias a los esquemas de las cestas, así como a aspectos iconográficos concretos, como los albañiles transportando el agua para la obra, son harto manifiestas.

Este templo de Santillana parece obra de varios talleres de escultores conocedores del arte meridional, Frómista, León, etc., que interpretan con cierta gracia, no ausente de defi-

Colegiata de Santillana del Mar. Detalle de la fachada meridional.

ciencias, las obras de los primeros talleres introductores del románico pleno. La parte principal de la fábrica se elaboraría a lo largo de la primera mitad del siglo XII, interviniendo por entonces algunos maestros mucho más adocenados que pudieron ser los que decorasen la fachada meridional.

Finalizando el siglo se procedería a erigir el claustro. De planta ligeramente trapezoidal. Junto a temas historiados como Daniel entre los leones, Sansón desquijarando el león, el juicio de las almas o los relativos a la pasión de Cristo, nos encontramos los vegetales o de labor de cestería donde el escultor tiene más calidad, seguramente libre de someterse a modelos dados. Frente a las desmañadas formas de algunos capiteles historiados, destacan las rei-

terativas pero equilibradas y proporcionadas composiciones de entrelazos y vástagos que aprisionan animales o simplemente hojas. La realización de este claustro se prolongaría, manteniendo el esquema arquitectónico, durante gran parte del XIII. Algunos de los temas vegetales de la etapa final demuestran ya la existencia de motivos góticos que aquí son interpretados por un escultor que no entiende o no es capaz de reproducir su estructura.

La contemplación del conjunto de las arcadas nos transmite la sensación de una obra primitiva, lo rechoncho de sus columnas y lo bajo de los arcos contribuyen a transmitirnos la imagen de sólida robustez que le han dado unos experimentados, pero muy rústicos, constructores montañeses.

Colegiata de Santillana del Mar. Capiteles del claustro y relieve procedente de una de las fachadas.

Colegiata de Santillana del Mar. Detalle del claustro.

347

SANTA MARÍA DE PIASCA

La escultura monumental de este edificio es una hermosa muestra del quehacer de los canteros cántabro-palentinos durante la segunda mitad del siglo XII, rompiendo con los esquemas e iconografías del pleno románico e introduciendo un vitalismo figurativo que anuncia un profundo cambio en la plástica hispana.

En su origen fué iglesia monástica cuyas referencias documentadas se remontan al siglo X, aunque probablemente ya existiera en la centuria anterior. Durante los dos siglos siguientes albergó una comunidad dúplice protegida por la nobleza local. Pasó a depender del monasterio de Sahagún. La decadencia se producirá a partir del siglo XIV.

Una inscripción conservada en la fachada occidental nos transmite una curiosa información sobre la cronología del templo que todavía podemos contemplar en gran parte:

Santa María de Piasca.
Aspecto NO. de la iglesia.

Santa María de Piasca.
Fachada meridional de la iglesia.

KALENDARUM MARCII DECIMO IN
HONORE SANCTE MARIE FACTA EST
HUIUS ECCLESIE DEDICACIO A IOHANE
LEGI ONENSI EPISCOPO PRESENTE
ABBATE SANCTI FACUNDI DOMINO
GUTERIO ET PRIOR E HUIUS LOCI
DOMINO PETRO ET COVATERIO OPERIS
MAGISTRO: BIS QUINGENTENI SIMUL
ET TER SEPTUAGENI ILLIUS VERAM
COMPONUNT TEMPORIS ERAM AQUA
BIS DENOS REMOVETO BISQ NOVENOS
SIC INCARNATUMNOSCES DE VIRGINE
NATUM OPERA ISTA FUIT
PERFECTA ERA DOMINI MCCCC
XXXIX PRIOR DOPNUS PETRUS IHOAN-
NES FERANDES DE ANIECO ME FIZO
XPISTUS TORIBIO DE CAMBARCO ME
FIZO

Su traducción dice así: En el décimo día de las
calendas de Marzo (diecinueve o veinte de febrero), se procedió a la dedicación de esta iglesia en
honor de Santa María por el obispo leonés Juan,
estando presentes don Gutierre, abad de
Sahagún, don Pedro, prior de este lugar, y
Covaterio, maestro de la obra. Dos veces qui-
nientos sumados con tres veces setenta forman su
verdadera época. A la cual restarás dos veces diez
y dos veces nueve y conocerás el año del que
nació de la Virgen. Esta obra fue completamen-
te acabada el año del Señor de 1439, siendo prior
don Pedro. Juan de Anieco me hizo. ¿Cristo?
Toribio de Cambarco me hizo.

De la compleja forma de señalar la fecha de
dedicación se desprende que ésta tuvo lugar en
el año 1172. Este año debe referir el final de
cierta obra que afectaría a una remodelación de
la cabecera de un templo más antiguo, del que
todavía subsiste el ábside septentrional, y al que
se le añadirían, los dos ábsides semicirculares
que aún vemos en la actualidad y los muros laterales de todo el perímetro, incluyendo las dos
puertas —la occidental y la meridional—, primorosamente decoradas. Las obras que se
hicieron en 1439 corresponderían a una importante remodelación del interior con la consiguiente edificación de las bóvedas. El epígrafe
parece muy explícito al indicar que estas labores del XV se refieren a la terminación de la
fábrica, que se había iniciado en 1172.

En la portada meridional se representan
diferentes actividades humanas en la arquivolta, siendo de destacar una curiosa escena de fra-
gua. Donde mejor apreciamos la facilidad compositiva de este taller es en la imposta, donde

Santa María de Piasca.
Relieve de la fachada
occidental.

Santa María de Piasca.
Relieve de la fachada
occidental.

en un reducido espacio se esculpen movidas escenas de enfrentamientos de hombres con animales en medio de un amasijo de entrelazos de tallos vegetales.

La puerta occidental es de un arte similar, pero mucho más moldurada. De las figuras de una de las arquivoltas destacan un amenazante guerrero, con cota de mallas, escudo y lanza, y una pareja de músicos. En uno de los fustes se representa San Miguel alanceando el dragón. De todas las imágenes de este tipo que se difunden por tierras palentinas y cántabras, resulta una de las más logradas, aunque al conservarse decapitada pierde algo de belleza.

En la fachada occidental se abre una arcada de tres vanos, que enmarca las imágenes de la Virgen flanqueada por San Pedro y San Pablo. Son los titulares principales de la iglesia. La Virgen parece del XVI, pero los apóstoles fueron realizados por el mismo taller que esculpió las portadas. San Pedro se identifica por las llaves, mientras que Pablo tiene una significativa calva. Concebidos frontalmente y con la mano izquierda levantada en actitud de apostrofar. Los múltiples pliegues en incisiones paralelas y en una especie de cascadas diagonales son muy convencionales, pero de un gran efectismo.

Se ha querido identificar al maestro Covaterio con el Juan de Piasca que trabaja en la iglesia burgalesa de Rebolledo. Pienso que la forma de hacer coincide, es muy posible que incluso sea el mismo taller, pero no creo que Juan sea Covaterio; éste debe ser, como hemos indicado al referirnos en la introducción a la personalidad de los artistas, el responsable monástico de la obra. Aunque no fuese así, no creo posible que de denominarse de esta manera pasase en Rebolledo a llamarse Juan.

San Pedro de Cervatos.
Vista SO.

SAN PEDRO DE CERVATOS

Tenemos en este templo una importante serie de pequeñas esculturas que nos ilustran de la popularización del románico pleno entre diversos talleres que trabajan por el norte de Palencia y tierras de la Montaña a lo largo de toda la duodécima centuria. Frente al taller que decora la iglesia de Piasca que acabamos de ver, todo aquí es más conservador, aunque por su cronología más que conservador diríamos que se trata de tosquedad arcaizante.

Poco es lo que conocemos de la historia de este monasterio; sabemos de su existencia en los siglos XI y XII. Pertenecía al patrimonio real hasta que Alfonso VIII lo permutó a la sede burgalesa por el monasterio de Santa Eufemia de Cozuelos en 1186. Supone García Guinea que la iglesia, que se habría comenzado a edificar en 1129, continuaría construyéndose hasta 1199. Estas referencias cronológicas se deducen de dos inscripciones de la fachada. Mientras que la primera ofrece algunas dificultades de

interpretación, la segunda es muy clara y precisa:

ERA MCCXXXVII IDUS NOVEMBRIS DEDICAVIT ECCLESIAM SANCTI PETRI MARINI EPISCOPO IN DIEBUS MARTINI ABATIS

Su traducción diría: Se dedicó la iglesia de San Pedro por el obispo Marino, siendo abad Martín, el día VII de los idus de Noviembre de 1199.

Desde mediados del siglo XIII el monasterio se sumergió en una profunda crisis, de la que no saldría hasta el XV.

La iglesia adopta el modelo sencillo de una nave y un ábside semicircular. Una riquísima decoración escultórica se aplica a cuantos elementos la requieren: cornisas, tímpano, columnas y cuantas impostas recorren los paramentos.

Los temas representados corresponden a todo un repertorio de animales en las más variadas posturas y actitudes. Por los canecillos y capiteles observamos los tradicionales temas referidos a los vicios y virtudes. De una

352

San Pedro de Cervatos.
Portada meridional.

gran expresividad resulta la actitud procaz de la pareja que muestra sus intimidades en los capiteles de una ventana. En los relieves que se encastran desordenadamente sobre la fachada destaca una imagen de San Pedro, zafia figura esgrimiendo un báculo y el atributo de sus llaves, y unos curiosos Adán y Eva a los lados del árbol del Paraíso. En el interior del ábside se dispone una ornamental arquería como zócalo y consolas que sirven de soporte a unas cortas columnas. En una de estas consolas se esculpe un aguerrido San Miguel alanceando el dragón siguiendo la iconografía tan difundida por tierras palentinas y santanderinas.

Lo más atractivo, por su exotismo dentro del románico, es la composición del tímpano, formado por dos registros a modo de dinteles y el tímpano propiamente dicho. Mientras que el registro central es ocupado por una hilera de leones, el resto ha sido concebido como un gran tapiz vegetal que recuerda las obras islámicas. Una hoja es repetida hasta la saciedad en medio de un intrincado juego de entrelazos formados por los tallos. La técnica no es mejor que la de las figuras, pero la originalidad del motivo la dota de un agradable aspecto.

Los diferentes escultores que han trabajado en la obra muestran un arte bastante unitario por estar todos ellos dotados de un estilo muy popular, de formas comprimidas y estilo tosco. Su forma de hacer coincide con obras al sur, por tierras palentinas.

353

SANTA CRUZ DE CASTAÑEDA

Desde tiempos muy antiguos la comarca de Castañeda perteneció a la casa de Lara. En 1131 pasó a ser tierra de realengo. Terminando como patrimonio de don Tello, hermano de Enrique de Trastamara. Del templo sólo conocemos la referencia a varios abades durante el siglo XII.

De mediados de esta centuria, o poco antes, debe ser la parte más antigua de la iglesia que contemplamos en la actualidad. El templo fue proyectado con tres ábsides semicirculares y tres tramos profundos, pero no se terminó en otras tantas naves, sino que se redujo el proyecto a nave central y única. A principios del siglo XIII se empezaron a agregar espacios secundarios al norte y reformas modernas al sur que terminaron con el ábside lateral de este lado.

Lo más importante de este edificio es la impresionante monumentalidad del cimborrio octogonal que se yergue sobre el tramo anterior al presbiterio. Interiormente se cubre con una cúpula sobre trompas decoradas con arquillos decrecientes. La realización del cimborrio debe corresponder ya a la segunda mitad de la duodécima centuria.

COLEGIATA DE SAN MARTÍN
DE ELINES

Con Santillana y Castañeda forman el trío más relevante de todo el románico cántabro.

Un documento del monasterio burgalés de Cardeña nos informa que en 1102 se arruinó esta iglesia cántabra ("Era de CXL ...ruit ecclesia Sancti Martini de Helines"). Poco más sabemos de época medieval, salvo que unos restos prerrománicos aún subsistentes en el claustro —una serie de arcos de herradura— nos indican que seguramente ya existía como monasterio en este período.

Por el tipo de decoración escultórica se puede considerar que el edificio que conservamos corresponde a una fábrica que comenzaría poco después de la referencia de Cardeña, aunque las obras debieron quedar mucho tiempo sin concluir.

El especial cuidado que se prestó a la decoración interior queda patente en el doble orden de arcos que se dispuso todo alrededor del ábside central.

En la imagen exterior que aquí reproducimos, la cabecera desde el Este, podemos apreciar la dependencia del modelo, Santillana. Lógicamente se trata de una reducción, un solo ábside, un cimborrio y una torre semicircular en un lateral. Al observar más detenidamente la estructura de los paramentos del ábside nos damos cuenta de que, inspirándose en el citado modelo, el maestro ha respetado el efecto articulatorio, pero ha introducido algunas variantes.

De los interesantes restos pictóricos ya hemos hablado en la introducción.

Colegiata de San Martín de Elines. Fachada meridional.

Colegiata de San Martín de Elines. Cabecera.

Santa María de Estíbaliz
(Álava). Detalle de la
fachada meridional.

PAÍS VASCO

El románico vasco carece de soluciones arquitectónicas importantes y en su escultura monumental no encontramos artistas dotados de gran calidad; sin embargo, son creaciones que muestran la experiencia de una mano de obra "practicona", de sólida formación en materia constructiva. La cronología de estas obras es muy tardía, y en muchas de ellas de formas estereotipadas propias de un arte que se ha convertido en algo fosilizado e inercial.

Se ha afirmado que en las provincias vascas no existe un número importante de edificios románicos. Esta afirmación no es cierta, son muchísimos los que todavía perviven, sólo en Álava pasan de dos centenares.

En Vizcaya podemos ver edificios de estructura sencilla, simples ábsides cuadrados con bóveda de cañón y nave única cubierta de madera, decorados con una grosera escultura de motivos elementales que parecen más antiguos que en lo que en realidad son. De esta manera debemos interpretar el arte de San Pedro de Abrisketa, en Arrigorriaga, que tanto se ha especulado sobre su primitivismo para catalogarla como una obra muy primeriza dentro del estilo, cuando en realidad no es más que una obra popular de un arte arcaizante, pero no de cronología temprana. En otras ocasiones la tipología planimétrica se mantiene, pero se recurre a temas decorativos de la cercana Álava, como los conocidos fustes con labor de cestería, tal como podemos ver en la bonita ventana de San Miguel de Zuméchaga. En muy pocas ocasiones se tienen grandes pretensiones compositivas para transmitir escenas. Los capiteles de San Salvador de Frúniz, representando, en uno, a un obispo entre acólitos y, en otro, dos caballeros separados por un diácono, no dejan de ser un producto grosero y falto de recursos. Lo mismo podríamos decir del rudísimo tímpano de Santurce, en el que se esculpe un "Pantócrator" rodeado de los símbolos de los evangelistas. Los capiteles de Munguía son lo más selecto del románico vizcaíno; sin embargo, es obra extraña en el contexto general, se diría que es fruto de un maestro foráneo que no creó escuela. Tanto el tímpano de Santurce como los capiteles de Munguía se conservan en el Museo Histórico de Vizcaya.

Las numerosas obras del románico alavés presentan una gran semejanza con la producción de su inmediato entorno geográfico, aunque se aprecia un cierto cantonalismo periférico. Basta contemplar las obras de Estíbaliz y Armentia que a continuación vamos a ver, reconocidas por todos los especialistas como las dos muestras de mayor calidad del románico vasco, para darnos cuenta de que el estilo alcanzó una gran popularidad, incluso una larga pervivencia inercial, pero siempre dentro de unos niveles muy secundarios.

Santa María de Armentia
(Álava). Detalle del
crucero.

LOS ESTUDIOS SOBRE
EL ROMÁNICO VASCO

La primera obra de síntesis del románico vizcaíno es de J. A. GAYA NUÑO, "El románico en
la provincia de Vizcaya", en *Archivo Español de
Arte,* 1944, págs. 24-48. Se describen en esta
monografía dieciséis edificios de modestas estructuras, con características muy populares, en los
que no faltan, pese a su tipología románica, un
léxico ornamental ya gótico. Años después se
hicieron algunas precisiones a este trabajo por
parte de A. DE APRAIZ, "Acerca del tímpano

románico de Santurce", en *Homenaje a don Julio
de Urquijo,* San Sebastián, 1949, págs. 139-152.
Quince edificios y algunos restos fueron recogidos en el estudio de J. A. BARRIO LOZA, *La arquitectura románica vizcaína,* Bilbao, 1979.

Para conocer el románico alavés lo mejor es
acudir al importante catálogo que desde 1967 se
publica sobre la diócesis de Vitoria. De los conocidos conjuntos de Armentia y Estíbaliz abundan
los estudios monográficos: R. PINEDO, *El santuario de Santa María de Estíbaliz,* Madrid, 1940;
J. M. AZCÁRATE, *El Santuario de Santa María de
Estíbaliz,* Vitoria, 1984; J. M.ª GONZÁLEZ DE
ZÁRATE y otros, *Mensaje Cristológico en la basílica de Nuestra Señora de Estíbaliz,* Vitoria, 1989.

Santa María de Estíbaliz
(Álava). Detalle.

BASÍLICA DE ARMENTIA

En la cercanía de Vitoria se levanta este santuario, uno de los más venerados de Álava. Transformado el templo románico en el siglo XVIII, la fábrica primitiva o ha desaparecido o parte ha quedado inmersa en la obra moderna.

Se levanta en un lugar donde existen vestigios que se remontan a la romanidad misma. Durante el período prerrománico se consolida un obispado aquí, que terminará por desaparecer a la muerte de Fortunio II en 1087, momento en que se traslada a Calahorra. Durante la primera mitad del siglo XII figura como colegiata regida por un arcediano de Álava. Con el obispo de Calahorra, Rodrigo de Cascante (1146-1190), del que sabemos utilizaba entre sus títulos el de "episcopus armentiensis", debieron iniciarse los trabajos del templo del que conservamos en la actualidad tan importantes restos.

Se proyectó un edificio de forma cruciforme del que subsiste el ábside y el brazo del transepto con un cimborrio sencillo de ojivas apeadas en los ángulos sobre representaciones antrozopomórficas de los evangelistas, es decir, figuras alegóricas que unifican la cabeza del animal simbólico y el cuerpo del evangelista. Esta curiosa forma de representación de los evangelistas tiene una larga tradición en la plástica hispana, donde penetra, procedente de África, durante la época hispanogoda.

Lo más importante de este templo es la riqueza escultórica que se empleó para decorar el conjunto. Varios maestros se sucedieron en el trabajo, mostrando gran facilidad en la reproducción de modelos bien conocidos tanto en el románico castellano como en el navarro-aragonés. En el pórtico se guardan encastrados en las paredes varios relieves procedentes de la fachada meridional que fue transformada en el siglo XVIII.

Sobre un lucillo se ha colocado un tímpano. De forma semicircular, se divide en dos fajas horizontales. Abajo, podemos ver un crismón transportado por dos ángeles, mientras que, arriba, se dispone una imagen clipeata del Cordero flanqueada por las figuras sedentes de San Juan Bautista e Isaías. Un largo letrero explicita la identificación de todas las figuras, aludiendo claramente a la puerta de la iglesia, en la que se encontraba el tímpano originalmente, como la imagen real de la puerta del cielo. Los fieles que traspasaban el umbral se hallaban en el reino celeste de la divinidad cuyo emblema quedaba reflejado en el crismón trinitario. El autor de estas imágenes participó en la realización de varios capites y canecillos del edificio; su actividad debe situarse en el entorno de 1200. En la faja inferior se puede leer el siguiente epígrafe mutilado en parte: HUIUS

OPERIS AUCTORES RODERICUS EP.... (Autores de esta obra Rodrigo ¿obispo?). Se quiere interpretar el Rodrigo "ep...", con el citado anteriormente Rodrigo de Cascante obispo de Calahorra, lo que podría dar un dato cronológico de cierta fiabilidad.

Entrando ya en el siglo XIII trabajó en Armentia un nuevo taller que compuso tres grandes relieves que decoraron la fachada principal. Está formado por escultores que poseen un arte que emplea composiciones algo confusas, de figuras de canon elevado y ropajes de múltiples pliegues que acentúan su esbeltez. Aunque haya ciertas deficiencias en su factura final, el resultado es de un gran efecto ornamental en su conjunto. Si los motivos iconográficos pueden remontarse a fórmulas muy antiguas, su interpretación plástica sigue los recursos característicos del manierismo de románico final castellano que, desde el último de los grandes maestros del claustro silense, se difunden por su entorno geográfico.

En uno de estos relieves se esculpen dos escenas que suelen ser sucesivas en los ciclos cristológicos: el entierro de Cristo y las tres Marías ante el sepulcro. Puede observarse como el escultor, por economía de medios o por falta de espacio, en la escena de las santas mujeres no reprodujo el sepulcro vacío, sino que sentó al ángel sobre el mismo lecho mortuorio en el que se entierra el cuerpo de Cristo.

El otro relieve nos muestra, en dos placas pétreas, el descenso de Cristo al Limbo para rescatar el alma de los justos. Si como en el anterior se aprecian acusados defectos de dibujo y composición, el dinamismo de sus figuras nos transmite la credibilidad de una escena que ilustra la fuerza de dos acciones confrontadas, la del bien, Cristo tirando de los justos hacia afuera, frente al mal, las figuras diabólicas, representadas como medusas que intentan evitarlo. Obsérvese cómo el escultor debe descomponer la articulación de la cabeza de Eva para poder disponer su cuerpo en las dos placas.

Un gran tímpano reproduce en una composición absolutamente ingenuista la imagen de Cristo entre el colegio apostólico, dos ángeles y Elías y Enóch. Al hablar de esta obra se ha hecho alusión a cierto arcaísmo del autor al someter las figuras al marco arquitectónico que lo contiene, aunque me parece que más que convencionalismo se trata de fal-

Santa María de Armentia (Álava). Relieves del pórtico.

ta de capacidad compositiva. Si nos fijamos, percibimos que sólo se representan once apóstoles, seis a la derecha, cinco en la izquierda. La supresión de uno, se debe simplemente a la falta de previsión en la adecuación de las figuras. Es la misma interpretación chapucera de contorsionar las anatomías para solamente encuadrar las figuras. Buscando la variedad de los motivos, no duda en introducir formas arquitectónicas de encuadre totalmente dispares (véanse los tejados torreados que corren por encima de las cabezas de los apóstoles), sin tener en cuenta la necesidad de armonizar el motivo. La presencia de Elías y Enóch confieren al tema una significación de carácter apocalíptico.

362

NUESTRA SEÑORA DE ESTÍBALIZ

Desde el siglo XI se conoce un templo de Santa María de Estíbaliz. En 1074, Álvaro González de Guinea, conde de Estíbaliz, dota un altar en este templo para que se rinda culto en él a San Millán. Unos años después, en 1138, María López, sobrina del señor de Vizcaya, ofrenda Santa María de Estíbaliz a "Santa María la Real de Nájera, donde descansa y está sepultada mi madre, y a los monjes cluniacenses que allí están". Bajo el dominio del monasterio riojano permanecerá hasta el siglo XV.

El templo, iniciado con un ambicioso proyecto de planta basilical, por diversas circuns-

Nuestra Señora de Estíbaliz (Álava). Aspecto de la cabecera.

tancias no bien conocidas fue demorándose su conclusión con largos períodos de paralización de las obras, lo que obligó a una reducción de la idea original, las tres naves quedaron reducidas a una sola, y una renovación estilística. Si gran parte de los ábsides y los muros de soporte corresponden al románico, la parte septentrional ya es concebida como estructura apropiada para soportar una bóveda gótica. Los capiteles del crucero, todavía de formas de indudable plástica propia del románico pleno, representan un pequeño ciclo de imágenes sobre el pecado de nuestros primeros padres, con la referencia a la condena de los vicios del género humano y el anuncio de la futura redención.

Será esta portada del brazo meridional del crucero el aspecto más bello del conjunto. Pese a la acusada molduración horizontal, con las cornisas y líneas de impostas, la preponderancia del vano frente al muro y la esbelta verticalidad de las columnas transmiten a la fachada una sensación de levedad arquitectónica que no es usual en los paramentos del románico. Aunque muy perdida la ornamentación escultórica monumental, algunos restos, como la Anunciación, muestran formas algo torpes, pero de figuras estilizadas y actitudes dinámicas.

NUESTRA SEÑORA
DE LA ASUNCIÓN DE LASARTE

La actual iglesia de Lasarte es un templo de comienzos del siglo XVI que conserva restos ornamentales tardorrománicos de la iglesia anterior. Una ventana con triple arquivolta y chambrana presenta igual estructura interior que exterior. Aunque en muy mal estado de conservación y de escasa calidad en la factura, su exuberante decoración la convierte en una de las más prodigiosas ventanas ornamentadas del románico hispano.

Las estatuas columnas representan un apostolado completo, sin símbolos y carentes de caracterización individualizadora. Se disponen seis figuras al interior y otras seis al exterior. Parecen obra de un maestro ruralizado que interpreta el arte de las esculturas de Armentia.

Nuestra Señora de la Asunción de Lasarte (Álava). Ventana.

365

GALICIA

Con el establecimiento de Fernando I (1037-1067) en el trono leonés, se iniciará una importante recuperación de la crisis en que se encontraba sumido el territorio gallego. Sobre esta recuperación se asentarán las bases del esplendor de la Galicia gelmiriana. La sede compostelana es ocupada por don Cresconio, miembro de una ilustre familia, que no sólo domeñó con sus tropas a los violentos normandos, sino que también impulsó la realización de obras de una cierta importancia, como las murallas y las torres para la defensa de Santiago, el Castillo de Oeste y la iglesia de la antigua sede episcopal de Iria. Cuando muere asesinado en 1066 o 1067, Galicia, que entonces tenía su propio monarca —el efímero García había sido coronado en Santiago el año 1063—, se encuentra en una situación tan óptima en comparación con su inmediato pasado, que se hace necesario la existencia real de las diócesis meridionales para consolidar la expansión demográfica que ya es un hecho.

La arquitectura de estos momentos corresponde en líneas generales a la tradicional que muestra como caracterización la continuidad de formas que definían los edificios de época asturiana. En pleno siglo XII, todavía iglesias con cabeceras tripartitas, con testeros rectos, y tres naves separadas por intercolumnios de arcos semicirculares apeados en pilares prismáticos perviven y, todo lo más, reciben una remodelación que consiste en la aplicación en algunas partes de elementos de escultura monumental. No se dio en Galicia una arquitectura del primer románico como acabamos de ver en Cataluña; sin embargo, existen unos cuantos edificios que por su disposición planimétrica y ornamental correspondería a este momento estilístico. Cornisas de arquillos similares a las conocidas arquerías lombardas —no deben confundirse con los aleros de arquillos del románico pleno—, saeteras de doble derrame y ábsides semicirculares sin tramo recto, o mínimamente desarrollado, son formas que corresponderían en relación con lo catalán a un primer románico inercial, pero que en los estados peninsulares occidentales serían las primeras fórmulas de este tipo que aparecen, siempre en clara diferenciación con las formas del románico pleno que ya están surgiendo o se manifestarán inmediatamente.

En relación con estas soluciones veremos aquí la primera fase románica de San Martín de Mondoñedo. En cierta forma también habría que señalar la cabecera de San Antolín de Toques o la iglesia de San Juan de Vilanova, aunque estos edificios, a diferencia de Mondoñedo, muestran ciertos indicios que podrían corresponder a interpretaciones ya popularizadas de lo que en este templo lucense serían aún unas primeras experiencias. Estas construcciones conservan, como ninguna otra, motivos decorativos de lejanísima progenie prerrománica, como podemos ver en la cornisa de Vilanova.

La sede compostelana sigue un importante proceso de afirmación que permitirá a su obispo Diego Peláez emprender la construcción de una gran catedral adecuada a las nuevas tendencias artísticas, las que los historiadores denominarán románico pleno, durante los años setenta de esta década undécima.

Si la prisión del rey García supuso al principio un rudo golpe a las aspiraciones independentistas de los nobles gallegos, la política de Alfonso VI impulsará de tal manera la economía del reino que pronto se olvidaron los problemas. La boda de Raimundo de Borgoña con la infanta Urraca, recibiendo los contrayentes como dote el gobierno de Galicia, propició el proceso de europeización iniciado por el monarca en todos sus estados.

El conde borgoñón, estrechamente relacionado por lazos familiares con Cluny, colaboró con su suegro en la difusión de los monasterios cluniacenses y en la renovación de la jerarquía del clero secular. Portela Silva ha señalado que Raimundo de Borgoña y su esposa, condes de Galicia desde 1092, "encabezaron una corriente de simpatía sentida por los nobles gallegos de fines del XI y comienzos del XII hacia los monasterios". Constituían un grupo de gentes que, con una expresión moderna, denominaríamos "afrancesados". Entre ellos figurarían dos prelados compostelanos, Dalmacio (1094-1095), antiguo monje cluniacense, y Gelmírez (¿1100?-1140). Aunque la prelatura del primero fue excesivamente breve, la del segundo supuso una prolongada y estrecha colaboración con Cluny. Gelmírez fue el gran europeísta; sus hombres —canónigos compostelanos formados en su entorno—, ocupando las restantes cátedras episcopales gallegas, se encargaron de difundir por todo el reino sus ideales de modernidad.

Si fue Diego Peláez el que decidió que la nueva catedral compostelana se erigiese siguiendo las formas del románico pleno, rompiendo con la tradición, será con Gelmírez cuando se construya la mayor parte de la obra. Bajo su impul-

so se procederá a una importante transformación de los edificios de la diócesis, y la catedral compostelana se convertirá en modelo a seguir por la mayor parte de las nuevas construcciones gallegas. Durante toda la primera mitad del siglo XII muchos templos de monasterios y parroquias imitarán en sus reducidas dimensiones las formas arquitectónicas y ornamentales que pueden contemplar en Compostela.

Templos más grandes, de tres naves, tendrán problemas de interpretar en formato reducido la solución de los intercolumnios de Santiago: arcos entre pilares y un segundo piso correspondiente a los vanos de la tribuna. Al principio, como en la iglesia del Sar, se suprimió la tribuna y, siguiendo ejemplos ya utilizados en tierras leonesas, se construyeron las bóvedas directamente sobre el primer orden de arcos. El resultado fue un espacio, el de la nave central, algo rechoncho y falto de la armónica verticalidad que la superposición de órdenes le confiere a la catedral compostelana. Como vemos en la perspectiva de la iglesia pontevedresa de Acibeiro, un maestro gallego adecuó a un proyecto más modesto la solución de los dos órdenes compostelanos, dispuso los arcos que debían corresponder a una tribuna, pero no el suelo que permitiese su uso (ésta, salvo en las grandes catedrales románicas no tenía mucho sentido). En la catedral de Tuy se pretendió seguir más de cerca la fórmula santiaguesa y se proyectó la tribuna, que sólo quedó edificada en parte al concluirse en gótico.

La introducción de las formas del románico pleno en Galicia fue canalizada prácticamente en su totalidad por la catedral de Santiago; sin embargo, hubo otras vías de penetración, aunque mucho menos trascendentes. En San Martín de Mondoñedo veremos cómo el románico pleno es interpretado por unos escultores conocedores de repertorios iconográficos ultrapirenaicos, aunque posiblemente aprendido de forma indirecta, con estrechos contactos con la iglesia asturiana de San Pedro de Teverga, y con una sustancial carga de motivos ornamentales muy conservadores. Es un arte que se relaciona con otro edificio, San Bartolomé de Rebordanes, importante para su medio geográfico, la Galicia meridional.

De las artes mobiliares muy poco es lo que conservamos, aunque debió de ser de una gran categoría. Por el "Calixtino" conocemos la existencia de un riquísimo mobiliario en

369

Crucifijo de Ordoño II
(Catedral de Santiago de
Compostela).

Santiago. Diferentes vicisitudes han dado al traste con este tipo de creaciones y, en la actualidad son muy limitadas las obras que han llegado hasta nosotros. Las creaciones en metal están en clara relación, posiblemente de continuidad, con la producción que se ha realizado en León en la corte de Fernando I y su hijo Alfonso VI. El "Crucifijo de Ordoño II" —Capilla de las reliquias de Santiago—, de apenas veintidós centímetros de altura, elaborado en lámina de oro, no es una obra de calidad plástica, aunque su valor material la convierta en un objeto de lujo. El "ara portátil", que, procedente del monasterio de Celanova, se conserva en la catedral de Orense, se puede fijar cronológicamente al ser una ofrenda del abad Pedro (1090-1118). Las figuras de la "Maiestas" entre los símbolos de los evangelistas sobre plata dorada y nielada se corresponden exactamente con la escultura monumental coetánea.

De la pintura gallega muy poco es lo que conocemos. Restos insignificantes, pero de una iconografía interesantísima, son los que se conservan en San Pedro de Rocas. En Mondoñedo hay indicios perdidos de la decoración mural

original. En la catedral de Santiago existió un escritorio donde se debieron componer obras de gran valor. Son pocas las ilustraciones que nos han llegado, pero lo suficientemente explícitas para poder hacernos una idea de su estimable calidad. La obra de los "Tumbos A y B", a la que luego aludiremos, fue realizada durante un período de tiempo superior al del románico mismo, lo que demuestra que en este taller hubo siempre pintores de calidad. Sus miniaturas pueden ser una cita de referencia para hacernos una idea de lo que fue la pintura mural de la Galicia románica.

La transformación del léxico constructivo y ornamental adoptando las fórmulas del tardorrománico volverá a estar con una cierta preponderancia en la catedral de Santiago; sin embargo, no será tan mayoritaria como durante la primera mitad. La obra que Mateo dirige en la catedral desde 1168, o poco antes, será el paradigma plástico que impregne la creatividad gallega de todo este siglo y el siguiente. La cabecera de la iglesia de San Lorenzo de Carboeiro es una obra maestra de la ingeniería románica, que sólo tiene parangón con la que Mateo proyecta para salvar el desnivel del terreno que le permita edificar la fachada occidental de la catedral compostelana. Coetánea a la actividad de Mateo es la de un importante taller que construye la catedral de Orense.

Si el románico pleno tuvo en los cluniacenses uno de sus principales impulsores, serán los cistercienses los que creen algunas de las más importantes y monumentales fábricas de la segunda mitad del XII y parte del XIII. La reforma monástica cisterciense alcanzó las tierras gallegas el año 1142, cuando Fernán Pérez de Traba donaba al abad Pedro y sus compañeros el edificio y las propiedades del antiguo monasterio de Sobrado, abandonado hacía aproximadamente un centenar de años, para que las ocuparan y vivieran allí "según la costumbre de los cistercienses". Poco después las fundaciones de los monjes blancos del Císter se suceden:

Sobrado (1142).Meira (1151-1154). Melón y Montederramo (ca. 1165). Armenteira (después de 1161). Ferreira de Pantón (1175). Oseira (1184-1191). Oya (1185). Xunqueira (¿antes de 1200?).

Como en el resto de la Península, estos edificios eran de grandes dimensiones, pero no introdujeron grandes progresos arquitectónicos. Aunque en la geografía gallega, segura-

Esmaltes de la arqueta
de San Martín (Catedral
de Orense).

mente fueron sus iglesias las primeras que
emplearon los arcos apuntados que tanto contribuyeron a aligerar las cargas de los muros.
Estas grandes iglesias a veces eran construidas
por canteros locales y respondían al léxico
ornamental de su inmediato entorno, pero en
otras ocasiones contribuyeron a difundir formas, en principio exóticas, pero que al final
terminaban por popularizarse por toda la
región.

Hacia 1200 empezaron las importaciones de
los artesanales esmaltes de Limoges. La catedral de Orense conserva un importante número de piezas, cincuenta y tres, parte de las que
constituían una arqueta relicario encargada por
la sede auriense para contener las reliquias de

San Martín. Seguramente, como ya he indicado en otras ocasiones, se trataría de un encargo del obispo Alfonso (1174-1233) que aparece aquí representado como oferente de la
obra. Sin lugar a dudas es una de las mejores
producciones limusinas existentes en la
Península.

La imaginería gallega tiene una buena serie
de vírgenes y crucificados, ninguno anterior a
fines del XII. Generalmente son obras de plástica popular e iconografía absolutamente inercial. El Cristo crucificado de Vilanova de los
Infantes, el llamado románico de la catedral de
Orense y el de San Salvador de los Penedos
podrían constituir una secuencia cronológica de
finales del XII a avanzado siglo XIII.

Relieves del coro pétreo de la Catedral de Santiago.

LOS ESTUDIOS SOBRE EL ROMÁNICO GALLEGO

La catedral de Santiago es no sólo el edificio decisivo para comprender la historia del románico en Galicia, sino uno de los monumentos más significativos del estilo a nivel europeo. El estudio de A. López Ferreiro sobre la catedral es un clásico de consulta ineludible para cualquier tipo de aproximación histórica *(Historia de la S. A. M. Iglesia de Santiago de Compostela,* 12 vols., Santiago, 1898-1911). Partiendo de esta información se han ocupado con cierto detenimiento los principales teóricos del románico hispano, Porter, Gómez Moreno y Gaillard entre otros muchos, cuya bibliografía ya ha sido citada en el apartado de generalidades correspondiente. Un primer estudio monográfico de interpretación arquitectónica, con la publicación de una buena documentación gráfica, correspondió al americano K. J. Conant,

The early Architectural History of the Cathedral of Santiago de Compostela, Cambridge, MCMXXVI (existe una reedición moderna con notas de Serafín Moralejo, editada por el colegio de Arquitectos de Santiago, en 1983). La planimetría de Conant sigue siendo utilizada por cuantos se ocupan del estudio de la catedral.

La mayor parte de los trabajos dedicados a Compostela lo hacen desde el punto de vista de la escultura, intentanto señalar una posible secuencia crono-estilística de las obras ubicadas en su lugar original o de las situadas en cualquiera de las dependencias. Por los años cincuenta se publicaron varios trabajos de J. M. Pita Andrade: "Un capítulo para el estudio de la formación artística del maestro Mateo. La huella de St.-Denis", en *Cuadernos de Estudios Gallegos,* 1952, págs. 272-283; "En torno al arte del maestro Mateo: el Cristo de la Transfiguración en la Portada de Platerías", en *Archivo Español de Arte,* 1950, págs. 13-25.

J. Filgueira Valverde, "Datos y conjeturas para la biografía del maestro Mateo", en

Cuadernos de Estudios Gallegos, 1948, págs. 49-69. Sobre la primera fase de la catedral trata O. NAES-GAARD, *Saint-Jacques de Compostelle et le débuts de la grande sculpture vers 1100,* Aarhus, 1962. La tesis doctoral de J. CAAMAÑO se ocupó sobre diversos aspectos de la actuación de Mateo, *Contribución al estudio del gótico en Galicia,* Valladolid, 1962. Años después se publica una obra colectiva que aborda de diversos aspectos estilísticos e iconográficos de la catedral: *La catedral de Santiago de Compostela,* Santiago, 1978. Desde 1969 se suceden una serie de artículos de Serafín MORALEJO: "La primitiva fachada Norte de la catedral de Santiago", en *Compostellanum,* 1969, págs. 623-668; "Esculturas compostelanas del último tercio del siglo XII", en *Cuadernos de Estudios Gallegos,* 1973, págs. 294 - 310; " << Ars Sacra >> et sculture romane monumentale: Le trésor et le chantier de Compostelle", en *Cahiers de Saint Michel de Cuxa,* 1980, págs. 189-238. J WILLIAMS, "Spain or Toulouse? A half Century later: Observations on the Chronology of Santiago de Compostela", en *Actas del XXIII Congreso Internacional de Historia del Arte,* Granada, I, 1976, págs. 557-567. En los últimos años se está dedicando una especial atención a la obra del maestro Mateo, están en prensa las actas de un reciente congreso dedicado a su estudio. J. YARZA, *El pórtico de la Gloria,* Madrid, 1984. R. OTERO TÚÑEZ y R. IZQUIERDO PERRÍN, *El coro del maestro Mateo,* La Coruña, 1990.

El interés por dar a conocer los múltiples edificios del románico gallego fue algo que se desarrolló muy pronto entre los intelectuales gallegos. Entre éstos merecen una mención especial Castillo, Vázquez Núñez, Vázquez Saco, Valcarce, Ramón Fernández Oxea, Bouza Brey, Chamoso Lamas, que en diferentes publicaciones dieron a conocer varios centenares de edificios y epígrafes. Las principales revistas que publicaron estos trabajos son "Galicia Diplomática", "Cuadernos Gallegos", "Compostellanum", "Abrente", "Boletín de la Comisión Provincial de Monumentos de Lugo", "Boletín Auriense", etc.

Unas aproximaciones interesantes a los hombres y ala época del románico pueden verse en los siguientes trabajos: F. J. SÁNCHEZ CANTÓN, "La vida en Galicia en los tiempos del arte románico", en *Cuadernos de Estudios Gallegos,* 1962; J. FILGUEIRA VALVERDE, "Gelmírez constructor", en *Historias de Compostela,* Santiago, 1970, págs. 23-59.

La tesis doctoral de J. M. PITA ANDRADE, *La construcción de la catedral de Orense,* Santiago de Compostela, 1954, da a conocer la importancia de este edificio en la historia del tardorrománico. Varios artículos de este mismo autor han contri-buido a poder marcar una serie de características definitorias de la popularización del estilo por todas las comarcas gallegas ("Visión actual del Románico de Galicia", en *Cuadernos de Estudios Gallegos,* 1962, págs. 137-153; "Notas sobre el románico popular de Galicia", en *Cuadernos de Estudios Gallegos,* 1969, págs. 56-83; "Observaciones sobre la decoración vegetal en el románico de Galicia", en *Abrente,* 1969, págs. 85-108). Del tardorrománico y la inercia del estilo durante las primeras manifestaciones del gótico puede resultar de gran interés el libro de Caamaño que citamos anteriormente. Período que coincide con las edificaciones de los cistercienses cuyo primer estudio de conjunto corresponde a L. TORRES BALBÁS, *Monasterios cistercienses de Galicia,* Santiago, 1954. Un catálogo extenso y preciso será realizado por J. C. VALLE PÉREZ, *La arquitectura cisterciense en Galicia,* 2 vols., La Coruña, 1982.

Una editorial benedictina francesa será la primera en publicar un estudio general extenso y monográfico sobre el románico gallego (A. CASTILLO había publicado una historia general de la arquitectura gallega en la geografía de Carreras Candi); sus autores fueron M. CHAMOSO y otros, *Galice romane,* La Pierre-qui-vire, 1973 (desde 1979 existe traducción castellana). J. M. GARCÍA IGLESIAS, "El románico", en *Historia del Arte Gallego,* Madrid, 1982. I. G. BANGO TORVISO, *Galicia Románica,* 2ª ed., Vigo, 1991.

Desde 1979 la Fundación Barrié de la Maza ha iniciado la catalogación del románico gallego con la publicación hasta hora de dos estudios: I. G. BANGO TORVISO, *Arquitectura románica en Pontevedra,* La Coruña, 1979. R. IZQUIERDO PERRÍN, *La arquitectura románica de Lugo,* La Coruña, 1983. De próxima aparición los estudios dedicados a Orense y la segunda parte de la provincia de Lugo. Por su información planimétrica tiene gran interés el libro del Departamento de Historia de la Arquitectura de la ETSA de La Coruña, *Arquitectura románica de la Coruña. Faro. Mariñas-Eume,* La Coruña, 1983.

Para todos los temas de la miniatura véase el completo estudio de A. SICART, *La miniatura,* Madrid, 1979. Sobre la producción del escritorio compostelano es de gran interés la obra de M. C. DÍAZ Y DÍAZ, F. LÓPEZ ALSINA y S. MORALEJO ÁLVAREZ, *Los Tumbos de Compostela,* Madrid, 1985. De murales románicos gallegos, muy pocos son los indicios conservados; hace pocos años causó gran sensación el hallazgo de la decoración de San Pedro de Rocas, publicada por J. M. GARCÍA IGLESIAS, "El mapa de los Beatos en la pintura mural románica de San Pedro de Rocas (Orense)", en *Archivos Leoneses,* 1981, págs. 73 y siguientes.

San Martín de Mondoñedo (Lugo). Aspecto de la cabecera.

SAN MARTÍN DE MONDOÑEDO

Este edificio de Mondoñedo muestra en sus muros la teoría más completa de la variedad románica en Galicia. En él encontraremos manifestaciones propias del primer románico, una etapa verdaderamente exótica en esta parte de la geografía peninsular. Las obras siguientes corresponderán ya al románico pleno, pero sus formas no proceden de la catedral compostelana, sino que siguen su propia corriente a partir de contactos con lo leonés seguramente por el medio asturiano. La tercera fase románica corresponderá, ahora sí, a las influencias de Compostela.

En la ubicación del actual San Martín existió un viejo centro monástico con idéntica advocación. A partir del siglo IX, este monasterio fue residencia episcopal. Dignidad que mantuvo hasta la prelatura de don Nuño Alonso (1112-1136), que fue transferida al valle de Brea, con el fin de que la sede mindoniense tuviese su capital en un núcleo estratégico con respecto a las comunicaciones con el territorio de su jurisdicción.

Para Manuel Núñez, que ha estudiado el edificio con detenimiento, parece que gran parte de los muros y algunos aspectos espaciales corresponden a una construcción prerrománica. Algunos de los vanos, como la pequeña puerta lateral que aquí reproducimos, serían

elementos reaprovechados después de pequeñas transformaciones. En relación con los espacios, la estrechez de las naves laterales correspondería a una marcada influencia de la arquitectura asturiana.

Pienso que el actual edificio pudo haber
reaprovechado una construcción previa como
ha indicado Núñez. Sin embargo, la ampliación
y transformación sufridas fueron de tal envergadura que resulta muy difícil precisar estas
partes.

La fábrica románica se inicia por la cabecera
proyectando un edificio de tres ábsides semicirculares con un mínimo tramo recto. La tipología planimétrica corresponde a las construcciones del primer románico. En la primera campaña se rematarían hasta la cornisa del ábside
meridional. En ésta las arcuaciones se completan con motivos prerrománicos. Todo nos lleva a catalogar su estilo dentro de lo que conocemos como arquitectura del primer románico,
que en los reinos occidentales de la Península
se corresponde con una cronología muy tardía
dentro del siglo XI.

Durante el gobierno de la sede por el obispo don Gonzalo (1077-1112), se dio un nuevo
impulso a las obras que en el momento de su
nombramiento debían estar paradas. Este
período coincide con la etapa de desarrollo del
pleno románico, cuyo foco principal ha de
situarse en la catedral de Santiago.

La reanudación de las obras se caracteriza
por el empleo de la cornisa de tacos y las chambranas de las ventanas del mismo tipo. Los
tacos como elemento decorativo, y en esta
misma disposición, pueden verse en la iglesia
asturiana de San Pedro de Teverga y en otros
edificios hispanos, todos ellos datables en los

San Martín de Mondoñedo
(Lugo). Detalles de los
ábsides laterales.

San Martín de Mondoñedo
(Lugo). Detalle de la
cornisa de las naves.

San Martín de Mondoñedo
(Lugo). Puerta lateral.

En el interior vemos cómo los ábsides se abren a los tres tramos de un crucero que tiene en su centro una cúpula sobre trompas, mientras que los tramos laterales se cubren con un cañón que arranca de impostas soguiformes, sirviendo de contrarresto.

Esta parte del templo introduce la escultura monumental de los capiteles, en total nueve. Alguno de los temas iconográficos —hombre tirando de un cuadrúpedo, dos cuerpos humanos con una cabeza común— nos remiten de nuevo al arte que apreciamos en la iglesia de Teverga. Sin embargo, las coincidencias iconográficas no son lo más importante, sino su estrecho parentesco estilístico, como de obras propias de una misma época que tienen modelos comunes. Los principales temas historiados que reconocemos corresponden a motivos moralizadores y veterotestamentarios con igual significación: el rico Epulón y el pobre Lázaro, el banquete de Herodes y el sacrificio de Juan el Bautista, una mujer amamantando sapos, una sirena, Adán y Eva devorados por parejas de leones de cabeza única... Alguno de los animales reproducidos coincide con esculturas del románico de la Francia septentrional. Generalmente los cimacios reproducen las conocidas formas de lacerías y cuerdas, no faltando algunos vegetales muy estilizados que llegan a la pura geometría.

En relación con el estilo de estos capiteles se conserva un relieve rectangular que se ha considerado siempre un frontal de altar. Realizado en dos piezas, su composición muestra una extraña asimetría para un tema en el que la figura más importante por tamaño y significación es una "Maiestas". Se puede realizar una lectura interpretativa de cada una de las figuras: El "Agnus Dei"; San Juan, su águila representativa y la visita del águila; la "Maiestas" dentro de una mandorla transportada por ángeles; y, abajo posiblemente el titular del templo, San Martín y su discípulo Bricio. Joaquín Yariza piensa que "es probable que el escultor haya recurrido a un Beato galaico perdido para plasmar sus relieves".

El taller que esculpió todo el crucero no superó con su obra este espacio del templo. En el primer pilar del intercolumnio septentrional se encuentra una inscripción que alude al obispo Gonzalo ("Gundisalvus episcopus Sancti Martini"). Debe tratarse de una referencia de carácter funerario, que, a su vez, posiblemente

años setenta u ochenta de la undécima centuria. Con el citado templo asturiano coinciden también las cabezas de felinos reproducidos en los canecillos del ábside central. Aunque estas esculturas son de una gran simplicidad de planos y líneas, casi se podría decir que son de la misma mano.

En la fachada septentrional, pese a estar muy reestructurada por diferentes reformas, se aprecia claramente la existencia de ventanas de doble derrame, característica arcaizante para ser del pleno románico. El arco de una puerta pequeña y su chambrana de tacos evidencian formas que ya hemos visto en el ábside. Seguramente esto corresponde también al período de don Gonzalo, aunque sólo sea hasta el trasdós de los arcos de las ventanas.

San Martín de Mondoñedo
(Lugo). Retablo pétreo.

de manera indirecta, nos marca el límite final de la obra que llevó a cabo este prelado. La decoración escultórica a partir de este lugar denuncia ya modelos compostelanos bien conocidos.

En el mes de mayo de 1112 ya se encontraba al frente de la diócesis Nuño Alfonso, antiguo canónigo compostelano y hombre de confianza del arzobispo Gelmírez. Llegaba a su nuevo cargo impresionado por las obras que se estaban realizando en la catedral de Santiago; deseoso de modernizar su catedral introduciría en la cantería de San Martín maestros conocedores del arte santiagués. Capiteles y cornisas se adecuan ya a los nuevos gustos. Los canecillos que reproducimos aquí, representando los conocidos temas erótico-moralizadores, muestran ya una manera de hacer propia del románico pleno que se empieza a difundir por toda Galicia siguiendo el foco compostelano.

El arte del taller que trabaja durante el episcopado de don Gonzalo no tuvo una gran difusión, o al menos, salvo en los capiteles de la iglesia tudense de San Bartolomé de Rebordanes, no se ha conservado.

377

San Pedro de Ansemil
(Pontevedra). Aspecto de
la cabecera.

SAN PEDRO DE ANSEMIL

San Pedro de Ansemil
(Pontevedra). Capitel del
presbiterio.

La actual iglesia parroquial de San Pedro de Ansemil es un raro edificio que nos enseña cómo se produjo la transformación de los viejos templos de tradición prerrománica para adaptarse al gusto del nuevo estilo románico. Hacíamos alusión en la introducción a algunos otros ejemplos que han sufrido igual proceso de adecuación estilística.

El templo formaba parte de un monasterio que, según López Ferreiro, era fundación del siglo IX o X. Su nombre aparece reiteradamente citado en la documentación del XI. En un principio fue una comunidad dúplice, que terminó siendo sólo femenina. Una bula pontificia de Alejandro III adscribe el "monasterium de Sancti Petri de Ansimir" a la sede lucense. Después de un lapso de tiempo en que no consta la presencia de monjas, se volverán a instalar durante los siglos XIII y XIV. A esta última etapa debe corresponder la capilla funeraria que se construyó junto a su fachada meridional.

El edificio mantiene de la estructura prerrománica la cabecera tripartita de testeros rectos. Como podemos ver en la fotografía son tres capillas cuadradas, la central más ancha y alta, que recuerdan la forma de las iglesias de tradición asturiana, produciéndose un mayor escalonamiento que en éstas. Las cornisas del presbiterio mayor, con sus exornados canecillos, corresponden a una reforma emprendida durante el románico pleno.

Interiormente la semejanza con los edificios asturianos es mucho más patente en la forma de los intercolumnios con sus pilares prismáticos. La adecuación románica consiste en la aplicación de columnas de este estilo en el presbiterio central, apeando un arco fajón y el triunfal, y en el extremo occidental de los intercolumnios que entestan en el muro con sendas columnas de capiteles vegetales. La fachada presenta una puerta flanqueada por dos pares de columnas, obra de la primera mitad del siglo XII. Las naves nunca tuvieron bóvedas, se cubrieron con una sencilla armadura de madera.

La interpretación del proceso constructivo de este conjunto arquitectónico parece muy clara. La iglesia prerrománica sufrió, durante la etapa del románico pleno, la transformación del ábside central. El tipo de capitel vegetal (uno de ellos lo podemos ver en la fotografía) nos demuestra su dependencia de modelos compostelanos, propios de la primera mitad del siglo XII. Mientras que las arcadas no sufrieron cambios, el muro occidental fue hecho de nuevo. Esta drástica renovación de la fachada permitió poner columnas románicas en el enteste de los intercolumnios con él; es ésta una solución que hemos visto muy utilizada en monumentos asturianos que han sufrido un proceso de transformación similar.

La simple observación del capitel de la portada occidental, ese grupo de personajes entre los que destacan las figuras de dos desnudos, que reproducimos aquí, nos permite darnos cuenta de que los escultores que realizaron las obras de adecuación al románico constituían un taller dotado de un arte algo zafio, creador de figuras rudimentarias, que interpretaba con una factura muy sumaria.

San Pedro de Ansemil (Pontevedra). Interior desde la nave meridional.

San Pedro de Ansemil (Pontevedra). Capitel de la portada occidental.

379

Catedral de Santiago de Compostela. Planta, según Conant.

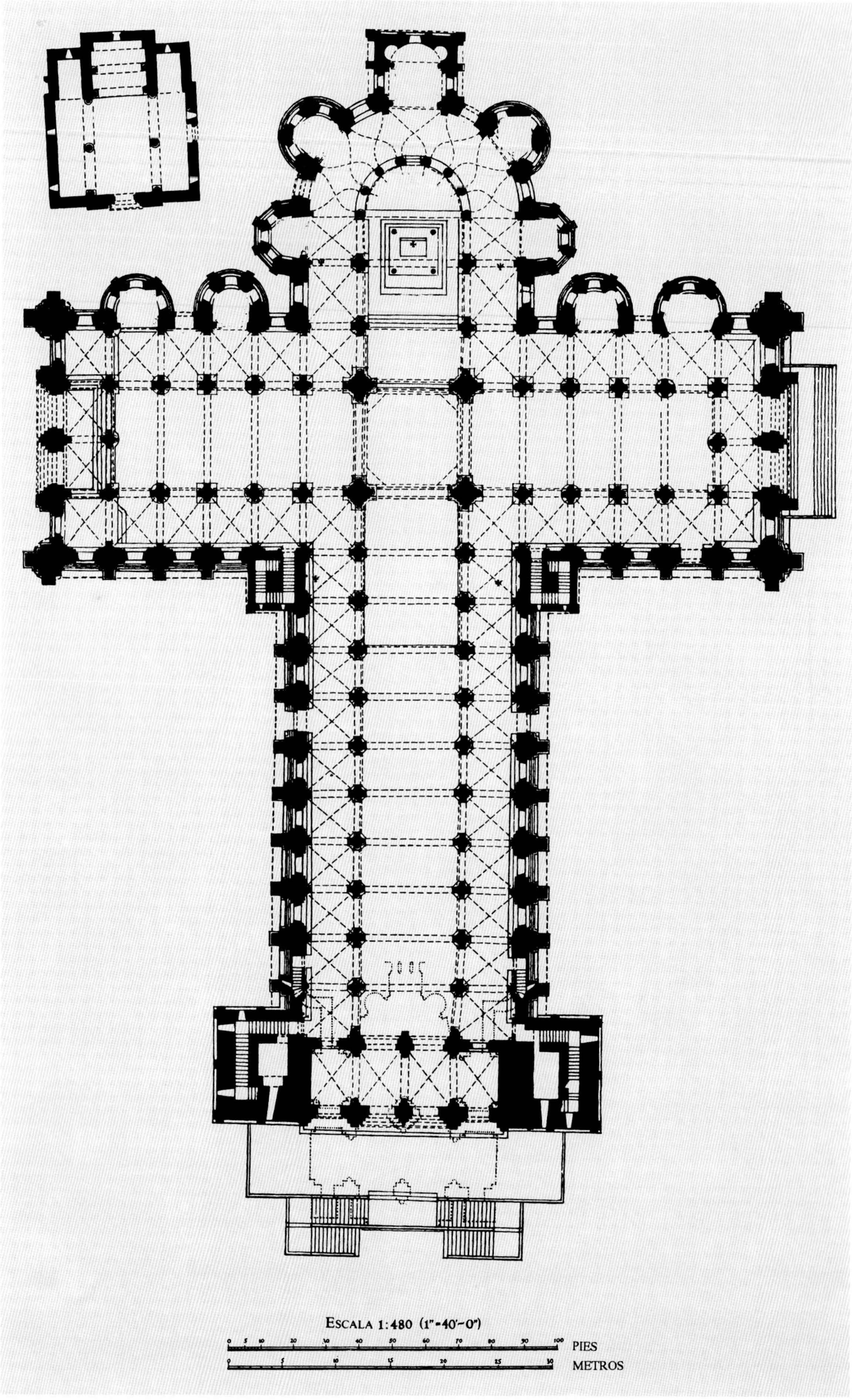

ESCALA 1:480 (1"=40'-0")

PIES

METROS

Catedral de Santiago de Compostela. Aspecto del crucero.

LA CATEDRAL DE SANTIAGO DE COMPOSTELA

Cuando los peregrinos del siglo XII alcanzaban su meta, el santuario que albergaba las reliquias del apóstol Santiago, se encontraban con uno de los más extraordinarios edificios de su época. La catedral compostelana, aunque cronológicamente no se puede considerar el más antiguo, sí es el más paradigmático de todos los edificios del estilo que subsisten.

Las gentes que acudían aquí veían en la catedral el mayor de los consuelos a su esperanza. Estas palabras del "Calixtino" enumera las gracias que esperaban obtener los peregrinos que acudía al templo de Santiago:

"Esta iglesia, desde el tiempo que fue comenzada hasta hoy en día florece por el brillo de los milagros de Santiago, pues en ella se concede la salud a los enfermos, se les devuelve la vista a los ciegos, se les suelta la lengua a los mudos, se les abre los oídos a los sordos, se les da sana andadura a los cojos, se les otorga la liberación a los endemoniados, y lo que es más grande, se atiende las preces de las gentes fieles, se acogen sus votos, se desatan los lazos de las culpas, se abre el cielo a los que a él llaman, se da consuelo a los tristes y todos los pueblos extranjeros de todos los climas del mundo acuden allí a montones, llevando ofrendas en alabanza del Señor."

Su construcción supuso la renovación total de la arquitectura en el ámbito geográfico gallego. Como ya hemos indicado, sus constructores fueron artistas foráneos, con toda seguridad franceses formados en la tradición postcarolingia, que edificaron la nueva catedral según los más modernos procedimientos técnicos y ornamentales de la época.

En comparación con otros edificios coetáneos conocemos muy bien los principales hitos de su relativamente corto proceso constructivo, alrededor de ciento cincuenta años. Como principal fuente de referencia documental contamos con dos obras, la *Historia Compostelana* y el *Códice Calixtino,* cuyos autores o fueron protagonistas más o menos directamente responsables o conocedores en la misma época de la obra.

Para el comienzo de la construcción tenemos dos años diferentes referenciados. Según una inscripción conservada en la absidiola de San Salvador fue en el 1075. El "Calixtino" fija el hecho tres años más tarde. Incluso se ha aludido en alguna ocasión un tercer año, 1077. Pienso que estas dos datas lo que indican son momentos en los que se produjo un hecho decisivo en la marcha de las obras: ceremonia de

colocación de la primera piedra, inicio real de los trabajos, comienzo de la compra de espacio necesario para el nuevo gran edificio o cualquiera de las actividades previas a la realización de un proyecto de gran envergadura.

El promotor de la obra fue el obispo compostelano, don Diego Peláez. Durante diez años se sucedieron sin interrupción los trabajos. Entre 1087 y 1088 se va a producir el primero de los grandes parones. El obispo Peláez, que había participado en cierta conjura con los normandos en contra del Alfonso VI, se vio obligado a abandonar su sede, marchando al destierro en tierras navarras.

Saber cuál fue la verdadera dimensión de las obras ejecutadas en este período resulta bastante difícil, discutiendo los especialistas si fue toda la girola o tan sólo parte de ella. Poco nos interesa este mínimo problema, propio de celosos estudiosos; lo importante es que ya en este momento estaba previsto el tipo de iglesia que se iba a construir y la dimensión de todo el conjunto de la cabecera. Un deambulatorio semicircular de siete tramos trapezoidales y cuatro más en tramo recto, sobre los que se articulan cinco capillas (la central cuadrada, las dos siguientes semicirculares y las otras dos de paños rectos). Síganse las etapas constructivas que aquí indicamos en el plano de Conant que hemos reproducido. Sobre el deambulatorio corría una tribuna que será una constante todo alrededor del templo, sobre las naves colaterales.

Las obras se reanudarían con el que sería el gran creador de la archidiócesis compostelana, Diego Gelmírez. No habrá que esperar a su promoción a la cátedra episcopal en 1100, desde poco antes ya ocupaba un puesto decisivo en la administración durante la prelatura de su antecesor el obispo francés Dalmacio. Diversos sucesos históricos nos informan de distintas referencias que pueden ser utilizadas para comprender la marcha de los trabajos. En 1105 se procedió a la consagración de las capillas absidales, poco después se haría la misma ceremonia con la capilla de San Miguel "in sublimini" que se encontraba en la tribuna. En 1107 una importante donación del monarca, los derechos de la moneda acuñada en Santiago, supuso un gran estímulo económico para avanzar más rápidamente en las obras. Los trabajos debían ir muy adelantados en 1112, pues en este año se procedió a derri-

Catedral de Santiago de Compostela. Detalles de la fachada de Platerías.

bar la primitiva basílica prerrománica, lo que nos permite suponer que, por entonces, debieron acabarse definitivamente las obras del crucero y, con toda probabilidad, se progresaba por los primeros tramos de las naves hacia el Oeste. Tres años después, en 1115, la construcción seguía su curso: unos piratas almorávides, capturados por la armada gelmiriana, fueron destinados a laborar en las obras de la catedral.

Con el estallido de los disturbios civiles entre la población compostelana y la reina doña Urraca y Gelmírez en 1117 se produjeron algunos destrozos en la catedral, pues la reina y el arzobispo se refugiaron en ella para defenderse de los ataques. Tras una breve pausa en las obras, éstas concluyeron hacia 1122. El "Calixtino" nos refiere en forma laberíntica la cronología de los trabajos desde el principio hasta el final: "La iglesia se comenzó en la era MCXVI (1078). Desde el año en que se comenzó hasta la muerte de Alfonso, famoso y muy esforzado rey aragonés, se cuentan cincuenta y nueve años, y hasta la de Enrique, rey de Inglaterra, sesenta y dos, y hasta el fallecimiento de Luis el Gordo, rey de los francos, sesenta y tres; y desde el año que se colocó la primera piedra en sus cimientos hasta aquel en que se puso la última pasaron cuarenta y cuatro."

No debemos entender esta data final como la de la conclusión de la catedral tal como la vemos en la actualidad. Tampoco en esto se ponen de acuerdo los especialistas, discutiendo si las obras se detendrían en el noveno o décimo tramo. Habrá que esperar a la llegada del maestro Mateo para que se encargue de rematar el último tramo y edifique la gran fachada monumental que contendría el célebre Pórtico de la Gloria. Pero todo esto correspondería a la segunda mitad del XII y, aún, los primeros años de la decimotercera centuria.

En las dos fotografías que reproducimos aquí podemos apreciar algunos de los detalles constructivos más significativos de los valores plásticos del interior del templo. Obsérvese la molduración del paramento absolutamente fraccionado por los vanos, su dobladura y, sobre todo, por la verticalidad de los diferentes órdenes columnarios. En las otras dos fotografías tenemos las dos imágenes a las que se refiere el "Calixtino" en el comentario que recogemos a continuación (la visión de la tribuna y la panorámica de la nave central desde la misma):

"Está admirablemente construida, es grande, espaciosa, clara, de conveniente tamaño, proporcionada en anchura, longitud y altura, de admirable e inefable fábrica, y está edificada

Catedral de Santiago de Compostela. Detalles de fustes de la Azabachería.

doblemente, como un palacio real. Quien por arriba va a través de las naves del triforio, aunque suba triste se anima y alegra al ver la espléndida belleza de estetemplo."

PUERTA DE FRANCIA

Las puertas de la fachada septentrional del crucero han desaparecido después de las obras del siglo XVIII. Una vez más debemos recurrir al "Calixtino" para hacernos una idea de su forma original. Algunas de las esculturas que decoraban la fachada fueron colocadas en la de Platerías.

Esta puerta recibió distintas denominaciones. En el siglo XII se conocía como "francesa" pues por ella entraban los peregrinos que procedían en su caminar de Francia. Como se abría al gran atrio de la catedral conocido también como "paraíso", éste era otro de los sobrenombres que se le daba. También se la conocerá como la de la "Azabachería".

Sabemos que tenía dos entradas flanqueadas por hermosas columnas de mármol. Ya hace muchos años que el gran estudioso de la catedral compostelana, López Ferreiro, identificó unos fragmentos de columnas entorchadas de casi dos metros de altura como pertenecientes a esta portada. Son muy similares a los fustes que aún se conservan en la fachada opuesta, la de Platerías. Los jóvenes aprisionados entre vegetales muestran una clara relación con los modelos de la escultura tardorromana. Se aprecia claramente cómo los escultores que trabajan en Compostela durante los primeros años del XII, al igual que otros maestros de principios del románico pleno, se inspiran en la riquísima iconografía de los sarcófagos paleocristianos.

La multitud de imágenes que componían un amplio mensaje que refería el tema de la Creación y el anuncio o promesa de la Redención, todo ello presidido por una "Maiestas", el "Calixtino" lo describe así: "...está el Señor sentado en un trono de majestad y con la mano derecha da la bendición y en la izquierda tiene un libro". Aunque se han propuesto diversas identificaciones, la más aceptada es la figura de Dios que se encuentra en Platerías y que mostramos aquí. De las diferentes escenas del ciclo de Adán y Eva citadas, tenemos en Platerías varias. Reproducimos la fotografía de la creación de Adán.

Una de las imágenes más atractivas de esta puerta norte la constituye el David que se encuentra en la actualidad en la fachada meridional. Su imagen también formaba parte de los personajes veterotestamentarios que anuncian la labor redentora de Cristo. López Ferreiro, que pensaba en la existencia de un programa trinitario desarrollado en las tres grandes portadas de la catedral, veía en ésta la obra creadora del Padre. Siguiendo los usos habituales de la enseñanza catequética de la época recogerá una serie de planteamientos doctrinales, reflejados en imágenes, que tendrán su confirmación en el programa que se desarrolle en la portada paralela.

Las diferencias de mano en las diversas piezas acusan los numerosos artistas que labraban en la cantería compostelana durante los años iniciales del siglo XII.

Fachada de Platerías

De las tres grandes fachadas que llegó a tener la catedral, sólo ésta se conserva, aunque sea, en jocosa expresión de un viejo historiador del arte, "como la sala lapidaria de un museo de provincias". Se refería el crítico francés a la sensación de almacén de piedras expuestas que hace años tenían algunos museos. Sí, esta fachada fue recibiendo, desde la época medieval misma, cuantas esculturas sobraban de cualquier otro sitio. De esta manera terminó convirtiéndose en una especie de expositor. Si no fuese por el tantas veces citado "Calixtino" tendríamos dificultades para identificar la composición original del programa iconográfico.

Entre las dos puertas se dispone un pilar y, sobre él, "dos feroces leones, cada uno de los cuales apoya su grupa en la del otro". Todavía los podemos contemplar en la actualidad; sobre ellos, un crismón con el alfa y la omega invertidas, que nos recuerda que esta puerta también tenía una significación funeraria. Contrastando con el granito de estas piezas, el blanco marmóreo de la figura de Abraham emergiendo de la tumba.

La gran novedad radica en la presencia todavía *in situ* de los dos tímpanos, de los más antiguos de los conocidos. La composición de éstos resulta extraña para la ordenada claridad que suele caracterizar este tipo de piezas. Se diría que han sido montados confusamente o han sido trastocados con el paso del tiempo. La

Catedral de Santiago de Compostela. Tímpanos de la fachada de Platerías.

Catedral de Santiago de
Compostela. Relieve de la
fachada de Platerías.

Catedral de Santiago
de Compostela. Detalle
de la fachada de Platerías.

Catedral de Santiago de Compostela. Detalle del Pórtico de la Gloria.

Catedral de Santiago de Compostela. Detalles del coro pétreo.

tan piedras, instándole a que las convierta en pan, otros le muestran los reinos del mundo, fingiendo que se lo darán si postrado los adora, lo que no quiera Dios. Mas otros ángeles blancos, es decir buenos, están detras de Él y otros también arriba adorándole con incensarios...Y no ha de relegarse al olvido que junto a la tentación del Señor está una mujer sosteniendo entre sus manos la cabeza putrefacta de su amante, cortada por su propio marido, quien la obliga dos veces por día a besarla. ¡oh cuán grande y admirable castigo de la mujer adúltera para contarlo a todos!"

Me gusta utilizar este relato de un hombre de iglesia del siglo XII por que, pese a ciertas carencias descriptivas, nos transmite una interpretación acorde con lo que veían las gentes de la época. Obsérvese la forma de relatar las tentaciones, los fieles las veían allí representadas y, como si se tratase de una escenificación, podrían expresar para sus adentros los mismos deseos que nuestro autor, "que no quiera Dios que Cristo caiga en la tentación diabólica". En el mismo tímpano los demonios se representan de negro, mientras que los ángeles serán blancos. Las gentes veían estos relieves totalmente policromados, de tal manera que los convencionalismos negro-malo y blanco-bueno eran fácilmente representables. En ese mismo convencionalismo ingenuo, los clérigos y los artistas que representaban sus programas recurrían a lo feo y monstruoso para referir el mal, mientras que lo bello era emblema del bien.

EL MAESTRO MATEO
Y LA FÁBRICA COMPOSTELANA

Hemos venido referenciando a lo largo de las páginas de este libro varias veces la figura y la personalidad de este artista que desde 1168 se ocupó de la dirección de las obras de la catedral.

Como he indicado en esas referencias, Mateo fue el arquitecto que dirigió diferentes talleres de escultores que se encargaron de adornar los espacios que él fue proyectando.

Su principal misión fue acabar un tramo de las naves y rematar el templo con una gran fachada. Para la realización de ésta hubo que proyectar una gran obra de ingeniería que permitiese salvar el enorme desnivel que por allí tenía el terreno. Se construyó una gran cripta que sirve de fundamento al célebre Pórtico de

descripción del siglo XII señala los temas principales.

Compruébese sobre las fotografías la lectura que el "Calixtino" hace de cada uno de estos tímpanos:

"En la entrada de la derecha está esculpido el prendimiento del Señor: Allí por manos de los judíos el Señor es atado de las manos a la columna, allí es azotado con correas, allí está sentado en su silla Pilatos como juzgándole —aquí se equivoca pues se trata de la coronación de espinas—. Arriba, en cambio, en otra línea está esculpida Santa María, madre del Señor, con su hijo en Belén, y los tres reyes que vienen a visitar al niño con su madre, ofreciéndole el triple regalo, y la estrella y el ángel que les advierte que no vuelvan junto a Herodes...

Igualmente, en la otra entrada de la izquierda... sobre las puertas está esculpida la tentación del Señor. Hay, pues, delante del Señor unos ángeles negros como monstruos colocándole sobre el pináculo del templo. Y unos le presen-

la Gloria, flanqueándose éste con dos grandes torres de sección cuadrada. Si la decoración escultórica del pórtico merece la admiración de los estudiosos del arte, la compleja ordenación arquitectónica, aunque no es novedosa como tipología de fachada teniendo un nártex entre torres, sí demuestra un gran dominio de recursos puramente arquitectónicos.

Cuando el peregrino alcanzaba a contemplar la gran portada de este pórtico, veía un ideario escatológico diferente al que había observado en las fachadas del crucero. No había transcurrido en balde el tiempo desde que se programaron las portadas del crucero y se plasmaron con la fría estética del románico pleno, ahora la divinidad se ha humanizado y el arte que la interpreta lo subraya. Suspendidos de las columnas los personajes de la Antigua y Nueva Ley, que han sido enviados por la divinidad para difundir su mensaje, tal como se escribe en la cartela que Santiago sostiene en sus manos: " Me envió el Señor". Los peregrinos contemplan desde abajo, acechados por los gestos amenazadores de los monstruos que ocupan el basamento, la imagen teofánica que pende sobre sus cabezas. Profetas y apóstoles son los intermediarios que constituyen el nexo que une a la humanidad en sus "accesis" hacia Dios. Éste parece descender sobre los mortales, mostrándose en la complejidad de la corte celestial y simbolizando con personas la imagen de la Jerusalén celeste de la visión de San Juan. El mismo santo, aquí reproducido, alude a esta visión esculpida en el tímpano, en la cartela que porta: "Vi la Ciudad Santa, Jerusalén, que descendía desde del Cielo". La divinidad aparece en la dimensión más humana que se podía pensar, Cristo mostrando sus llagas.

Otra de las grandes creaciones de Mateo fue la construcción del coro pétreo que ocupó los tres primeros tramos de la nave central. Se concluiría para la solemne consagración de la basílica que tendría lugar el tres de abril de 1211, con la presencia de Alfonso IX y las grandes dignidades de su corte. Otero Túñez e Izquierdo Perrín han realizado un minucioso estudio de las numerosas piezas conservadas que les han permitido teorizar sobre su forma original. Alguno de estos fragmentos nos permiten hacernos una idea sobre la riqueza escultórica del conjunto, en los que todavía se aprecian algunos indicios de policromía.

SANTA MARÍA DE JUNQUERA
DE AMBÍA

La iglesia de Ambía corresponde a un conocido grupo de templos románicos gallegos que forman sus tres naves un imponente volumen cúbico exterior que por dentro se muestra proporcionado en las estructuras que delimitan sus espacios, a la vez que aligerado en los muros de soporte. Será ésta una fórmula simplificada de la que contemplamos en la catedral compostelana, al principio, como en este caso, obra de un maestro cantero que comprendió perfectamente la dinámica del modelo compostelano y que dirigió un taller que trabajaba muy bien la labra de la piedra.

Se pueden considerar a los esposos Gonzalvo y Aldara como los auténticos fundadores del monasterio durante los primeros años del siglo XII. Será mediada la centuria

cuando se inicie la expansión de la fundación, especialmente después de la entrega de la misma, como donación de Alfonso VII en 1150, al priorato de Santa María del Sar. El obsequio regio se hacía con la propuesta de que se estableciese una comunidad de canónigos regulares de San Agustín. Una inscripción de su fachada occidental nos suministra la referencia del año 1164 como fecha de construcción de parte del templo que contemplamos en la actualidad. El aprecio alcanzado por esta casa favoreció una serie importante de ofrendas que permitieron una existencia próspera hasta su adscripción a Valladolid en el siglo XVI.

El edificio es de forma basilical con tres ábsides semicirculares. Como podemos ver en esta imagen del lado meridional, donde se construyó un curioso claustro hacia 1500, la fachada de la iglesia, siguiendo la solución de Santiago, fue fortalecida con un grueso muro armado de arcos para poder frenar los empujes de las

Santa María de Junquera
de Ambía (Orense).
Interior.

bóvedas que habían sido previstas, pero que nunca se llegaron a realizar.

En el interior podemos apreciar cómo organizó el maestro la elevación de los intercolumnios para poder conseguir altura y estabilidad en los abovedamientos de las tres naves, aunque al final quedase cubierta con una sencilla armadura de madera. Los pilares cruciformes enmarcan los arcos apuntados de separación de las naves y el segundo orden de arcos, en este caso más pequeños (corresponden dos por cada tramo). De esta manera, como ya hemos apuntado en la introducción al románico gallego, se conseguía una elegante esbeltez de la

nave central con la seguridad de no debilitar la tectonia general del edificio.

Si el proyecto arquitectónico fue concebido de manera unitaria y aplicado, salvo en la realización final de las bóvedas, sin replanteamientos ni fisuras, no podemos decir lo mismo de la escultura monumental de los capiteles, que denuncia claramente la presencia de varios talleres. Las formas del más antiguo corresponden a los tradicionales modelos compostelanos de la época del románico pleno, mientras que los siguientes van adaptándose a los motivos geométricos y vegetales convencionales del tardorrománico.

393

SANTA MARINA
DE AGUAS SANTAS

La actual iglesia parroquial de Santa
Marina conserva, según la tradición, los restos de la venerable mártir. Una construcción
próxima, denominada iglesia de la Ascensión,
inacabada, contiene una cripta que se conoce como el horno donde fue martirizada la
santa en época paleocristiana. El conocimiento que tenemos en la actualidad de la historia hagiográfica y de su culto en la región no
nos permite afirmar con certeza histórica
gran cosa. Parece que los datos arqueológicos
e histórico-artísticos permiten señalar la existencia de un lugar de culto en el período
tardorromano, que después sería reconstruido
durante la monarquía astur. Por último, hacia
1200, primero los canónigos regulares de San

394

Agustín, despues los templarios, quisieron
levantar un gran santuario que conmemorase el lugar del martirio. No sabemos por qué
circunstancia nunca se concluyeron las obras
iniciadas, quedando como santuario la iglesia
actual.

Con toda seguridad los canónigos de
Junquera de Ambía propiciaron la construcción
de un templo similar al que ellos estaban construyendo. Como prototipo templario es idéntico al modelo; sin embargo, los elementos
ornamentales acusan manifiestamente el retraso cronológico en su construcción.

Vemos en la fotografía la cabecera y el gran
volumen unitario del cuerpo de la iglesia. Los
rosetones iluminan las naves que, como en
Junquera, están separadas por los intercolumnios de dos órdenes de arcos. La escultura de
la fachada occidental acusa ya las formas del
gótico, lo que demuestra el largo proceso de
construcción.

LOS TUMBOS DE COMPOSTELA

Los "Tumbos Compostelanos" son una colección documental que aparece bellamente decorada con las imágenes de los egregios protectores de la sede de Santiago. Son un claro testimonio de la existencia de un escritorio catedralicio que demuestra su capacidad decorativa a lo largo del período románico. Los documentos de los monarcas se ilustran con sus retratos, al menos estas ilustraciones corresponden a cuatro etapas que llenan con soberbias imágenes los dos grandes momentos del estilo, el pleno y tardorrománico, aunque la producción supere la cronología propiamente románica.

Las muestras más antiguas de este taller de miniaturistas compostelano se remonta al tercer decenio del siglo XII.

En la imagen que aquí reproducimos podemos ver la iconografía de los primeros monarcas, sedentes en un trono con los pies en un escabel y teniendo en su mano el cetro regio.

Un letrero nos informa puntualmente de quién se trata: Ordoño II, rey hijo de Alfomso ("Ordoni(us) Rex Secund(us) fili(us) Adefonsi"). Estas figuras mayestáticas corresponden a los viejos modelos áulicos tardorromanos que difundieron por la Europa cristiana los escritorios de los monarcas carolingios y otonianos.

Con la imagen de Fernando II se inicia un nuevo tipo de retrato; el monarca aparece montado a caballo y ocupando toda la página. Según ha señalado Sicart, existe una clara semejanza con miniaturas de Winchester, más exactamente con el "Salterio de Enrique de Blois". Aquí reproducimos el retrato de su hijo, Alfonso IX (1188-1230). Si la composición es en todo similar a la de su padre, los detalles son reelaboradísimos buscando enriquecer el modelo con un desbordado sentido ornamental. La calidad de esta imagen le ha hecho decir a Moralejo "que nos invita más a imaginar y añorar lo que pudo ser la pintura monumental en Galicia". Por desgracia, esta pintura mural gallega se ha perdido prácticamente en su totalidad.

INCLITVS: ADEFFONSVS: REX: LEGIONENSIVM: ET GALLECIE:

Tumbos de Compostela
(Catedral de Santiago).

Santiago de Villar de Donas (Lugo). Aspectos de la cabecera.

SANTIAGO DE VILLAR
DE DONAS

En este mismo lugar de Villar de Donas existía un monasterio familiar que pertenecía a la casa de los Arias de Monterroso. Varios miembros de esta familia, Juan Arias de Monterroso, deán de la catedral de Lugo, y sus hermanos, hicieron donación de este monasterio a los caballeros de Santiago, en 1184. El nombre de "Donas" corresponde a una abreviación del latín "dominas", señoras, así se denominaba a las monjas que en él habitaban. Las mujeres de este apellido que elegían la vida religiosa se retiraban a este cenobio que consideraban como algo patrimonial.

El acta de donación nos informa de una serie de condiciones e informes que nos permiten comprender la importancia que esta casa alcanzaría durante la Edad Media. Vemos que el monasterio tenía un importante patrimonio —diecinueve iglesias y localidades—, que habrían de conservarse íntegramente para su manutención. Se convertiría en el panteón de los caballeros gallegos de la orden, así como también sería donde tendría lugar el capítulo general anual. Como es lógico, todas estas circunstancias convirtieron el monasterio en un importante centro de religiosidad y relevancia política del siglo XIII.

La iglesia presenta en la actualidad una forma cruciforme de tres ábsides y una sola nave que no corresponde, como en alguna ocasión se ha señalado, a un proyecto original, sino que se trata de un templo que ha cambiado el plan inicial para hacer funcional lo construido, con una reducción de lo proyectado que debe adecuarse a una nueva situación económica más precaria.

Se pensó en edificar una iglesia muy importante con un crucero destacado en planta y en altura que se prolongaría hacia el Oeste con tres naves. Construidos los ábsides de la cabecera y el crucero que los articulaba, durante un tiempo funcionaría como templo este espacio reducido; el cierre del muro, estrechando la comunicación con la nave que se construyó después, es una buena prueba de esto. Cuando se vio que no era necesario, o mejor que, como tantas otras comunidades de monjas, los medios económicos no iban a más sino todo lo contrario,

se decidió por reducir el proyecto y limitarse a construir una sola nave.

La imagen de los ábsides vistos desde el Este nos muestran la importancia del proyecto original: un imponente crucero con un gran ábside flanqueado por dos más pequeños, todo ello de considerables proporciones.

En la otra fotografía podemos ver la fachada ocidental, donde se abre una puerta de estilizadas líneas arquitectónicas, recargadamente decorada con motivos más o menos naturalistas realizados con unos pobres recursos plásticos. Se trata de un arte que pretende ser cuidado, pero que denuncia una mano bastante torpe.

Delante de esta fachada existió un pórtico de varios tramos hacia Poniente que debió estar destinado a lugar de enterramiento de los caballeros, aunque el espacio preferido, a partir del siglo XIII, era el interior mismo de los templos.

La privilegiada situación de este edificio en la ruta jacobea y su estrecha vinculación con la orden de caballería de Santiago lo han convertido en uno de los monumentos más carismáticos del Camino de Santiago.

Santiago de Villar de Donas (Lugo). Fachada occidental.

San Lorenzo de Carboeiro
(Pontevedra). Fachada
meridional.

SAN LORENZO DE CARBOEIRO

El antiguo monasterio benedictino de San Lorenzo de Carboeiro ha quedado reducido en la actualidad a su iglesia en ruinas. Pese a su estado, podemos apreciar que el templo es una de las creaciones más importantes del románico no sólo gallego, sino de todo el ámbito hispano. Su cripta es una verdadera obra de arte de la ingeniería de la época.

Si el origen del monasterio se remonta a los tiempos del prerrománico, su esplendor empezó durante el abadiato de Fernando. De este abad tenemos una primera noticia en 1162; treinta años después un epígrafe, conservado entre los restos de la iglesia, nos informa de su personalidad : "En este túmulo yace el venerable abad Fernando. Los reyes, los magnates, los próceres y poderosos del reino son testigos de la pureza de sus costumbres y

lo proclaman bienaventurado. Fue ilustre, magnánimo y siempre amigo de la probidad. Goce en paz Fernando en la morada del cielo. El 13 de febrero del año de 1192." Existen otras dos inscripciones que nos referencian años muy precisos sobre la construcción de la iglesia; por ellas vemos que una figura tan excepcional como el abad Fernando fue el verdadero impulsor de la renovación de los edificios monásticos, especialmente la iglesia. En el zócalo de los ábsides de la cripta se inscribe el año 1171 (era 1209). Un letrero más extenso, situado en el muro interior de la nave meridional, vuelve a referir el mismo año e informarnos que se debe a una fundación del abad Fernando en compañía de toda la comunidad.

Las obras debieron avanzar rápidamente en la cabecera, progresando después despacio hasta el cierre por el muro occidental, donde, trabajaría un taller de escultores que refleja las creaciones del Pórtico de la Gloria.

Cuando en 1171 se enfrentan con el problema de edificar un templo de un cierto tamaño, se encuentran con la dificultad de la falta de terreno adecuado. Levantado el monasterio en un meandro montuoso del río, la fuerte pendiente impide dotar de longitud la iglesia. Para resolver el problema se proyecta una gran cripta que permita crear sobre ella una amplia terraza en la que se edifique una bella cabecera con girola de tres capillas tangenciales.

La cripta se organiza articulando en un deambulatorio de cinco tramos trapezoidales tres ábsides semicirculares con un tramo recto. Cubriéndose con cañones, cuartos de esfera y aristas todos los espacios; mientras que los abovedamientos son los más sólidos imaginables, los muros también serán pensados de la manera que permitan contribuir a una mayor fortaleza de esta infraestructura. Los pilares son circulares y rotundos, teniendo sobre ellos el necesario suplemento de arcos semicirculares y peraltados, muy angostos para no debilitarlos. Todo el exterior de los ábsides se encierra en un gran tambor circular, recordando la estructura que se hará en el célebre "Cimorro" de la catedral de Ávila.

Por los extremos laterales, sendas escaleras de caracol permiten descender hasta la cripta desde la misma girola de la iglesia. En la puerta de la escalera septentrional un crismón con el alfa y la omega invertidos nos indica que la cripta, creada por necesidades de construcción, fue utilizada como espacio funerario.

Sobre los muros y soportes del piso inferior se levantaron puntualmente los que configuran la cabecera de la iglesia, una girola que, como la de la cripta, adopta cinco tramos y tres capillas. De esta manera se conseguía una perfecta trabazón entre las estructuras verticales de los dos pisos, que, a su vez, quedaban firmemente cinchadas por las bóvedas y los arcos. Aquí arriba las líneas arquitectónicas reciben la aplicación de la escultura monumental, y las bóvedas serán esféricas sobre decoradas nervaduras. Las cuatro columnas que contornean el presbiterio adquieren una sobria y elegante monumentalidad, realzada aún más por unos capiteles vegetales de correctísimo dibujo.

Desconocemos quién puede ser el autor de una fábrica tan importante como ésta. Sin ningún tipo de apoyo documental, pero considerando su calidad y que en aquel entonces está trabajando cerca el maestro Mateo, me hacen pensar que debe ser obra relacionada con su manera de hacer.

Delante de esta cabecera se desarrolla una nave de crucero con una absidiola en cada brazo. Las tres naves discurren hacia el Poniente con tan sólo tres tramos; lo reducido del terreno no permite mayores alardes. En el muro meridional y en su fachada occidental se abren dos puertas con una profusa decoración historiada.

San Lorenzo de Carboeiro (Pontevedra). Detalle de la cabecera.

La puerta occidental es la de mayor tamaño. Se esculpen en una arquivolta los ancianos portadores de instrumentos musicales; en el centro del tímpano se encastraron tres relieves representando una "Maiestas" rodeada de los símbolos de los evangelistas. En el centro la imagen sedente de Dios coronado y teniendo un libro en la derecha, en una sola pieza los símbolos de Mateo y Marcos, y en otra los de Lucas y Juan. De los tres relieves sólo se conserva *in situ* el de Mateo-Marcos, mientras que los otros dos se encuentran en el Museo Marés de Barcelona. Se trata de la obra de un escultor con una cierta facilidad en la factura del granito, aunque en este tipo de material las creaciones siempre adquieren un aspecto de rudeza. La actividad de nuestro artista y su taller se desarrollaría hacia 1200, dejando también su huella en la decoración de la citada puerta meridional.

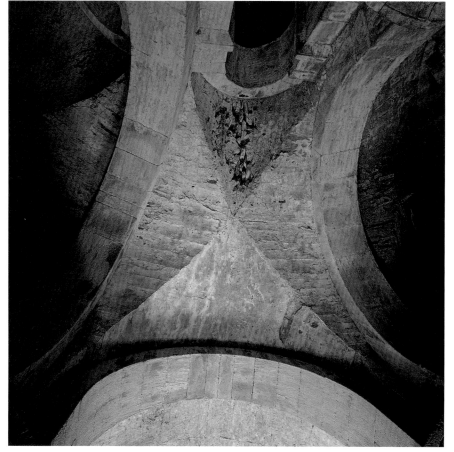

San Lorenzo de Carboeiro (Pontevedra). Aspecto y bóveda de la cripta.

San Lorenzo de Carboeiro (Pontevedra). Aspecto de la girola

Santa María de Cambre (La Coruña). Aspecto de la girola.

Santa María de Cambre (La Coruña). Detalle de la fachada occidental.

SANTA MARÍA DE CAMBRE

La iglesia de Cambre es un edificio de tres naves con crucero y una cabecera con deambulatorio y cinco capillas. Si en las naves nos encontramos con un prototipo de edificio basilical con los característicos pilares cruciformes del románico, cuya decoración escultórica remite a las formas de la catedral compostelana, en la cabecera los constructores intentaron realizar un ambicioso proyecto monumental que constituye su rasgo más original y distintivo.

Cambre era un monasterio de tipo familiar que remonta sus orígenes a la época de la monarquía astur. En el año 942, Alvito II y Gutiérrez lo donaron a San Payo de Antealtares; convertido en priorato permaneció bajo este dominio hasta finales de la decimoquinta centuria.

Como en Carboeiro se quiso construir una corona de capillas, pero dando una mayor profundidad al presbiterio, para en este tramo recto ubicar dos absidiolas más que en la anterior, que tan sólo tenía tres. Como la mayoría de los deambulatorios que tienen las capillas tangenciales resultan muy oscuros, aquí se habilitó una especie de espacios triangulares entre las absidiolas que sirven para albergar una saetera que resuelva el problema de la iluminación. Diversas circunstancias históricas dieron al traste con el templo, sufriendo mutilaciones y reparaciones que lo han dejado con el aspecto de arquitectura falsamente inconclusa que hoy presenta.

Si un análisis de su escultura ornamental no deja lugar a dudas sobre su clasificación dentro del románico que populariza los motivos compostelanos, la solución dada a la articulación de las capillas de la cabecera parece una interpretación artesanal de una girola ya gótica.

404

SANTA MARÍA DE OSERA

Antes de abrazar la reforma cisterciense a finales del XII, la comunidad de Osera constituía ya un importante cenobio benedictino protegido por el favor regio. De la etapa final precisterciense debe ser la cabecera que contemplamos en esta ilustración.

Siguiendo el modelo arquitectónico de Compostela, los monjes deseaban tener una iglesia con capillas que dejaban un espacio entre ellas para situar los correspondientes vanos que diesen luz al deambulatorio. Cuando hacia 1190 la comunidad queda bajo el control cisterciense la obra debía ir muy avanzada, continuando el templo con un crucero y tres naves cubiertas con cañón. Un epígrafe, hoy desaparecido, parece que fechaba la imponente torre cimborrio en 1282.

Aunque las reformas han mutilado las capillas de la girola, y las construcciones modernas enmascaran en parte las antiguas privando del efecto original al conjunto, éste resulta de una bella armonía en la proporcionada y jerarquizada ordenación de los volúmenes desde el ápice del cimborrio hasta el mismo suelo. Abajo, a la derecha, se encuentra la antigua capilla funeraria, en el cementerio que vemos ocupa el lugar tradicional en los monasterios de los cistercienses.

SANTA MARÍA DE MEIRA

Frente a la verticalidad del conjunto de
Osera, nos encontramos en la iglesia de Meira
con una concepción de los espacios arquitectónicos marcados por la horizontalidad, grandes volúmenes prismáticos en donde se aprecia claramente la tendencia longitudinal. Es
ésta una de las características de los edificios de
los monjes del Císter durante la época en que
se practican con un cierto rigor los principios
puristas de la orden.

La fundación del monasterio de Santa María
de Meira tuvo lugar entre 1151 y 1154. Como en
todas las primeras fundaciones *ex novo*, existiría
una iglesia provisional durante los primeros treinta años. Carlos Valle sitúa el comienzo de las obras
del templo actual alrededor del 1185, prolongándose los trabajos por más de cuarenta años.

El templo que se conserva íntegro en la
actualidad —no así las dependencias claustrales, que prácticamente han desaparecido— adopta la conocida forma cruciforme,
con un gran crucero en el que se abre un ábside semicircular y dos capillas de testero recto en cada brazo del transepto. Las tres naves
se prolongan hacia Poniente en nueve tramos,
lo que enfatiza aún más el sentido longitudinal que hemos indicado. La fachada occidental tiene un bello rosetón. Toda la iglesia,
menos los tramos de las naves laterales, que
se cubren con bóvedas de arista, y el tramo
central, que lo hace con nervios, tiene bóveda de cañón apuntado.

En esta imagen podemos ver la cabecera vista desde el Este, el gran ábside central y las dos
capillas laterales en cada brazo del crucero. El
edificio que tapa parte del ábside es la sacristía moderna. Véase el cambio de piedra entre
la cabecera propiamente dicha, construida en
cantería de sillares, y el crucero realizado con
el característico piedra pizarrosa de la montaña de Meira. Como la iglesia iba también pintada por fuera, esto no era casi perceptible.

Catedral de Lugo. Detalle de la puerta septentrional.

LA CATEDRAL DE LUGO

Diversas vicisitudes históricas del siglo XI habían deparado un estado ruinoso de la vieja catedral lucense. Ya en el siglo XII, bajo la prelatura de don Pedro III (1114-1133), se emprendieron las obras de una nueva catedral que debía seguir los nuevos gustos de la época. Es en estos momentos cuando se produce el contrato del maestro Raimundo de Monforte al que ya nos referimos al hablar de los artistas.

El proyecto de Raimundo parece que no fue de gran envergadura; la construcción de una girola en el siglo XIV obligó a derribar la primitiva cabecera, pero por lo que podemos deducir se trataba de una simple disposición de tres ábsides semicirculares correspon-

dientes a la Virgen, San Martín y San Miguel. El crucero se conserva, pudiendo constatar que era de una angosta nave con unos vanos de factura muy pobre; las naves que se continuaban hacia los pies del templo tampoco parece que tuviesen un gran empeño monumental.

Ya, durante el tardorrománico, se construyó una magnífica portada en el extremo septentrional del crucero. En la actualidad se conserva, aunque algo reformada por distintas restauraciones, bajo un bello pórtico de gótico tardío construido en el primer tercio del siglo XVI. Dejando de lado posibles especulaciones de cómo sería la forma original de esta curiosa portada, centrémonos en el Cristo en majestad y el prodigio de capitel pensil que se encuentra sus pies.

La imagen divina aparece sedente, coronada y con nimbo crucífero, teniendo en la mano izquierda el libro de los siete sellos, mientras que con la derecha —en la actualidad mutilada— debía bendecir. Ha sido concebido de una manera rigurosamente frontal; incluso su rostro parece dotado de un petrificado hieratismo. Por esto no habría ningún inconveniente en catalogarlo como una creación del románico pleno; incluso el virtuosismo manierista que acusan los movidos pliegues de la túnica podrían confirmar una datación temprana. Sin embargo, cierta proximidad a la escultura que caracteriza algunos talleres palentinos del tercer cuarto de siglo XII. Se podría considerar al autor de esta obra lucense como un escultor

dotado de un arte de finos y elegantes recursos, pero "decadentemente" arcaizante para su época.

El capitel, aunque existen referencias en el románico rosellonés entre otras, ocupa con valentía, a manera de pinjante, el centro de un dintel bilobulado. De manera hábil dispone los doce apóstoles en el momento de la Cena. Algunas actitudes —Juan aparece recostado sobre la mesa junto a Cristo— y atributos —Pedro lleva sus correspondientes llaves— nos permiten identificarlos, aunque no faltan unas laberínticas inscripciones de letras enlazadas que los nombran.

Catedral de Lugo. Detalle de la puerta septentrional.

CATEDRAL DE ORENSE

Desde la ya remota restauración de la sede auriense, los obispos venían utilizando como catedral el templo de Santa María la Madre. Mediado el siglo XII, la realidad de la aparición de nuevas fábricas románicas en el resto de las sedes catedralicias gallegas debió impulsar al cabildo orensano a iniciar las obras de un templo románico. Se considera que los trabajos comenzaron bajo la prelatura del obispo Pedro Seguín (1157-1169). La primera noticia documentada de estas obras corresponde a la solemne consagración del altar mayor, el 4 de julio de 1188. Con la ascensión a la sede episcopal de don Alfonso (1174-1213)la construcción progresó rápidamente definiendo las partes esenciales de la iglesia. Tras un breve período de crisis y paralización, se emprende una nueva campaña impulsada por el obispo don Lorenzo que durará hasta el año 1248. En esta etapa se produce un cambio manifiesto de las estructuras arquitectónicas, lo que se aprecia a partir del tercer tramo de la nave mayor. Será en este momento cuando se remate la fachada occidental con su pórtico, una interpretación bastante vulgar del conocido Pórtico de la Gloria.

Seguramente el proyecto tipológico de iglesia corresponde al primer maestro que trabajaba con don Pedro Seguín; sin embargo, los indicios escultóricos que conservamos de esta época no son obras de una gran calidad. Es un templo de una enorme nave de crucero al que se abrían cinco ábsides escalonados. Como ya hemos referido en varias ocasiones, es ésta una fórmula que permite, de una manera más sencilla que el deambulatorio, el construir más de tres capillas absidales. Sin embargo, la realización de la mayor parte de este proyecto habrá que atribuírsela al taller que contrata el obispo Alfonso. De los primeros momentos sólo conservamos el ábside central que sólo podemos apreciar en la cornisa, ya que todo su interior está cubierto por el retablo.

Catedral de Orense. Detalle de la portada meridional.

Don Alfonso debió de ocuparse, nada más llegar a la sede, de las obras, pues ya en 1188 procedía a la consagración del altar mayor, del que conservamos una escultura que servía de tenante. Su forma y estilo corresponden a la manera de hacer del taller que se ocupó del resto de la cabecera hasta las partes fundamentales del crucero. La actividad de este taller corre paralela a la de los maestros que trabajan con Mateo en la catedral compostelana. El paralelismo no sólo se refiere a la cronología casi idéntica, sino al espíritu plástico que informa sus creaciones. En alguna ocasión he apuntado la posibilidad de que el maestro de que dirige la cantería orensana hubiese trabajado en los tramos finales de la catedral compostelana, siendo desplazado por la llegada de Mateo, con el que pudo incluso colaborar cierto tiempo.

En la obra orensana su aportación se centra fundamentalmente en su gran capacidad para aplicar una desbordante decoración escultórica. Organiza las cornisas con los elementos usuales, pero dotando a las imágenes esculpidas de un vitalismo "naturalista" que nos hace olvidar que son un elemento arquitectónico y no un friso corrido donde se representa un pasaje de la naturaleza misma. En las consolas que sirven de apoyo a los arcos cruceros se produce igual metamorfosis que la que acabamos de señalar en las cornisas. Y lo mismo podríamos decir de las claves, que desaparecen bajo la forma de un ángel portador del astro sol, en una composición que alcanza una mayor monumentalidad que la que podemos apreciar en la catedral santiaguesa.

Donde la modernidad del escultor se muestra más contundente es en la concepción de las

411

Catedral de Orense. Detalles de la puerta septentrional.

dos grandes portadas de los extremos del crucero, aunque por desgracia diferentes catástrofes y reformas nos han privado de poder apreciar el efecto de conjunto.

La portada meridional nos muestra, sobre unas arquivoltas de carnosos vegetales, toda una teoría de figuras que componen un programa iconográfico de complejo mensaje. Serafín Moralejo ha sintetizado la idea que la informa diciendo que se trata de la visión de "un Cristo Logos rodeado de una corte de apariencias proféticas". A este mismo investigador debemos la identificación de los distintos personajes: en el centro de la arquivolta interior podemos ver al rey Salomón conversando con la reina de Saba; a los lados discurren sendas escenas relativas a un ciclo de David y su combate con un león y un oso. Aunque en la imagen no se puede ver, en el sofito de esta arcada, también se representa al grosero e impúdico Marcolfo. Si todo este complejo programa se debe al iconógrafo, posiblemente un canónigo orensano, la plasmación de las imágenes son obra de este maestro que les ha sabido insuflar fuerza y dramatismo en unos casos, de espontaneidad y "cotidianeidad" en otros.

En las actitudes de la pareja regia percibimos la sosegada discusión de dos personas sabias, que platican animadamente. Mientras que las escenas de los episodios davídicos podrían ser interpretadas como dos desenfadadas escenas de género. Si nos fijamos en los personajes que portan las cartelas, apreciaremos la fuerza y plasticidad que ha conseguido con la torsión del cuerpo hacia las personas que van a penetrar en el templo.

La puerta septentrional debía adoptar una forma similar, aunque ha sufrido una radical restauración durante el siglo XVI. Algunos detalles denuncian las formas de la anterior, aunque se notan algunos cambios en la factura, seguramente interviene también otro escultor del taller, y se introduce la estatua-columna. Aunque se ha perdido la imagen de la Virgen, un ángel de cabeza mutilada nos recuerda la advocación de esta portada (la de la Anunciación). Las dos grandes figuras, muy desgastadas, nos vuelven a recordar la calidad de este taller, que sabe infundir a sus imágenes una tremenda fuerza plástica; parece como si los dos personajes hubiesen sido concebidos a una escala humana para participar en el discurrir de los fieles en su entrada al templo.

El tenante de altar que se atesora en el museo catedralicio marca, sin lugar a dudas, una de las fechas de la cronología de este taller, que ya antes de 1188 trabajaba aquí. Esta hermosa pieza ha sido esculpida en un solo bloque de poco más de un metro de altura. La figura adopta el grácil gesto de los atlantes para sustentar el ara, la delicadeza de la túnica se adapta con elegancia sobre la anatomía.

Tenante de altar (Catedral de Orense).

ÍNDICE GENERAL